毛泽东

MAOZEDONG
YU HAIJUN JIANGLING

与海军将领

吴殿卿　袁永安　赵小平　主编

人民出版社

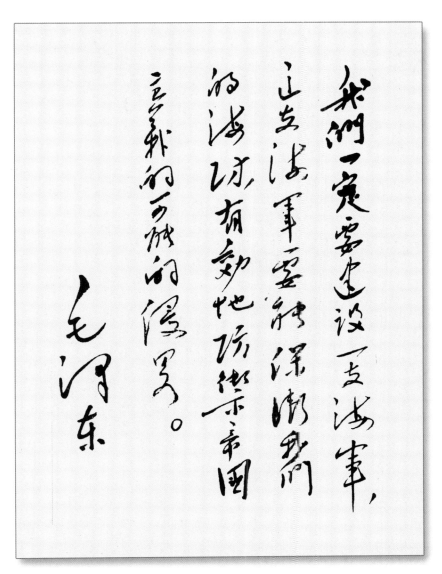

1949年8月28日,应张爱萍的请求,毛泽东为华东军区海军题词:"我们一定要建设一支海军,这支海军要能保卫我们的海防,有效地防御帝国主义的可能的侵略。"

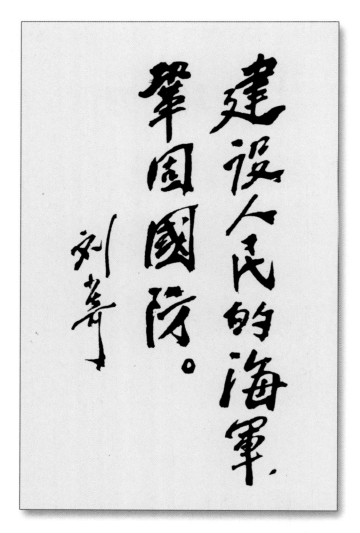

1949 年 8 月，中央军委副主席刘少奇为华东军区海军题词："建设人民的海军，巩固国防。"

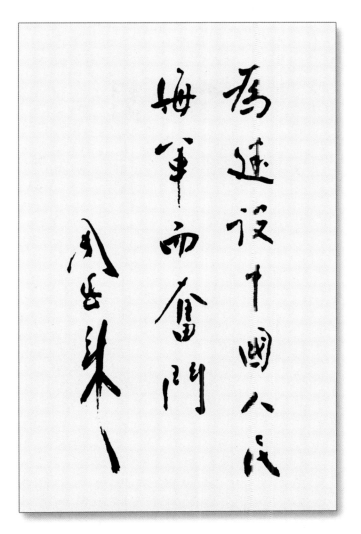

1949年8月，中央军委副主席周恩来接见张爱萍、林遵一行，并题词："为建设中国人民海军而奋斗。"

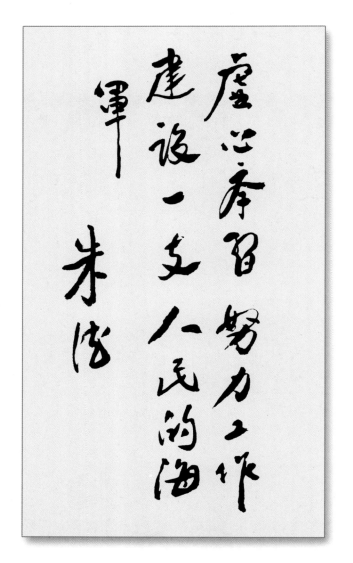

1949年12月，中央军委副主席、中国人民解放军总司令朱德为华东军区海军题词："虚心学习，努力工作，建设一支人民的海军。"

1957年8月5日，毛泽东、周恩来在青岛与海军指战员合影。

1958年9月20日，毛泽东视察芜湖造船厂时，与海军驻厂军代表握手交谈。

海军创建初期部分主要负责人合影。左起：青岛基地第二政治委员卢仁灿、中南军区海军司令员方强、华东军区海军司令员袁也烈、海军副司令员罗舜初、华东军区海军政治委员赵启民、青岛基地政治委员段德彰、海军司令员萧劲光、海军干部管理部部长雷永通、海军副司令员王宏坤、海军航空兵部司令员顿星云、海军参谋长周希汉、海军后勤部部长张汉丞、大连海校副校长兼副政治委员张学思。

1952年4月，海军航空部在北京成立（1955年10月改称海军航空兵部）。图为海军航空部第一任司令员顿星云（前排左六）和部分飞行员及苏联专家在一起。

海军方队通过天安门广场开国大典检阅台。

参加开国大典阅兵式后,海军代表队在北京留影。

目 录

毛泽东与萧劲光大将

　　萧劲光(1903—1989),湖南长沙人。1920年加入中国社会主义青年团,1922年加入中国共产党。1924年任国民革命军第二军第六师党代表,参加了北伐战争。土地革命战争时期,任闽粤赣军区参谋长兼政治部主任,中央军事政治学校校长,红五军团政治委员,建黎泰警备区司令员兼红十一军政治委员,闽赣军区司令员兼红七军团政治委员,红三军团参谋长,中共陕甘宁省委军事部部长兼红二十九军军长,中共中央军委参谋长,参加了长征。抗日战争时期,任八路军后方总留守处主任、留守兵团司令员,陕甘宁晋绥联防军副司令员。解放战争时期,任东北民主联军副总司令兼参谋长兼南满军区司令员,东北野战军第一兵团司令员,第四野战军副司令员兼第十二兵团司令员兼政治委员。中华人民共和国成立后,任湖南军区司令员,国防部副部长,全国人大常委会副委员长。是中国共产党第七届候补中央委员,第八至十一届中央委员,第十二届中顾委常务委员。1950年至1980年期间任海军司令员。1955年被授予大将军衔。

　　作为人民军队的缔造者和统帅,毛泽东深切地了解、熟知全军的每一位高级将领,跟随毛泽东枪林弹雨、南征北战几十年的将领们,也由衷地热爱、敬佩和信仰毛泽东同志。但共和国开国的上百名高级将领中,很少有哪一个人像萧劲光大将那样,与毛泽东相识相交那样早,直接共事时间那样长,彼此知之那样深,那样自始至终、一直受到毛泽东的倚重和信任。

初次相见时,毛泽东已名满"三湘", 萧劲光还是个 17 岁的中学生

1920 年的古城长沙,在席卷全国的"五四"运动的影响下,大、中学校反帝反封建的学潮迭起,社会各界思想异常活跃。9 月 15 日,在长沙思想文化界深孚众望的学运领袖、社会活动家毛泽东,与友人何叔衡、方维夏等人,怀着"改造中国与世界"的宏愿,共同发起成立了一个全新的青年团体——俄罗斯研究会。俄罗斯研究会以研究十月革命后的俄罗斯为主旨,会务主要有三项内容:"一,从事俄国一切事情之研究,以研究所得发行《俄罗斯丛刊》;二,派人赴俄从事实际调查,结合本国的具体情况,研究、宣传马克思主义和十月革命的经验;三,组织留俄勤工俭学。"毛泽东于 1919 年底以湖南驱逐军阀张敬尧代表团团长身份赴京请愿,从北京辗转上海,7 月初刚回到长沙。经过两个多月的酝酿筹备,俄罗斯研究会便宣告正式成立。

研究会一成立,消息很快在长沙市各学校传开。就学于长沙中学的萧劲光听到这个消息,立即向同学们发出倡议:"我们去参加毛泽东的研究会吧!""马上就毕业了,毕业考试怎么办?"同学们舍不得经过三年苦读即将到手的文凭,疑惑地说。萧劲光虽然只有 17 岁,却是个有主见的学生。他毅然放弃毕业考试,通过船山中学校长贺明范的介绍,加入了俄罗斯研究会。在这里,他第一次见到了担任俄罗斯研究会书记干事的毛泽东。

萧劲光与毛泽东在俄罗斯研究会虽然是初次见面,但他对毛泽东可谓心仪已久。毛泽东是 1911 年离开家乡韶山来到长沙的。他先是在湘乡驻省中学读书,后来又考入湖南第四师范。一年后,第四师范并入湖南

第一师范，毛泽东又转入第一师范学习。当时的长沙教育界有一个习惯做法，不管哪个学校的学生，凡是做得好的文章就拿到各个学校传阅，作为范文向学生们介绍。毛泽东的作文是出类拔萃的。特别是他写的论说文，立意新颖，气势宏大，文笔犀利，受到老师们一致赞扬。所以他的文章经常在市里各个学校传阅，在学生中很有名气。1918年，毛泽东为组织湖南青年赴法勤工俭学，与新民学会会员到了北京。在那里，他见到了仰慕已久的李大钊教授，在李大钊的帮助下参加了北京大学各种进步学生组织的活动，接触了马克思列宁主义。1919年，毛泽东从北京回长沙后，主办了《湘江评论》周刊。虽然这一刊物只出了五期就被查封了，但其鲜明的立场、观点，火热的斗争精神，生机勃勃的文章，在北京乃至全国许多地方都激起了强烈的反响，在长沙的思想文化界更是留下了不可磨灭的印象。作为学生运动和民主运动领袖的毛泽东，站在历史潮头，"指点江山，激扬文字"，享誉京城，名满三湘。求知若渴的萧劲光，读过毛泽东的文章，看过《湘江评论》周刊，也听过关于毛泽东的种种神奇的传说。他由衷地敬佩毛泽东的胆识和才华，热切希望能有机会结识毛泽东。

参加俄罗斯研究会以后，萧劲光被研究会的各项活动深深吸引。研究会每周都安排几次报告会、讨论会，有计划地系统介绍俄罗斯各方面的情况，他都积极参加。特别是一到毛泽东上课，萧劲光早早就去等着，生怕漏掉一句话、一个字。在这里，萧劲光强烈的报国意识里融入了革命道理。他第一次知道，俄国已建立了工农当家做主、没有剥削下没有压迫的社会，而要实现这样一个社会，就必须进行一场俄国那样的革命。在俄罗斯研究会里，他们之间虽然没有更多的个人交往，萧劲光却越来越被毛泽东的远见卓识和博学多才所征服，毛泽东也注意了这位高个子的年轻小会员。这年秋天，研究会组织第一批学生去俄罗斯勤工俭学，选定了6个人，萧劲光是其中之一，同去的还有任弼时、任岳、周昭秋等人。临行前，研究会为他们送行，毛泽东紧紧握着萧劲光的手，语重心长地说："中国社会将面临一个翻天覆地的大变革，需要大批青年人为之奋斗，有志者是大有可为的。你们去吧，努力学习，拯救国家。我们等着你们，祖国等着你们!"此后,萧劲光去上海进行了短期集训,第二年就到莫斯科,进入了"东方劳动者共产主义大学"。在那里,萧劲光亲身感受了第一个社会主义国家的生活,目睹了生机勃勃的社会主义建设,学到了马克思主义的理论。当得到国内中国共产党已诞生的消息后,他欣喜若狂,立即与国内取得联系,加入了中国共产党。

晚年,回顾这一段生活,萧劲光感触很深。他说:"那时,我们就都非常敬佩毛泽东,我是在毛主席的影响教育下走上革命道路的。"

瑞金重逢,在不到一个月的时间里,
毛泽东两荐萧劲光

1931年11月,中央局和军委在瑞金召开了中华苏维埃共和国第一次全国代表大会。这是中央根据地一次空前的盛会,各根据地代表九百多人云集瑞金。任闽粤赣军区参谋长兼政治部主任的萧劲光,作为闽西根据地的代表出席了会议。在这里,萧劲光与何叔衡、王稼祥、瞿秋白、任弼时等同志久别重逢,也再次见到了已由社会活动家成长为红军卓越军事指挥员的毛泽东。

尽管与会人员人才济济、群星璀璨,先后两次留学苏联的萧劲光,依然很引人注目。会议开幕当天,军委交给他一个起草关于红军教育管理问题的决议案的任务。萧劲光接受任务后,异常兴奋,白天参加会议,晚上挑灯夜战,很快拿出了初稿。讨论决议草稿修改时,主持会议的同志让萧劲光对稿子做个说明,年轻气盛的萧劲光滔滔不绝地讲起了苏联红军的情况,对中央苏区红军建设也提了许多意见。他讲得很快,似乎成竹在胸,嗓门很大。坐在旁边的毛泽东,一边含笑听着他发言,一边指了指水杯说:"不要急,你喝口水,坐下慢慢讲!"听了毛泽东的话,萧劲光的脸唰地红了。他意识到在这么多有资望的领导面前,自己过于自信了。虽然自己带过兵、留过学,怹毕竟回国才一年的时间啊!直到讨论会结束,他心里仍有些忐忑。

萧劲光完全没有料到,他起草的稿子引起那么大的反响。讨论会后,彭德怀、林彪、刘伯坚等人还争论不休。萧劲光的发言也给毛泽东留下了深刻的印象。毛泽东清楚地意识到,眼前的萧劲光已不是当年那个求知若渴的青年学生,而是一个有胆有识的红军将领。会议期间,作为中央根据地负责人的毛泽东就与军委领导取得一致意见:由萧劲光担负正在筹建的红军学校的领导工作。

会议结束的那天下午,萧劲光正在收拾行装准备返回闽西,毛泽东找来了。毛泽东说:"现在形势发展很快,部队、地方到处需要人。中央根据地准备办一所红军学校,已派人去做筹备工作了。经过研究,决定派你去做红军学校的校长,你有什么意见?"

"我行吗?"萧劲光完全没有思想准备,"我刚回国,不了解国内的情况,又没有经验。"

"我看你行。"毛泽东毫不含糊地说,"你在托尔马乔夫学院学习过,系统地学过军事理论,又带过兵。蒋介石能办黄埔,你就不能办红校?把教学力量配强些,认真办,我们的红校一定能超过黄埔。"会后,萧劲光即被任命为正在筹建中的"红校"(即中央军事政治学校)校长。

"红校"设在距瑞金城十多里的一个叫大树下的地方。这里树林茂密、荒无人烟。全部校舍就是学员自己动手,背靠树林在山坡旁边建起的一排茅草房。教学条件简陋,但人员配备是相当可观的。学校分三个大队,大队长分别是粟裕、彭绍辉和龙云。邓萍任教育长,教员有左权、郭化若、陈伯钧、吴亮平、张如心、黄火青、伍修权等,大都是各根据地功绩卓著、知名度很高的人物。学员也基本上都是从正职领导干部中抽调出来的,政治素质好,有一定作战经验。看到这阵容,萧劲光既感到责任重大,很振奋,又信心十足,与原领导筹建的同志交接完工作,立即投入到建校工作中去,一边建设一边开展教学。

萧劲光在"红校"干了不到一个月,12月14日,一件震撼全国的大事件发生了:驻守在宁都的国民党第二十六路军,在该军中共地下组织的策动、组织下,由参谋长赵博生、旅长董振堂、季振同率领起义,声明加入红军,反蒋抗日。消息传来,中央根据地群情振奋。军委领导连夜召开会议,研究起义部队的接收、改编。

由于受"左"倾机会主义路线的打击排挤,毛泽东从不久前召开的赣南会议后在军事指挥上已很少有发言权,但长期形成的习惯,军委、总部领导有事还喜欢找他商量。宁都起义发生以后,军委负责人、江西省委书记李富春又找到毛泽东,征求他对改编起义部队的意见。

毛泽东坦率地说:"这事关系重大。搞好了,一万七千多人,两万多条枪,对红军、对中央根据地是个大加强,搞不好,麻烦事也很多。应该派得力的人去。"接着,他分析指出,这个二十六路军原先是冯玉祥的部队,上层军官多数是保定军官学校和冯玉祥西北军官学校的毕业生,有的还毕业于日本士官学校。这些人很看重学历、资格,要派一个有学历、又有旧军队工作经验的同志去做二十六路军改编的领导工作。

李富春说:"按这个条件,萧劲光去最合适。他两次留苏,又做过北伐军党代表。可他刚云红校!"

"事情有个缓急嘛!红校可以另派人去。"毛泽东干脆地说。

12月18日,中央军委根据李富春的提议,调任萧劲光为由起义的二十六路军改编的红五军团的政治委员。

又是一个出乎意料的任命。接到命令,萧劲光心里异常激动。他留恋刚刚展开工作的红校,更深深明白去红五军团工作的意义。改造起义部队应该注意些什么问题?去了以后如何开展工作?从军委首长那里领受任务出来,萧劲光不由自主地向毛泽东的居所走去。

被免去军内领导职务,担任着中华苏维埃共和国临时中央政府主席的毛泽东,住在一幢旧式两层小楼上。层里满是烟雾,桌子上堆着烟蒂。几天来,党内不正常的空气、复杂多变的政治形势,使他担心,又感到压抑。萧劲光的任命使他感到些许安慰,松了一口气。在这间狭窄的小楼里,毛泽东与萧劲光促膝长谈。他们从党内政治形势谈到根据地建设,从做好红五军团工作的意义谈到改造起义部队的方针、政策和具体措施。最后,毛泽东说,红五军团情况很复杂,工作也不是不能做好。我送你两句话,第一句话就是要处理好团结、教育、改造的关系。团结是基础,改造是目的,教育是一个关键性的环节。没有团结,担不到一起,思想涣散,什么都谈不上。只有表面上的团结,不经过工作,也不可能发个声明就成了红军。起义部队能不能成为名副其实的红军,关键还在教育。第二句话就是要按古田会议决议办事。两年来的实践说明,这个决议是有效的。

毛泽东一席话使萧劲光豁然开朗,立即到红五军团报到,展开工作。

风波骤起,萧劲光难下决断,飞马就教毛泽东

萧劲光到红五军团以后,遵照毛泽东的教诲,注重团结,注意政策,开始一个时期改编工作进行得很顺利。萧劲光充分尊重和信任部队原有的领导,很快与他们,特别是总指挥季振同成了无话不谈的知心朋友。部队上下官兵关系也很融洽。当时,中央根据地部队中还盛传着萧劲光与季振同同台演出的佳话。

1932 年初,为了引导部队官兵认识、了解什么是马克思主义、什么是社会主义,萧劲光给军团机关干部战士讲了一堂列宁关于帝国主义学说的课。课后,为了加深对讲课内容的理解,萧劲光和军团政治部主任刘伯坚组织自编自演了一个活报剧,萧劲光演一个帝国主义分子,季振同演一个军阀。排练过程中,毛泽东听说了,对萧劲光的做法大为赞赏,主动提出要自己的夫人贺子珍参加演出,饰演一个坚贞不屈的共产党员。政委、总指挥、主席夫人同台演出,你唱我和,化装惟妙惟肖,官兵掌声不断,演出气氛十分热烈。演出后好长一段时间,萧劲光、季振同私下常以"帝国主义"和"军阀"互相戏称,非常亲昵。直到 1981 年,年近八十高龄的萧劲光还不忘被错误路线迫害致死的季振同,在党中央组织起草《关于建国以来党的若干历史问题的决议》,总结历史经验的时候,为他的平反昭雪奔走呼吁。

起义部队整编是复杂的。1932 年 2 月份,在少数上层军官的策动下,红五军团发生了一次大的风波。由于新调入红五军团的部分政工干

部受"左"倾路线的影响,在教育中不恰当地强调阶级成分,一开始就大讲军事民主、官兵一致,少数连队发生了士兵控诉军官的现象。对此,长期生活在旧军队中的军官不理解,抵触情绪很大。加上二十六路军起义后,国民党当局不甘心,不断通过人员渗透、散发传单等方法进行反动宣传,一时间官兵思虑重重,部队人心惶惶。"红军要兵不要官","团以上军官统统都要撤换","不服从整编的部队要武力解决"等各种谣言越传越多。有的人还绘声绘色地宣称,看到红四军已在九堡山上埋伏好,准备缴十五军的枪。在谣言的蛊惑下,十四军工兵连副连长深夜带人杀死连里的政工人员,反水而去。一些营、团干部,包括有的师职干部,也声言要出走。有的单位军官逃跑事件时有发生。军团部和十五军都驻扎在九堡。形势最紧张的那天,萧劲光、季振同召集十五军军长黄中岳等领导干部在军团部办公室里屋开会,外屋里那些要走的军官已打好背包,坐在地上等着。面对这种局面,季振同也大惑不解,不知所措。他半是疑惑半是焦急地问萧劲光:"政委,到底是怎么回事,你要说清楚。"萧劲光反复宣传党的政策,要求大家不要相信谣言,官兵们情绪仍然平静不下来。萧劲光一时难下决断,遂翻身上马,向30里外的军委驻地瑞金城驰去。

在"左"倾机会主义路线的影响下,当时的军委在许多重大问题上认识很不一致。听了萧劲光的汇报,有的提出先把带头闹事的干部控制起来,下一步再说;有的提出要立即派部队,武力解决。萧劲光见众说纷纭,一时难以统一思想拿出可行的办法,就离开军委办公室,直接去找毛泽东。对毛泽东,萧劲光是越来越佩服了,他思考问题深远,处理问题周密。自到红五军团以后,每遇到棘手的事情,萧劲光就去向毛泽东请教,每次去都能得到满意的回答。

跨进毛泽东的房间,萧劲光喘息未定就开门见山地说:"主席,我找你请教来了。部队有人闹事,军委有的领导要武力解决,你说该怎么办?"接着向毛泽东汇报了部队的情况。

"他们要武力解决,你的意见呢?"毛泽东一边给萧劲光倒了一杯水,一边问。

"我不同意武力解决,那样事情会更糟!"

"怎么能武力解决呢?他们是自觉起义,要相信他们中多数人是愿意参加革命、愿意当红军的。只能'剥竹笋',把各种不同想法的人区别对待;不能'割韭菜',不分青红皂白地'一刀切'。武力解决,红军和起义部队打起来,正好上了敌人的当。"接着毛泽东具体地说,你现在就回去对他们讲,就说我说的,共产党的政策是留者欢迎,走者欢送。愿意继续留下来当红军的,我们一起干;不愿意当红军想走的,我们欢送,发给路费,想什么时候走就什么时候走。走还是留,大家自己拿主意,希望大家不要听信谣言。

萧劲光听了毛泽东的分析指点,立即飞马返回九堡,重新召开军以上领导干部会议。萧劲光把毛泽东的意见一传达,季振同非常兴奋,情不自禁地一拍桌子站起来:"好,毛泽东高明,就照他说的办!"随即几步跨出去,向聚集在办公室门口的官兵宣布:已请示过军委和毛主席,起义是大家自愿,现在去留自由。愿意走的,现在就可以走,给你们发路费。说着还把自己存的一部分光洋和白区的票子拿出来,分给了那些要求走的人。

事实面前谣言不攻自破,一场风波顺利平息。经过整编,红五军团成为中央红军的一支坚强的主力,在第四、第五次反围剿中,在万里长征途中,敢打敢胜,屡建奇功,在中国革命史上写下了不朽的篇章。

危难关头,毛泽东大声疾呼:萧劲光不能杀

1932年10月,中共苏区中央局宁都会议之后,"左"倾冒险主义统治了全党,毛泽东被完全剥夺了对红军的领导权。毛泽东在三次反"围剿"中所采取的战略,被认为是"纯粹防御路线",是"游击主义"。有人甚至提出毛泽东及其拥护者是"当前的主要危险",必须开展"反右倾斗争",对毛泽东"进行及时和无情的打击"。这种形势,使逐渐谙熟毛泽东战略战术、深受毛泽东赏识的萧劲光遭受不白之冤,几乎成了"左"倾路线的屈死鬼。

当时加给萧劲光的主要罪名是"罗明路线在军队的总代表"。所谓罪行,有两条:一条是黎川失守,一条是浒湾失利。

黎川,是当时的闽赣省委、省政府和省军区所在地。但由于"左"倾冒险主义主张"两个拳头打人",企图在两个战略方向上同时取得胜利。1933年9月敌人以三个师的兵力推进到城下时,防守部队全部调遣在外,黎川完全是一座空城。在外执行作战任务的省军区司令员萧劲光接到回调命令后,根据敌人进攻的态势和黎川一带我军防备空虚的形势,建议红军主力尽早集结于黎川东北的光泽、资溪一带,从侧面打击进攻黎川的敌人,不要死守黎川。这个建议当即被军委领导否定了。因为在这以前,毛泽东也曾建议过采取诱敌深入的办法,将敌人引至黎川附近的山区根据地,集中红军主力在运动中将其歼灭,也未被采纳。这样,当萧劲光回到黎川时,在敌人大兵压境的形势下,省委、省政府已奉命撤出黎川,省委书记顾作霖、省政府主席邵式平也都已经走了。正规部队只有一个不足七十人的教导队。9月25日,敌人三个师由南城、峭石向黎川发起进攻。28日,敌人先头部队占领了黎川外围阵地,并派别动队插到黎川后面。在敌人即将形成合围、手中无兵可调、待援无望,且退路即将被切断的情况下,萧劲光部署了紧急撤退。在将伤员和物资转移出去以后,萧劲光带着教导队全队人员最后撤出黎川,退到距黎川60里的溪口。对此事件,掌握着军事指挥权的"左"倾路线执行者们,当时谁也没有提出疑义,并于事后不久派萧劲光组建红七军团,担任了兵团政治委员。

浒湾失利是在黎川失守一个多月后的11月11日。军委命令萧劲光所率之红七军团配合彭德怀所率领的红三军团,在浒湾围歼敌人一个师。红七军团的任务,一是钳制浒湾之敌,二是截断金湾至浒湾的公路,阻止敌人向浒湾移动,待三军团赶到后,再策应合击,将敌人一举歼灭。萧劲光率部与敌人激战一天一夜,次日傍晚,三军团才赶到。由于这时敌人已经在森林里构筑了工事,三军团伤亡700多人,主攻没有奏效。敌人在十几架飞机的掩护下,出动装甲车,冲破包围圈,打通了去浒湾的道路。浒湾失利后,总部派彭德怀调查了战斗经过。彭德怀得出结论:"浒湾失利责任不在萧劲光,主要原因是三军团的主攻没有打好。"但军委"左"倾路线的执行者仍然把罪责加在萧劲光身上,并把黎川失守与浒湾失利加在一起,当即撤了萧劲光的职,将他调往建宁交总部审查。与此同时,发动广大官兵运用报刊、墙报、漫画、演戏等形式,开展对萧劲光的批判。根据地的《红色中华报》刊出了《反萧劲光机会主义专号》,批判大会现场贴出了"打倒蒋介石的走狗萧劲光"等大标语。一时间,中央根据地几乎形成了批判萧劲光的运动。

围绕对萧劲光的处理,中央根据地领导层形成了鲜明对立的两种意见。以共产国际派来的德国籍军事顾问李德等人为代表的一方,坚持要对萧劲光治罪,有的甚至提出应立即枪毙;以毛泽东等人为代表的一方,认为对萧劲光的问题应该做具体分析,不应匆忙地进行组织处理。毛泽东在军委会议上指出,黎川失守、浒湾失利,原因很复杂,经验教训应认真总结。从当时的情况看,萧劲光的处置没有错。即使有错误,要他做检查、反省是可以的,在部队开展批判、肃清影响,他个人也不提出异议,但是不能杀人。胜败乃兵家常事嘛! 如果是路线问题,就更不能杀,杀了萧劲光也解决不了问题。会后,毛泽东利用一切机会与军委、总部的领导交换看法,分析黎川失守、浒湾失利的前因后果。毛泽东说:"他们是杀鸡给猴看,打击萧劲光就是打击我。"总政治部主任王稼祥支持毛泽东的意见,坚决拒绝在处决萧劲光的决定上签字。在逐步弄清事情原委以后,许多同志也要求对萧劲光的问题全面地看,冷静地处理。通过激烈的争论和斗争,1934 年 1 月 14 日,最高法院组织的军事法庭在瑞金对萧劲光进行了公审,判处有期徒刑 5 年,开除党籍、军籍,无上诉期。

判刑后,萧劲光被关押在建宁红一方面军部队的禁闭室里。莫名其妙的罪名,稀里糊涂的判决,萧劲光感到十分苦恼和委屈。毛泽东始终坚持自己对萧劲光的处理意见,专门派贺子珍去看望萧劲光。贺子珍说,是毛主席让我来的。他要我转告你:黎川失守、浒湾失利,都是推行"左"倾军事路线造成的,是全局指挥上的失误。在那种情况下,你应该撤退,做得对。历史的结论只有历史做。这件事没有完,谁是谁非,终有一天会搞清楚。同时，贺子珍还转交了毛泽东的大页信笺。上面是以苍劲的行楷书写的诗句："一年一度秋风劲，不似春光，胜似春光，寥廓江天万里霜。"

毛泽东的话使萧劲光感到欣慰，嵌含了自己名字的诗句更使他振奋。萧劲光知道这是毛主席几年前写的《采桑子·重阳》中的诗句。现在抄给自己，是鼓励他经得起"万里霜"的考验。

由于毛泽东等人强烈反对和是非越来越清楚，只关押了一个月，萧劲光就被释放出来，调到红军大学当了教员。一年以后，在长征途中的遵义会议上清算了"左"倾冒险主义在军事上的错误，毛泽东又重新回到党中央和军队的领导岗位。在毛泽东的主持下，彻底纠正了对萧劲光的错误处理，为他平了反，恢复了党籍。不久，萧劲光又被任命为红三军团参谋长。

又过了一年多之后，主持了军委、中央全面工作的毛泽东，在1936年9月召开的中央政治局会议上，再次严肃地批判了中央苏区在组织问题上的宗派主义错误。他说："对干部问题，我只讲一个问题，如罗明路线，究竟是怎样了，到现在还没有明显指出。……如罗明路线在江西，更是说得过火，如对邓子恢、张鼎丞、曾山等同志的问题，对萧劲光的问题，还有很多，后来发现七个书记被撤，有些人说什么毛派，也是不对的。"

中共中央正式为萧劲光这段经历作出了公正的结论。

留守延安，责任重大，毛泽东靠萧劲光"吃饭"

1937年"七七"卢沟桥事变以后，在共产党和全国人民的呼吁下，国民党南京政府终于与共产党达成了"停止内战、团结抗日"的协议。继而，红军主力部队改编为国民革命军第八路军，担任中央军委参谋长的萧劲光被南京政府任命为八路军后方留守处主任，对内则称留守兵团司令员。

八路军主力开赴抗日前线后，党中央驻扎于陕甘宁边区的延安城。这是一个重大战略决策。它使陕甘宁根据地成为大后方，有利于指导敌后根据地建设,使前线的部队后方有"家",有回旋余地。但这里地瘠民贫,土匪蜂起,社会环境复杂,留守部队责任非常重大。由萧劲光担任留守兵团司令员,是毛泽东提名,党中央经过慎重研究决定的。在首次举行的军政干部会上,毛泽东拍着萧劲光的肩膀说:"同志们,我在延安,就靠这位老兄吃饭,靠你们留守兵团吃饭啊!"毛泽东意味深长的玩笑话,使萧劲光受到很大震动。当晚,他回到宿舍里思考再三,亲自书写了"任务重于生命"六个大字,第二天挂在留守部队动员大会会场上。在作报告时,他反复阐述留守部队担负的"保卫河防、保卫延安、保卫党中央"和"巩固与扩大留守部队,加强战斗准备,培养和积蓄干部"等任务的光荣和艰巨,号召大家为完成任务不惜牺牲自己的一切。以后多年,萧劲光一直以"任务重于生命"作为留守兵团的训则,警示自己,教育部队。

留守兵团要立得住,首先要解决的是社会环境问题。开始,陕甘宁边区社会秩序很乱,尤其是匪患,非常突出。据粗略统计,当时边区政府所管辖的 23 个县境内,较大的土匪就有 40 多股,4000 多人,握有 2000 多支枪。这些土匪四处骚扰,烧杀抢劫,奸淫妇女,无恶不作。用什么办法剿灭这么多土匪?萧劲光与李德发生了一场争论。遵义会议后,李德被撤销了军事顾问的职务,跟随中央红军到达陕北。他先是在红军大学讲过一个时期的课,后又被派到留守兵团训练骑兵,有时也参与研究一些军事方面的问题。这个人向来以军事专家自居,主观教条,固执己见。对剿匪,他提出要采取平推战术,派大部队齐头并进,认为这样声势大,兵力集中,可一次成功。萧劲光对李德说,土匪刁滑得很,昼伏夜出,到处流窜,哪里会集合在一起让你去打呀!李德听了,又是摇头又是耸肩膀,显出鄙夷不屑的样子。萧劲光把争论向毛泽东做了汇报。毛泽东笑了笑说:"没有李德就不行吗?"一句话,萧劲光心领神会,即自行与有关领导研究部署了剿匪工作。

部队从实际情况出发,按照土匪的活动规律和当地特点,采用军民结合、武力清剿与政治瓦解相结合的办法,灵活机动,穷追猛打。不到一年,土匪就基本上被肃清。一天晚上,已是夜深人静,毛泽东还在伏案疾书。

萧劲光按照毛泽东"每晚都要来谈谈部队情况"的约定,来到毛泽东的窑洞。当他报告说,边区境内的土匪已基本肃清时,毛泽东又惊又喜:"这样短的时间就把土匪肃清了?"萧劲光详细汇报了剿匪的经过和战果,毛泽东听了十分高兴,亲自起草了一份电报,向全国各抗日根据地通报了这一战绩,表彰了边区军民。

粉碎国民党顽固派制造的反共摩擦,是留守兵团的一项重要任务。这一任务情况复杂,政策性很强。萧劲光与毛泽东配合得非常默契。1940年前后,阎锡山疯狂反共,进攻我党领导下的山西新军。为了打击顽固势力,减少摩擦,党中央派萧劲光和王若飞带着毛泽东的亲笔信,到黄河边上的宜川秋林镇与国民党第二战区司令长官阎锡山谈判。毛泽东在信中明确写了"人不犯我,我不犯人,人若犯我,我必犯人"的原则。阎看后,感到最后一句太硬了,要求改为"我必自卫",萧劲光断然拒绝。回到延安,萧劲光将此事向毛泽东做了汇报。毛泽东满意地说:"好,坚持得对,就是要'人若犯我,我必犯人',一个字也不能改。"国民党绥德地区专员何绍南,是一个搞反共摩擦的专家。他组织暗杀队,杀害八路军官兵;串通土匪,四处抢劫;敲诈勒索,贪污受贿,大量侵吞救济灾民的赈款,罪恶昭彰,群众切齿痛恨。一次萧劲光听说何绍南路过延安,立即找上门去,义正词严地将他痛斥一顿,而后又引他去见毛泽东。毛泽东指着何绍南的鼻子说:我们以抗日大局为重,你却在边区境内为非作歹。不要以为八路军软弱可欺,再这样下去,人民是不会饶过你的!当场一条条历数他破坏抗日、反共反人民的罪行。何脸上红一阵,白一阵,头都不敢抬。为了把他彻底赶走,萧劲光又和陕甘宁边区政府主席林伯渠联名致电蒋介石、孔祥熙、程潜等人,要求严惩何绍南。通过一系列的有力斗争,何被迫逃离了绥德。

对于中间派,萧劲光按照毛泽东"要采取团结争取政策"的指示精神,注意多做团结的工作。如国民党驻榆林地区二十一军团军团长邓宝珊,思想进步,与我党早期从事革命的李大钊、刘伯坚等同志有过深厚的交往,与我党我军关系一直比较好,萧劲光就注意多与他交往。一次邓宝珊路过延安,留守兵团和边区政府联合举行了欢迎晚会,萧劲光还请毛泽东与他一齐吃饭。由于与邓宝珊保持了较密切的关系,双方都注意从抗日大局出发,团结对敌,遇事协商,使陕甘宁边区北部摩擦明显减少。

1939年以后,国民党顽固派加紧了对边区的进攻和经济封锁,停止了八路军的薪饷,边区财政发生极大困难。一天,毛泽东把萧劲光、林伯渠、高岗找去,对大家说,我们到陕北是来干什么的呢?是干革命的。现在日本侵略军、国民党顽固派要困死、饿死我们,怎么办?我看有三个办法。第一个是革命革不下去了,那就不革命了,大家解散,回家;第二个是不愿意解散,又无办法,大家等着饿死;第三个是靠我们自己的两只手,自力更生,发展生产,大家共同克服困难。毛泽东一席话说得大家心明眼亮,一致说,我们只能按照第三种办法干。毛泽东听了笑笑说:"现在看来,也只有这个办法,打破封锁,发展生产,自己动手,丰衣足食。顽固派对进出边区的物资实行封锁,我们就要想办法反封锁。战士们不也有两只手么?一手拿枪,一手拿锄头好了!"1940年2月,党中央、毛泽东向全边区党政军民学发出了开展生产运动的指示。留守兵团不仅开垦荒地种粮种菜,还开办了各种手工工厂和作坊,许多部队还搞起了畜牧业、运输业、商业等各种生产经营。萧劲光拿出祖传的手艺参加纺纱比赛,一时传为佳话。

到1943年,留守兵团开荒达20万亩,收获细粮465万公斤,蔬菜1650万公斤;织布1.3万多匹;养猪1万多头;商业获利7亿多万元。陕甘宁边区"到处是庄稼,遍地是牛羊",五谷丰登、六畜兴旺,变成了"陕北的好江南"。一天傍晚,萧劲光陪毛泽东在延河边散步,当讲到留守兵团多数部队已实现"不要公家一粒粮、一寸布、一分钱"的口号,完全做到了"自己动手,丰衣足食"时,毛泽东满意地笑了,幽默地说:"我早就讲过,在延安靠你萧劲光吃饭嘛!"

毛泽东向萧劲光"借宝"，
萧劲光为毛泽东理论创造献策

党中央在延安时期，是毛泽东思想发展成熟的时期。《实践论》《矛盾论》《抗日游击战争的战略问题》《论持久战》等，这些指导中国革命的伟大著作，就产生在延安窑洞中昏黄的美孚油灯下。毛泽东如饥似渴地钻研理论、通宵达旦地看书、写作。为了弄清一个问题，他常常要查阅大量书籍、报刊。

有一次，毛泽东的夫人贺子珍到萧劲光家串门，看到萧劲光保存着几本军事书籍，回去告诉了毛泽东。第二天，毛泽东一早就来到萧劲光的窑洞："听说你这儿藏了'宝贝'，给我看看怎么样？"

"什么宝贝？"萧劲光一时愕然不知所措，弄不清毛泽东指的是什么。

"子珍回去告诉我了，不要保密嘛！"毛泽东瞟了一眼桌子上的书。

"哦，主席指的是我的书啊！子珍同志昨天来看过了，就这几本。原先有过好些书，长征路上轻装都丢了，现在找本书太难了。"萧劲光明白毛泽东是来找书，一迭声地叫苦。

看到萧劲光不情愿的样子，毛泽东笑着说："就看一看嘛！把《战役问题》《战斗条令》两本借给我，看完就还你，好不好？"

就这样，萧劲光这两本书借给了毛泽东，以后，毛泽东也没有"还"。回忆这段生活，萧劲光深情地说，当时毛主席借书，还真有点舍不得，现在想起来感到很好笑。那时，毛主席一边运筹帷幄，指挥着千军万马与日寇作战，一边总结革命战争的经验，进行伟大的理论创造，他太需要书籍资料了。而在延安那样艰苦的条件下，搞到军事书籍真比登天还难哪！

毛泽东写作，只要动了笔，就夜以继日、通宵达旦，一气呵成。而在这以前，要做大量搜集资料、调查研究等准备工作。1938年初，毛泽东酝酿撰写后来在抗日战争中发挥了重要历史作用的军事著作《抗日游击战争的战略问题》。为此，他多次召开座谈会，找身边的八路军将领，罗瑞卿、刘亚楼、郭化若等座谈或个别交谈,征求意见。萧劲光是参加这类交谈、座谈最多的人之一。

一次座谈会上,毛泽东向萧劲光发问道:"你说说游击战争的指导要领有哪些?"萧劲光思索了一下说:"首先,在军事上要采取进攻的方略,想方设法使自己处于主动地位。要像渔翁打鱼撒网那样,网既要撒得开,又要收得拢。"

毛泽东很欣赏这个比喻,连连点头说:"对,要撒得开,又要收得拢。"

萧劲光接着说下去:"还要善于集中兵力,灵活地、有计划地运用兵力……"

毛泽东插话说:"灵活地、有计划地运用兵力很重要。但集中兵力要明确,要区别对待。在当前敌强我弱的情况下,在战略上,我们应强调以分散的游击战为主,而不是集中兵力的大兵团作战。集中兵力的提法,只能用在战役战术上,相对集中数倍于敌人的兵力,达到打歼灭的目的。"

随后,萧劲光又就游击战争的基本指导原则等问题谈了自己的看法,毛泽东都很感兴趣,表示赞同。座谈会结束时,毛泽东要求萧劲光把发言整理一下交给他。

萧劲光经过认真思考,写出了《游击战争指导要领》一文。文章在"指导的基本原则"中指出:"当敌人向游击区域或有抗日政权的区域进攻时,采取被动的单纯防御、分兵把口,以至被敌人各个击破,这些都是游击战争指挥者的戒条。应该要采取积极进攻的方略,集中主力消灭与削弱敌人,或行动于敌人战略要害上给敌人以致命的打击,以这样进攻的方略来争取主动的地位";"兵力的灵活运用,是转变敌我形势,变被动为主动的主要手段。好像渔人打鱼一样,既要散得开,又要收得拢"等。毛泽东看后,认为很有价值,先后安排萧劲光在抗日军政大学、鲁迅艺术学院讲课,并将稿子印发作为部队的军事教材。这篇文稿中的几个主要观点,均被毛泽东写文章时采用。

毛泽东军事思想,是毛泽东心血与汗水的结晶,也是全党全军智慧的结晶,是全军高级将领战争经验、军事思想的总结、升华。毛泽东在延安时期的许多重要军事著作,撰写过程中征求过萧劲光的意见,吸纳了萧劲光的思想、观点。作为毛泽东的直属下级和部将,萧劲光为毛泽东军事理论的形成和发展作出了自己的贡献。

毛泽东以萧劲光名义拟发文电,萧劲光起草的大量文稿均经毛泽东修改

在延安,萧劲光是国民党政府正式任命的八路军后方留守处主任,"名正言顺"地执掌着陕甘宁边区的防务。所以,当时陕甘宁边区与国民党方面打交道,直接出面的都是萧劲光。特别是处理边区的摩擦事件,文电繁多。那些给上至蒋介石、程潜、胡宗南、蒋鼎文等国民党政要,下至国民党军的师长、专员、处长的信函电报,大都用萧劲光的名义。往复函电及各种声明、文章、布告等文稿,也基本上都由萧劲光主持起草,经过毛泽东亲自审阅、修改定稿。而这些修改,有的属"画龙点睛",有的是删繁就简、突出中心,有的是遣词造句,更准确地体现党的政策、策略。萧劲光说,总之,毛主席的修改"常有点石成金之妙"。晚年,萧劲光在回忆录中这样写道:

这里,我要回顾一下毛泽东同志在这场斗争(陇东顽固派杀人略地)中是怎样字斟句酌地为我修改电文的。从他修改和亲笔起草的电文中,可以看出当时党中央关于反摩擦斗争的一些重要的策略思想。

毛泽东同志修改电文时,多次加了这样一些话:"边区二十三县范围为蒋委员长所指定",我军"对于原定二十三县并未越出雷池一步"。这样写理由很充分。边区二十三县是你老蒋亲口承认,又经过国民党的正式会议讨论才决定下来的,现在你又派兵来侵占,出尔反尔,不是自己打自己的嘴巴吗!

在修改我给蒋介石等人的一份通电中,毛泽东同志反复推敲,最

后写成这样一段话:"目前日寇以一师团之众大举西犯,柳林、军渡相继失守,我河东部队正尽一切力量,予以痛击,连日战斗甚为激烈。大敌当前,覆舟堪惧,后方纷争,实属不宜再有。苟一方拼死杀敌于前,他方复乘机争夺于后,则不啻以刃资敌,前途危险,何堪设想!?"这段话里的潜台词,是在警告顽固派不要继续与日伪勾结。

在修改我致程潜、朱绍良的一份电文时,毛泽东同志加了"据闻一切行动均根据新颁处理共党问题方案,下级不过照此案执行而已"一句,点明下面的人制造摩擦,上面是有"根"的。

1939 年冬,国民党驻防榆林地区军事长官邓宝珊所属部队一个营长挑起了摩擦事端,两军相持,剑拔弩张。根据部队报告的情况,萧劲光起草了一份电报致邓宝珊,通报事件经过。电文最后是这样写的:

> 恳请速电制止,将该营即调他处,以平公愤。并将敲诈人民、贪赃枉法、破坏团结、制造分裂、肇事凶犯之宋营长撤职严办,以惩习顽,而维法纪!

毛泽东看后,将这段话全部删去,改为:

> 事件发生谅系宋营长受人挑拨所致。现在事态颇为严重,敬恳我公速电制止宋营长,勿再寻衅,然后查明事实,合理处置。并可否将该营另调他处?

改完后,毛泽东还在稿上批注道:"萧:措辞过于激烈,以后应予注意。"

在这期间,还有许多以萧劲光名义发出的电报、信函,是毛泽东亲笔拟稿。如处理国民党三区行政督察员兼保安司令钟竟成等杀人掠地事件中,发给程潜的电报即是。毛泽东在电文中写道:

镇宁两城虽被袭占，无辜官兵虽被牺牲，下级人员虽极愤慨，然劲光至今未增一兵，无非体钧座之意旨，本团结之大义，刀求和平解决之道。

职意公平处理，撤兵为先。进占镇宁两城之兵不撤，即无以示诚意而服人心。专员钟竟成实为肇祸之主谋。庆父不去，鲁难未已，施以撤惩，出自钧裁。

文末署名，"留守兵团主任萧劲光"。电文虽不长，但理直气壮，共产党人、八路军顾大局、讲团结，忍让为怀的气度溢于言表。

1940 年 12 月，为了提高全党对党的统一战线政策的认识，毛泽东起草了一个党内"指示"（后收入《毛泽东选集》，题目为《论政策》），要求各级党组织在反共高潮的形势下，切实注意抗日民族统一战线中的政策问题，"既不是一切联合否认斗争，又不是一切斗争否认联合，而是综合联合和斗争两方面的政策"。文件下发后，萧劲光结合这一指示精神的贯彻，总结了两年多来留守兵团反摩擦斗争的经验教训，对全体干部进行了一次普遍的党的统一战线政策和策略思想教育。同时，为了驳斥顽固派的造谣中伤，使全国、全世界人民了解两年多来国民党顽固派在陕甘宁边区蓄意制造摩擦的事实真相，萧劲光亲自写了一篇文章《谈陕甘宁边区的形势》。全文约 4000 余字。文章比较全面地记述和分析了边区周围顽固分子制造摩擦的主要方式、特点及重大事件，最后严正指出：如果顽固派继续执迷不悟，挑起事端，"那么，我们必然以武装力量，配合饱经斗争的有组织的民众，给他们（顽固派）以应有的教训。我们完全有把握和他们作持久的斗争，并予以有力的回击。"鉴于文章内容重大，萧劲光写完后报送毛泽东、张闻天等审阅。毛泽东认真审阅了全文，并将最后一段改写为：

那么，也没有别的法子可想，唯有准备自卫，予进攻者以坚决的反击。但这完全是不得已的，只要反共派稍有觉悟，我们仍准备同他们言归于好。

改毕，毛泽东又增写了一段话：

> 劲光留守后方，责任重大，为使前线战士安心抗战起见，对于反共派捣乱后方之行为，不能不采取自卫步骤，用以保护后方之安全。反共分子的内战计划，将丧失全国的人心。我相信，他们的计划是必然要失败的。

经毛泽东改过的文章在陕甘宁边区内的报纸、刊物发表后，译成英文对外广播，在国内外产生了很大影响。

萧劲光是一个极善于学习、极有心的人。毛泽东亲自起草或修改过的文稿草底，他分外珍视。每次用完后，都反复揣摩、思考，从中学习毛泽东的战略策略思想、高超的斗争艺术，学习毛泽东精熟的遣词造句功力，并将文电底稿一一悉心保存。在延安一段时间里，积攒了电报、信函、文告等各类文稿，计147多份（有的是全文，有的是改动较多的局部数页），达500余页。1945年8月，萧劲光受命赴东北离开延安前，将这些积存的文电底稿整理起来，依时间顺序装订成册，带到了东北。辽沈战役后，他又将这批文稿从东北带到北京，带着渡江南下。被任命海军司令员后，又从湖南带来北京。前后算起来，这批文稿在他身边珍藏了三十多年。中间经历过多年战争血火，也经过了十年内乱，但一份一页也没有丢失。

1976年，萧劲光已73岁高龄。早在1949年底已发现的心脏病日趋严重，他也明显感觉到身体大不如前。恐日后有失，经慎重考虑，萧劲光决定把这些底稿转交给毛泽东。并郑重地附了一信：

主席：

> 呈上您曾在延安领导和指挥陕甘宁边区反摩擦斗争时亲笔起草和修改过的文稿两本。这些文稿虽是当时边区斗争的一部分内容，

但它凝结着主席指导中国革命的伟大思想。我在延安,在主席直接领导下工作八年之久。这是我一生革命经历中,受主席教诲最经常、最直接、最深刻的一个时期,终生难忘。在我离开延安,离开主席身边时,我把这两本文稿带走,妥善保存,留作纪念。从延安到东北,从湖南到北京,尽管战争环境那样不安定,但这两本文稿就如同我的生命一样,始终跟我在一起,相处三十余年,不断地激励着我去战胜困难。这两本文稿,是党和人民的宝贵财富,重要的历史文献。我已七十有三,一旦由我失落,是无法弥补的损失。经过反复思忖,我决心把这两本文稿,敬呈主席,以尽心意。若有可能复制时,热望给我一份,留作纪念,教育后人。……

此信于 1976 年 4 月 6 日拟就,翌日发出。在这之前,萧劲光给毛泽东写过若干信,毛泽东或批示,或复信,几乎每次都回音,但这次没有。想来也许是环境条件的原因:耄耋之年的毛泽东已重病在身,自顾不暇,且当时国家正值多事之秋。不过,过了些日子,萧劲光还是接到了中央办公厅的电话,说信已转交,文电底稿已转交中央档案馆。

现在,这些文稿完好地保存在中央档案馆里。

毛泽东亲自拟文推广,"双拥"成为党和军队传统

1942 年前后一个时期,留守兵团与中共陕甘宁边区委员会、中央西北局关系不够协调。至于原因,主要是在相对安定的条件下,军队长期驻在一个地方,军政军民之间不可避免地产生一些小的矛盾、纠纷。除此之外,双方主要领导,萧劲光、高岗之间的配合协调也是一个原因。

高岗是陕北红军的主要领导人之一。中央红军到陕北时,高岗与刘志丹正被关押,遭受"左"的路线的打击。毛泽东了解情况后,派人把他们解救出来。时过不久,刘志丹在红军东征山西的作战中牺牲。这样,高岗就成了陕北红军中的最高领导人。向来注重大局和各方干部团结的毛

泽东,对陕北的干部非常尊重。所以陕甘宁边区一划定,就安排高岗担任了中共边区委员会书记。但萧劲光对高岗一直印象不好。高岗是萧劲光任军委参谋长期间从三边地区调回延安的。由于当时人事调整一时没理顺,中央决定让他暂留在军委机关任一局代理局长,他大为不满,嫌安排太低,说怪话,工作敷衍。通过日常接触,萧劲光觉得高岗政治水平低,眼界却很高,计较个人得失,品质也不好。后来,他担任了边区保安司令部的司令员,隶属于留守兵团。有一天,机场正在修理,有飞机要降落,萧劲光要高岗去督促抢修,结果没能按时完成任务,萧劲光发了火。由于这些原因,在高岗任中央西北局书记后,萧劲光仍对他不够尊重。加上留守兵团归中央直属领导,与西北局没有隶属关系,也就没有能够经常向高岗报告工作。这样一来,本来就喜欢计较个人进退高低的高岗不满意了。情况反映到中央机关,毛泽东主席非常重视。他专门把萧劲光找到杨家岭,进行了严肃的批评。

这天天气不好,但看来毛泽东心情不错。虽说是批评,灰暗的光线中可以看到,他脸上挂着微笑。毛泽东说:军队离不开地方的支持。部队驻在哪里,就要尊重哪里的地方政府;军队和地方关系出了问题,军队首先要做检讨;军队和地方闹矛盾,军队要多作自我批评。这是一条原则,什么时候都必须坚持的原则。现在我们中央机关驻在这里,连中央决定的事情也要通过一下西北局,你留守兵团决定的事情怎么能不通过西北局呢?最后,毛泽东扔给萧劲光一根烟,晒笑着说:"萧劲光,你是个大知识分子!"

听了这句话,萧劲光猛地一愣,心想,我怎么算大知识分子呢?仔细品味主席的话,萧劲光才理解,毛主席的话是一语双关:一是说像他这样上过高级中学,又出国留过学、吃过洋面包的人,在当时部队很少,当然应该算知识分子;另一方面是提醒他不要太书生气,自恃清高,办事情处理问题要注意灵活性,学会协调疏通各方面关系。经过反思,萧劲光向毛泽东做了认真检讨:对高岗同志,我一直有看法,对也尊重、支持不够。与西北局的关系没有处理好,我应负主要责任。事后,他主动向高岗作了自我批评。后来在整风中，他又就这一问题专门做了检查，挖了思想根源。

萧劲光立说立行。1943年元旦前，他组织留守兵团政治部编写了《拥护政府爱护人民讲话材料》，对部队进行了拥政爱民宣传教育。与此同时，他亲自主持起草了《八路军留守兵团司令部、政治部关于拥护政府爱护人民的决定》（以下简称"拥政爱民决定"）。这一决定在按照毛主席的指示充分阐述军队和人民的关系，拥政爱民的意义的基础上，具体开列了留守兵团各级军政机关必须执行的12个方面的内容。其中第二条规定："军队须尊重各级政府机关，对于政府负责人，应以本部队首长同样看待，不得轻视与污辱。军队无权逮捕政府人员与人民。"第五条规定："军队与人民须建立密切关系，爱护人民尊重群众的人权、财权、地权，不得侵犯人民一针一线的利益，严格遵守三大纪律八项注意。军队必须了解与尊重民情风俗，举行与人民送节礼、祝寿、拜年与婚丧等应酬，以建立与人民的良好感情。"第十二条，即最后一条明确提出，"拟定今年二月为边区部队拥政爱民运动月（具体工作另有指示），以掀起部队拥政爱民的热潮，推动今后拥政爱民工作的开展。"

得到留守兵团研究起草《拥政爱民决定》的消息，边区政府很受启发。他们也立即行动，并于1月15日先于留守兵团发出了《陕甘宁边区政府关于拥护军队的决定》（以下简称《拥军决定》）。《拥军决定》明确了边区人民拥护军队应尽的责任，检查了过去拥军工作中的缺点，提出了改善、加强拥军工作的意见。并决定，这年2月为"全边区拥军运动月"。《拥军决定》最后还明确提出"各级政府应将拥军工作看成经常重要的工作，给以定期的切实的检查，成绩优良者予以奖励；对此工作漠不关心毫无成绩者，应给批评、指责和惩罚"。在此期间，边区主席林伯渠、副主席李鼎铭还联名给部队发了慰问信。

按照留守兵团、边区政府这两个"决定"，陕甘宁边区1943年春节前后的"拥政爱民"活动、"拥军"活动开展得生动活泼、丰富多彩。萧劲光组织留守兵团机关部队的领导，分头到部队驻地群众中走访，检查群众纪律，送医送药，帮助群众解决困难；边区政府各级行政部门按照《拥军决定》和以此为据拟定的"拥军公约"全面检查各村镇优待抗属、烈属和退伍伤残病老革命军人的情况。整个元旦春节期间，到军委和留守兵团机关、部队慰问演出的群众、文艺团体络绎不绝，边区内部队驻地军民联欢活动接天连日，演出场地上人山人海，锣鼓鞭炮、欢歌笑语，响成一片。著名的秧歌剧《兄妹开荒》就是这期间延安群众在拥军活动中演出，受到毛主席的赞扬而广泛传播开的。

拥政爱民、拥军活动月改善和密切了军政、军民关系，使陕甘宁边区呈现了军爱民、民拥军，军民团结互助、团结战斗的新局面。毛泽东对这两个活动十分赞赏，称赞说这样搞很有意义，以后应坚持下去，年年搞。他还在会议上强调，军队和地方的领导同志都应该懂得，每年春节前后的"双拥运动月"是"旧历年节中最重要的革命工作"。这年10月1日，毛泽东在亲自起草的对党内的指示中更加具体地提出：

> 为了使党政军和人民打成一片，以利于开展明年的对敌斗争和生产运动，各根据地党委和军政领导机关应准备于明年阴历正月普遍地、无例外地举行一次拥政爱民和拥军优抗（优抗即优待抗日军人家属）的广大规模的群众运动。军队方面，重新宣布拥政爱民公约，自己开检讨会，召集居民开联欢会（当地党政参加），有损害群众利益者，实行赔偿、道歉。群众方面，由当地党政和群众团体领导，重新宣布拥军优抗公约，举行热烈的劳军运动。在拥政爱民和拥军优抗的运动中，彻底检查军队方面和党政方面各自在一九四三年的缺点错误，而于一九四四年坚决改正之。以后应于每年正月普遍举行一次，再三再四地宣读拥政爱民公约和拥军优抗公约，再三再四地将各根据地曾经发生的军队欺压党政民和党政民关心军队不足的缺点错误，实行公开的群众性的自我批评（各方面只批评自己，不批评对方），而彻底改正之。

在党中央、毛主席的倡导下，拥政爱民、拥军优属活动在全军范围内，在各根据地、解放区广泛开展起来。之后,"双拥"逐步形成制度、成为党和军队的优良传统,一直延续到今天。

筹建海军,毛泽东郑重点将:
我就是看上了你这个"旱鸭子"

1949 年,金秋 10 月,在开国大典的礼炮声中焕发了生机的古都北京,阖城内外喜气洋溢,五行八作一片繁忙。

然而,最忙的还是中南海红墙里新中国的领袖——毛泽东和他的战友们。新中国初始,百废待兴,万机待理;江南战报频传,拔城夺隘的战斗还在激烈地进行。通宵达旦的繁忙中,中共中央主席、中央军委主席毛泽东脑海里还在酝酿着一个重大决策:组建人民海军。

有中国人民自己的海军,是毛泽东期盼已久的。作为政治家、战略家,熟知中国历史的毛泽东,深深懂得有一支强大的海军,对中华民族多么重要。早在 1939 年,抗日战争最紧张的时候,他就在《中国革命和中国共产党》一文中,痛心地总结历数了近百年来帝国主义列强从海上侵略中国的战争,笔力沉重地写道:"用战争打败了中国之后,帝国主义列强不但占领了中国周围的许多原由中国保护的国家,而且抢去了或'租借'去了中国的一部分领土。例如日本占领了台湾和澎湖列岛,'租借'了旅顺,英国占领了香港,法国'租借'了广州湾。割地之外,又索去了巨大的赔款。……帝国主义列强强迫中国订立了许多不平等条约,根据这些不平等条约,取得了在中国驻扎海军和陆军的权利,取得了领事裁判权,并把中国划分为几个帝国主义国家的势力范围。"只是那时大敌当前,血火交迸,组建海军不可能提上议事日程。

1944 年,世界反法西斯战争接近胜利。在中国战场上,由于解放区军民的局部反攻,日本军队接二连三的失败,中国人民的抗日战争已看到胜利的曙光。这时在延安的毛泽东,就曾满怀信心地对当时的军委领导刘少奇、朱德说:"你们想过没有,等抗战胜利了,把日本人赶跑了,要真正把大门看起来,现在就要着手研究海防、岸防的事情。中国再也不能敞着大门,听任别个随随便便、轻而易举地打进来。"并且当即把这一研究任务交给了时任军委参谋长的叶剑英负责组织。

1948年12月,决定中国前途命运的淮海战役、平津战役尚在激烈地进行着,毛泽东就与总司令员朱德围绕着组建海军的问题进行过多次交谈。在起草党内指示《目前形势和党在一九四九年的任务》时,毛泽东更进一步明确提出:"一九四九年及一九五〇年我们应当争取组织一支能够使用的空军和保卫沿海沿江的海军,这种可能性是存在的。"

一个月前,即1949年9月,在中国人民政治协商会议第一届全体会议上,毛泽东已豪情满怀地向代表们宣布:"我们将不但有一个强大的陆军,而且有一个强大的空军和一个强大的海军。"

而现在,新中国成立了。并且地区性的海军部队,已在半年前的4月23日由华中军区副司令员张爱萍主持在江苏泰州组建。至此,沿海大部分地区已经解放,起义、投诚的国民党海军舰艇已有70余艘,官兵近3000人。起义的国民党海军部队要整编,从北到南,海军的码头、港口要管理,解放沿海岛屿的战斗即将全面展开,全国性海军的组建必须立即进行。然而,谁来做新中国海军的第一任司令官?毛泽东陷入深深的沉思。

二十多年的战争,大大小小的战役战斗不可计数,数以百万计的解放军部队可谓群雄并立、将官如云。无论从哪个角度说,选一个海军司令员是不成问题的。毛泽东反复思考的是:谁最适合?没有装备,没有专业技术人才,还要边建边打,这副担子太沉重了。这担子交给谁呢?循着这一思路,长期以来并肩战斗的将领们的身影,一个又一个从毛泽东脑海里闪过,最后定格在一个高大的身影上:萧劲光。

萧劲光,时任第四野战军第十二兵团司令员兼政委。这时,他正在衡宝(衡阳、宝庆)战役前线指挥战斗。在歼灭白崇禧集团4个主力师的胜利喜悦中,萧劲光接到了中央军委的电报:主席召见,有要事相商。

萧劲光是1945年8月握别毛泽东,离开延安奔赴东北解放战场的。这时,他已与自己敬爱的领袖和师长分别4年了。接到电报,在毛泽东直接领导下战斗、生活的情景，长沙初识、长征路上荣辱与共、宝塔山下共谋抗日大计，一幕幕往事像电影一样出现在眼前。于是他立即交代工作，启程赴京。

时隔一天，萧劲光就出现在中南海颐年堂毛泽东的会客室里。

见到萧劲光，毛泽东非常高兴。他紧握着萧劲光的手说："你来得好快呀！你们教训了'小诸葛'，仗打得不错。"接着询问了衡宝战役后期的一些具体情况，然后说："解放全国的任务虽然还相当繁重，但是组建空军和海军的任务已经提上议事日程。空军的筹建工作已经差不多了，决定让刘亚楼去当司令员。现在要着手筹建海军，中央想让你来当司令员，怎么样？"

赴京的火车上，萧劲光对毛泽东召见的"要事"作了种种揣测：调回军委机关？交给新的作战任务？就是没有想到要自己去组建海军。由于毫无思想准备，听了毛泽东的问话，萧劲光便坦率地说："主席，我是个'旱鸭子'，哪能当海军司令？这么多年，我就坐过五六次海船，还晕得不行。海军司令还是让别人做吧！"

毛泽东轻轻地摇了摇头："我就看上了你这个'旱鸭子'。让你去组织指挥，又不是让你天天出海。"沉吟了一下，毛泽东又意味深长地说，有海就要有海军。过去我国有海无防，受人欺负，我们把海军搞起来，就不怕帝国主义欺负了。再说，我们要解放台湾，也要有海军，没有海军不行。搞海军嘛，总得有个人去领头。二十多年来，我们和日本鬼子打仗，和国民党反动派打仗，都是钻山沟，钻青纱帐，主要在陆地上。现在要建设海军了，派谁去当司令员呢？要你当海军司令，军委是经过认真研究的。我们搞海军的基础很差，现在除了起义人员带来的舰船、装备，一无所有。你做过改造旧军队的工作，有经验，也了解我们部队的传统。还有，我们搞海军要争取苏联的帮助，你留过苏，懂俄语，了解苏联部队情况，这些都是有利的条件。萧劲光默默地听着，知道任海军司令员的事中央已经过研究，只是不住地点头。最后，毛泽东嘱咐萧劲光回到长沙后，继续抓好十二兵团和湖南军区的工作，调海军的事，等军委的正式命令。

1949 年 12 月，毛泽东亲自率团赴苏访问。临行前，他又一次召见了萧劲光，向萧劲光了解苏联有关方面的情况，征询他对海军建设的意见。萧劲光这次有了准备，便比较系统地谈了自己对创建海军的一些想法。毛泽东听了很满意，连连说："好，好，要考虑得更细一些，一步步落实。"此后，中央军委向四野发出了拟调萧劲光到海军工作的电报："为统一管理指挥各地人民海军及现有舰艇，调十二兵团兼湖南军区司令员萧劲光同志为中国人民解放军海军司令员，刘道生同志为海军副政委兼主任，并允许由原兵团直属队抽调部分机构与干部，以作为海军直属机构之基础。"但萧劲光任海军司令员的命令没有同时发出。毛泽东明确表示，要等访苏回来最后定。

1950 年 1 月，在苏联进行国事访问的毛泽东仍然思考着海军的筹建工作。通过与苏联军界的接触、了解，他更坚定了由萧劲光任海军司令员的决心。13 日他从莫斯科给主持中央工作的刘少奇副主席发来电报："可即任命萧劲光为海军司令。"据此，1950 年 1 月 15 日，中央军委正式发出命令："（一）为了统一管理现有各地海军人员及舰艇，及建立人民海军，特任命萧劲光为中国人民解放军海军司令。（二）现在大连创办之海军学校，及华东军区海军司令部，今后即直接向萧劲光司令员报告工作。"接到命令，萧劲光立即交代在湖南的工作，到京赴任。从此，萧劲光开始了为期 30 年的海军生涯。

1957 年 11 月 17 日，是苏联十月革命 40 周年纪念日。毛泽东以中共中央主席的身份亲率代表团赴莫斯科参加庆祝活动。同时，中国还派出了有萧劲光参加的军事友好代表团。在苏联期间，萧劲光会同刘亚楼去看望毛泽东。毛泽东一本正经地问，萧劲光还晕船吗？刘亚楼还晕飞机吗？萧劲光说："现在好多了。"毛泽东风趣地说："海军司令晕船，空军司令晕飞机，这就是本人的干部政策！"

历史证明毛泽东的"干部政策"是完全正确的。空军在刘亚楼的领导下，一边组建一边就参加了抗美援朝。在"横空出世"的中国空军的有力配合下，志愿军部队与朝鲜人民军并肩作战，彻底粉碎了美帝国主义的侵略阴谋,赢得了震惊世界的伟大胜利;海军在萧劲光领导下,白手起家,从无到有、从小到大,逐步发展壮大起来,在解放东南沿海岛屿、反击外来侵略、保卫国家海洋合法权益的斗争中,屡建功勋,结束了中华民族有海无防的屈辱历史。

针对军委领导在海军机关建设上的不同认识,
毛泽东明确表态:萧劲光意见是对的

创建海军,第一位的是要成立海军领导机关。这首先就要明确两个问题:其一,海军是一个军种还是一个兵种? 海军机关是一个战略决策单位,还是军委、总参谋部的一个业务部门? 其二,海军机关设在哪里? 是设在北京,还是设在沿海的某一个城市?

对这两个问题,军委领导认识分歧很大。有的领导同志认为,海军只是一个兵种,没有必要成立独立的领导机关,只要成立一个小小的领导班子,作为总参谋部的一个业务部门就可以了。至于驻地,有的领导主张海军机关要靠近海,不要设在北京,可以放在天津、青岛或沿海其他城市。

萧劲光是善于动脑的。他深深懂得这两个问题直接关系到海军建设和长远发展的全局,决不可轻易下决心。他首先认真分析研究了苏联和美国海军的情况,并与海军副政委兼政治部主任刘道生等领导同志取得共识。在此基础上,萧劲光亲自到总参谋部向代总参谋长聂荣臻郑重陈述了自己的意见:世界上的大国,苏联、美国的海军都有独立的体系和领导机构,他们的领导机关都设在本国的首都。中国也是大国,有着漫长的海岸线和辽阔的海域。从新中国海军肩负的使命和长远发展考虑,海军应该是一个军种而不能是一个兵种,海军机关应该是一个机构健全的战略决策单位,而不只是军委、总部的一个业务部门。从海军本身的业务范围来说,海军的使命、装备建设与政务院的许多部门,如外交、交通、水产、科委及许多工业部门,都有密切关联。为方便联系,及时洽商、解决问题,海军机关也应该设在北京。

聂荣臻非常重视萧劲光的意见。鉴于问题的重大和毛泽东对海军组建工作的关心,他专门往莫斯科挂了长途电话,向正在苏联访问的毛泽东汇报了萧劲光的意见。毛泽东明确回答:萧劲光意见是对的。海军是一个军种,海军机关是一个战略决策机构,应该单独成立司令部。海军机关要设在北京。

聂荣臻及时向萧劲光传达了毛泽东的指示。这样,两个根本性的问题明确下来,筹建海军领导机关的工作遂逐步展开。

1950年3月4日,毛泽东结束了历时两个多月的访苏回到北京。萧劲光向毛泽东电话问候的同时,便提出"请主席安排时间,汇报海军筹建工作"。毛泽东欣然回答:既然时间紧迫,那你们就来吧!

3月中旬,毛泽东在中南海颐年堂听取了萧劲光关于海军筹建工作的汇报。

萧劲光首先汇报了自己对海军机关机构设立和驻地的考虑,接着又介绍了筹建工作的进展情况。谈到房子问题,萧劲光半开玩笑地说:"主席,我现在是上无片瓦、下无寸土,连个立足的地方也没有哇!"毛泽东当即问道:"你们机关有多少人?"

萧劲光回答:"司、政、后,几个大部加在一起,900人。"

毛泽东说:"人不多嘛。海军是个战略决策机构,要设在北京,要有长期打算,没房子,可以自己盖。这样吧,你们写个报告,我来批钱。"

没有房子,在当时确实是个不小的难题。萧劲光带随行人员从湖南来到北京后,租住在前门外一带的便宜客栈和民房里。1950年4月14日海军领导机关成立大会,是借用协和医院的礼堂召开的。至于办公地点,更是分散:司令部驻在东麻线胡同,政治部驻在西观音寺,后勤部驻在西四,工作十分不便。毛泽东批经费后,先是在贡院东街一块不大的空场上建了两栋三层楼作为办公地点,1953年以后,才请著名建筑学家梁思成教授主持设计建造了至今仍在使用的海军机关办公楼。此后在公主坟西南侧逐步建设了现在的海军大院。

由于海军领导认识统一,毛泽东有明确指示,应该说,海军机关设在哪里的问题是解决了的。但是,直到1963年,有的中央领导又提起这件事,建议海军机关离开北京,搬到青岛或旅顺去。为此,萧劲光组织机关有关部门对世界各主要国家海军领导机构的地理位置,一一进行了解、统计,发现除巴基斯坦、澳大利亚等很少几个国家外,绝大多数国家,如苏联、美国、英国、法国、日本、西德、印度、菲律宾等国家,海军领导机构都设在首都。于是,萧劲光主持召开党委会,对这一问题再次进行了专题研究。通过分析讨论、权衡利弊,大家一致认为,海军机关迁到沿海城市,诚然有一定好处,如接近部队、有利于战备疏散等,但远离中央、军委和国务院业务部门,许多事情十分不便。会后,萧劲光综合大家的意见,以海军党委的名义正式给军委、总参和中央有关领导写了报告,建议"海军机关不搬迁为好"。这一问题才最后得到解决。

岁月如流,转眼50年过去了。震古烁今的一代伟人毛泽东、萧劲光已经作古。他们携手创建的人民海军日益壮大,于今不仅兵种齐全,而且有了最先进的核装备,不仅可以执行"沿江沿海"的任务,而且可以横跨太平洋,作为中国人民的友好使者访问世界任何一个国家。随着现代科技的迅速发展,国际交往的日益增多,越来越显示出毛泽东、萧劲光当年关于海军机构性质界定、机关驻地设置等一系列决策的远见卓识。

接受萧劲光的建议,毛泽东给斯大林写了两封信

萧劲光晚年的回忆录中记述了这样一件事:1950年春天,刚上任不久的萧劲光到了威海,要过海到刘公岛进行设防考察,随行人员向当地渔民租了一条小船。航渡中,渔民以不可思议的口气说:"你是海军司令,还要租我们的渔船!"回忆往事,萧劲光感触很深:"这话对我刺激很大,可当时有什么办法呢? 我这个海军司令,真是两手空空啊!"

两手空空,半点不假。此时的海军司令萧劲光,手中仅有的几十艘舰艇,除了起义官兵带来的,就是在战斗中缴获的,并且多数遭受了轰炸和破坏,不能使用。至于真正懂海军的专业技术人才,更是难以找到。

为了解决这两个问题,萧劲光可谓"绞尽脑汁"。从上任那天起,他就响亮地提出了"治军先治校"的口号。海军机关成立大会没开,他就与著名爱国将领张学良的胞弟张学思携手创办了大连海军学校。此后接连组织创办了海军鱼雷快艇学校、海军航空学校、海军炮兵学校等院校,突击培训海军建设所必需的各类军事人才。此外,萧劲光还亲自请示政务院总理周恩来和中央军委,从地方抽调有关技术人员支援海军,把全军部队中曾经受过海军或商船训练的干部,调到海军工作。在舰艇、装备方面,一边组织技术人员对失修和遭受破坏的舰艇进行整修,对民船、商船进行改造,一边派人到香港等地购买。同时,萧劲光还向毛泽东主席,提出争取苏联援助的意见和建议。

1950年秋,萧劲光在向毛泽东做了"海军建军会议"和准备到苏联考察的汇报后,说:"主席,苏联顾问告诉我们,装备问题他们海军部定不了,要斯大林同志拍板,光我们自己去谈不行啊!"毛泽东会意地点点头。

听了萧劲光的汇报后,毛泽东与周恩来一起召集军委及政务院有关人员,对萧劲光的意见和建议进行了认真的研究。10月8日,毛泽东就海军军事订货问题以中央政府的名义,亲自给苏联人民委员会主席和部长会议主席斯大林写了信:

> 由于中国当前所处新的军事及政治情况,曾决定三年海军建设计划,为使更快地巩固中国国防,我以中央政府的名义,请求增加顾问教官,及一九五一年计划中所需舰艇、飞机、武器、装备、供给等等的数字。……

书信洋洋数千言,具体地列出了请求增加的订货数字和顾问、教官的人数。

为了争取苏联对中国海军建设的支持,萧劲光率领中国海军代表团于1952年4月22日再次抵达莫斯科,与苏联海军部商谈1952年中国海军订货和海军五年建设计划问题。商谈情况,萧劲光随时电告毛泽东和周恩来,并根据中共中央的复电与苏联海军部最后议定了有关方案。代表团回国后,毛泽东及时听取了萧劲光的汇报,并于 7 月 10 日再次亲自给斯大林写了信:

菲利波夫(斯大林代号)同志:

我国海军代表团此次在莫斯科与苏联海军部商谈我国海军五年建设计划及一九五二年订货诸问题,承苏联政府和海军部同志热情帮助,许多问题获得解决,谨向您和苏联政府致以谢意。我们基本上同意苏联政府对我国海军五年建设计划的意见。

兹提出如下请求,请您考虑。

一、为了我国海军继续发展,准备在我国第一个五年计划当中和第二个五年计划开始时,能自己逐渐解决潜水艇、鱼雷快艇、扫雷艇、大小猎号所需之主机及一般材料,以及海军所需之水鱼雷。拟将此项建设工作列入第一个五年计划中,因此,请苏联政府帮助我国重工业部建设内燃机工厂及水雷、鱼雷工厂,并请派专家组前来中国设计及协助建厂工作。

二、此次苏联海军部所允派来之苏联海军专家及对恢复巡洋舰"重庆号"修理、检查设计专家组、大口径海岸炮勘察专家组、要塞建设专家组、建设港口专家组、造船专家组等,最好请于八月份派来中国。

三、我国海军代表团与苏联海军部所商定的一九五二年海军订货中之海岸炮、水鱼雷飞机、驱逐机、教练飞机及航空教育器材,请苏联政府尽早于八月初拨给。

关于我们海军五年订货所需款项的偿付问题,俟我们代表团去莫斯科后再行商定。

给斯大林的信发出以后,毛泽东还亲自给斯大林打电话,督促两国之间关于海军装备购置等协议的签订和落实。毛泽东的关注,使苏联政府和海军部对萧劲光等访苏期间所议定的各项内容更加重视，为翌年中苏双方"六四"协定的签订奠定了基础。此后三年的时间里，按照双方签署的协定，海军从苏联进口的武器装备，计有各类战斗舰艇×××艘（多数为半成品，需由国内船厂加工装制），辅助舰艇××艘，不同型号的飞机×××架，几种口径的海岸炮×××门。与此同时，各类专家、技术人员也按比例增加。从而，使海军的装备有了较大改善，军事训练也上了一个台阶。

听了萧劲光关于"第二顾问团"的汇报，
毛泽东笑着说：这个办法好

1952年，元旦刚过春节将临，深夜11点，充溢着节日气氛的首都北京，从喧嚣中沉寂下来。突然，萧劲光卧室的电话急剧响起来。刚刚就寝的萧劲光翻身抓起电话。他清楚，这时间来电话，大都是急事、大事。

"萧劲光吗？还没有休息吧！"

"是我，主席，有什么指示？"萧劲光听出是毛泽东的声音。

"打扰你休息了。有一个任务要交给你。"接着，毛泽东交代，要萧劲光具体搞清，美国从本土运输一个兵团、一个军的兵力，到日本的横滨、南朝鲜、越南、香港，各需要多少舰船，多少时间，需要多少舰船为这些部队运送补给物资。并明确提出，要在两天内报告他。

放下电话，萧劲光立即与苏联派来的首席顾问涅斯切罗夫将军联系。涅斯切罗夫回答，这些情况很难一下子说清，需要查资料，研究、计算。萧劲光考虑了一下，决定把这一任务交给"第二顾问团"完成。

所谓"第二顾问团"，即是海军机关设立的由原国民党海军中部分中高级军官组成的"海军研究委员会"。华东海军成立以后，为了解决海军专业技术人才缺乏的问题，司令员张爱萍一面亲自走出去"访贤纳士"，一面以华东海军司令部、政治部的名义在香港《大公报》上刊登了《关于招收原海军人员参加人民海军的通知》，并在青岛、福州、厦门、广州等地设立了"登记国民党海军人员办事处"。用这两种办法，先后招收了一大批原国民党海军的官兵。其中有原先职衔很高的"海军元老",如毕业于英国海军大学,曾任过国民党海军第二舰队司令员、江防舰队副总司令、海军司令部参谋长的曾以鼎中将,原国民党海军马尾造船所所长韩玉衡少将等。也有部分军阶虽不很高,但是曾在要害部门任职或学有专长,确实懂海军的人员。如原国民党海军总司令部办公室副主任徐时辅(国民党海军总司令桂永清的结拜兄弟),原国民党海军青岛军官学校上校教育长何希琨等。军委海军成立以后,1950年11月底,中央军委又专门电令各中央局、各大军区,责成各地党政民学机关及各战略区,设法将流散各地的原海军人员,清理登记,"凡无政治问题,身体尚健,而有一技之长者,尽可能抽调来,以克服新海军建设中人才的困难"。从而又集聚了一批海军建设人才。后来,萧劲光就从这两部分人中选出二十多位,请到北京,成立了"海军研究委员会",为海军党委、海军首长研究问题、拟定规划,提供咨询、参与决策。由于这些人确实学有专长,懂训练、会管理,在海军创建过程中提了许多有价值的意见和建议,机关上下亲切地称他们为海军首长的"第二顾问团"。

萧劲光把任务交给海军研究委员会后,由曾经在美国参谋大学学习过多年的研究会业务组长刘隽主持了这一问题的研究。在刘隽的组织下,几个人分头查阅资料、推导数据、反复计算,把问题逐项搞清楚,按时向毛泽东呈送了所需资料的报告。

报告送走后,萧劲光陷入深深的思考。长期在毛泽东直接领导下工作的萧劲光,对毛泽东是非常了解的。他知道毛泽东有夜间工作的习惯,但他更清楚,除非极特殊情况,毛泽东很少在夜间研究工作,打扰别人。深夜11点多要资料,且那么急,说明他经过了认真的思考。那么,海军在这方面应该做些什么呢?2月14日下午,萧劲光正在思考着这一问题,准备召集有关部门做进一步研究,突然接到了空军司令部办公室的电话通报:毛主席到海军机关视察,现在已经从空军机关出发。

那时海军机关驻在贡院东街,与空军机关相距不远。放下电话,萧劲光立即收拾起桌上的文件,着好装,下楼迎接。毛泽东一行,公安部部长罗瑞卿、空军司令员刘亚楼等，已经到楼梯口。

毛泽东显得很兴奋，一边随萧劲光、刘道生往会议室走着一边说："海军成立两年多了，我还没来过。今天来这里，一是看看大家，看看我们海军领导机关驻在哪里，二是有件要紧的事要和你们商量。"

落座以后，毛泽东望着室外的皑皑白雪，惬意地说："瑞雪兆丰年，看样子今年是个好年景！"随即和大家交谈起来。他首先问了正在开展的"三反"运动的情况，萧劲光一一做了汇报。随后，毛泽东郑重而又亲切地说："要和你商量的是这样一件事：原计划花几亿卢布给你们买几艘驱逐舰、买几十艘鱼雷快艇。现在抗美援朝急需飞机，中央打算集中财力解决一下空军的问题。但这样一来，外汇就不够用了。是不是先给空军买飞机，你们要买的舰艇再往后推一推。怎么样？"

事关抗美援朝大局，毛主席亲自来做工作，萧劲光还能说什么？他立即表示，坚决拥护主席和党中央的决定。萧劲光说，海军、空军都是党的军队，事情有缓有急，就把有限的财力先给空军买飞机吧。在场的海军其他领导，副司令员王宏坤、副政委兼政治部主任刘道生等，也都一致表示赞成。

听了大家的表态，毛泽东很满意，轻轻扫了大家一眼，说："好，就这样定了。国内的钱，你们可以买些材料自己造一点，上海的厂不是可以造快艇吗？"

刘道生说："上海江南厂，还有其他几个造船厂，现在都可以造几十吨的小艇。去年青岛造船厂就造出了几条小艇，质量还不错。今年我们打算让江南厂试造大一点的船。"

毛泽东高兴地说："好，先造小艇，来得快，又实用，花钱也不多。逐步积累经验，把我们的造船工业搞起来，将来就可以造大的。"说到这里，毛泽东话锋一转："我上次要的材料，是哪些秀才搞的呀？"

萧劲光说："那份材料是我们海军研究委员会几个同志搞出来的。"接着他介绍了海军研究委员会的人员组成、职责，随后说："研究委员作用很大，大家都称他们是海军首长的'第二顾问团'。"

听了介绍，毛泽东微笑地点着头说："好，第二顾问团，这个办法好。搞海军，他们有知识、有经验，是老师，一定要好好团结他们，充分发挥他们的作用。"并进而强调，要教育从陆军调到海军的同志，不要居功自傲，要虚心向原海军的同志学习；原海军的同志，要认真学习解放军优良的政治工作传统、作风。新老海军要团结一致，互相学习，共同建设人民海军。

此后，萧劲光、海军党委更加注意发挥海军研究委员会的作用。这部分人，不仅及时为海军首长重大决策提供咨询，而且先后翻译、整理、出版了《美国海军学校海军战术教程》《第二次世界大战太平洋战争诸战役》《外国海军资料》等学术专著，在海军初创时期发挥了不可替代的作用。

度假中的毛泽东日理万机，
仍履约到萧劲光居处进行了一次长谈

1957年7月12日，毛泽东结束了在杭州、上海等地的巡视，抵达青岛。按照计划，毛泽东此次是来度假休养的。实际上，除在疗养区第二海水浴场游了几次泳之外，便再没有闲暇时间了。从到达之日至8月11日离开青岛返京，一个月的时间里，毛泽东在这里亲自起草了关于国内政治形势分析的文章《一九五七年夏季的形势》，召开了全国省、市委书记会议，接见了缅甸议会访华代表团，先后找了地方各方面若干领导谈话，此外，还要例行处理大量文电。身兼中共中央主席、国家主席、军委主席的毛泽东，密切关注着国内外形势的发展，思考、运筹着诞生不久的共和国的现实和未来。

当时，海军北海舰队尚未成立，但青岛仍不失为年轻的人民海军部队比较集中的地区。自1950年下半年开始，在这里陆续诞生了第一支驱逐舰部队、第一支潜艇部队、第一支快艇部队，军港设施逐步配套，并且已修建了海军航空兵流亭机场。毛泽东到青岛后，萧劲光立即从北京赶到青岛看望。毛泽东在海滨"八大关"附近原先由德国人建造的"提督楼"接见了萧劲光。

萧劲光首先向毛泽东简要地汇报了驻青海军部队的情况,最后说:"主席,纪念建军30周年,海军准备在青岛组织一次阅兵式,请你检阅。"毛泽东爽快地回答:"很好,我要去看看海军。"

7月17日,毛泽东亲自主持的全国省市委书记会议在青岛召开。同一天,海军兵力海上检阅计划在青岛基地正式部署实施。青岛基地政委卢仁灿等基地首长和各编队领导,听说毛主席要来检阅部队,异常兴奋,个个摩拳擦掌,表示一定严密组织,把好每一个环节,以崭新的面貌、优异的成绩向自己敬爱的领袖和统帅汇报。经过动员、演练,7月24日、29日,先后进行了两次预演,反复修改、完善阅兵计划。根据气象条件,毛泽东检阅部队的时间定在8月4日进行。为确保万无一失,8月1日上午,萧劲光又按照毛泽东检阅的预案,分别在陆上、海上进行了演练。

省、市委书记会议一直开到7月21日。接着毛泽东又亲自指导胡乔木修改文件,一批又一批找人谈话、做调查。繁忙的公务中,毛泽东没有忘记对萧劲光"看看海军"的许诺。8月1日下午4点多,住在荣成路海军交际处的萧劲光,正凝神回忆、思考着上午的阅兵仪式,毛泽东突然出现在院子里。

毛泽东一边向屋里走着一边喊道:"萧司令,我要饭吃来了。"

萧劲光边迎上去边说:"那天准备了,你说有事来不了,今天可没什么好吃的。"

"要求不高,填满肚子就行了。"毛泽东说道。

随毛泽东一同进来的卫士,附在萧劲光的耳边小声说:"主席今天真的在这吃饭。"

萧劲光面露难色:"怎么不早通知呢?"

"用不着早通知,你吃什么,我就吃什么,有辣椒吗?"毛泽东说着摆了摆手,"吃饭是下一步的事,先听听你们的情况。"

萧劲光首先介绍了近年来海军的建设情况,说:"主席,这次准备8月4日在胶州湾海面举行的阅兵,主要是青岛基地的兵力,同时吸收了东海舰队在青岛遂行任务的部分舰艇。近几年,海军部队有了较大发展,有将近20万人,但装备仍然主要靠炮艇和一些老的、杂牌的护卫舰,护渔、护航、剿匪、解放沿海岛屿,主要是靠它们。实践证明,经过整修和训练,这些老舰艇还是有战斗力的,有些仗打得不错。从1954年下半年开始,快艇显示了威力,打沉国民党'太平号'护卫舰的就是鱼雷快艇。这个东西,反应快、速度快、机动灵活,应付小战斗,很有用处。航空兵的战绩突出,在解放一江山、大陈岛的过程中,夺取制空权,发挥了很大作用。目前潜艇的力量还很小,没有参加过战斗,但在训练中显示出是有战斗力的。今后,我们重点还是要发展空、潜、快。"

毛泽东说:"目前海军20万人,本不算多,但下一步还要减。海军要有装备,光有人没有用。要把人减下来,集中财力搞点好东西。"随着谈话的深入,毛泽东语重心长地说:"现在我们搞海军,购置的舰艇是苏联的,好多东西也是学他们的,这很重要。学苏联,要老老实实地学,但不要原封不动地学,有些东西学不了,也不要学。要从我们的实际出发,走自己的路。"

正在萧劲光和海军副司令员刘道生谈自己对毛泽东讲话的理解的时候,工作人员小声地对萧劲光说:"饭已经准备好了。"

毛泽东听到了,随即说:"好啊,边吃边谈。"

在简单的餐厅里,萧劲光、刘道生陪毛泽东吃了一顿简单的晚餐:一共六个菜,三个时鲜青菜,一个红烧肉,一个海参、一个鱼。外加两碟小菜,辣椒和酱豆腐。毛泽东边吃边称赞味道好。其实,他不知这些菜除了鱼之外都是他自己的。原来,知道毛泽东要在萧劲光处吃饭后,海军的同志立即与毛泽东居处的工作人员取得联系,了解到他们不知道毛泽东要在外边吃饭,已准备了晚上的饭。因为是建军节,还加了一个红烧肉。那时,刚解放不久,考虑到社会情况复杂,中央主要领导人外出食宿,警卫工作很严格。鉴于这种情况,双方工作人员商定,把已准备好的毛泽东的饭菜运了过来。毛泽东当时只是一味称赞味道好,却不知道吃的竟是自己的饭。

饭后,他们又接着谈,谈海军发展,谈国际、国内形势,一直到晚上九点多。临下楼时,毛泽东说:"现在情况很复杂,一些右派要和共产党争天下,要轮流执政。你们要把部队搞好。军队要起无产阶级专政柱石的作用,要把工作抓好。"

萧劲光当即表示:"海军是在党的绝对领导下,是党的军队、人民的军队,什么时候都听党的话,听主席指挥。"毛泽东满意地点了点头。

意想不到的是8月4日,毛泽东没有能够如期检阅海军。原来,到青岛不久,毛泽东就患了感冒。8月2日发烧到39度,于是决定委托国务院总理周恩来赴青岛代他检阅海军部队。为了弥补未能亲自检阅部队的缺憾,8月5日下午,毛泽东又在萧劲光的陪同下接见了青岛基地大尉以上军官,并与大家合了影,留下了永恒的纪念。

林彪、江青集团企图剥夺萧劲光的领导权,
毛泽东说:"他在,海军司令不易人"

"文化大革命"期间,林彪、"四人帮"先后插手海军,矛头直接对着萧劲光,导演了一幕幕夺权丑剧。

林彪企图控制海军,从20世纪60年代初就开始了。在1959年彭德怀被错误批判的庐山会议上,林彪以"左"的面目出现,作了充分的表演。从庐山回到北京以后,有一次他不无得意地对他的老婆叶群说,在庐山抓到了毛泽东的"活思想"。叶群也心领神会地对林彪说:"我也抓到了你的活思想,101要大展宏图了。"此后,林彪在"高举毛泽东思想伟大红旗""宣传毛泽东思想""突出无产阶级政治"等漂亮口号的掩护下,大搞个人迷信,把毛泽东推上神坛。一个时期得到了毛泽东的肯定和鼓励,成为一颗耀眼的政治新星。

由是,林彪野心急剧地膨胀起来,对没有在海军培植、安插上"自己的人",很不满意。他曾对他的一个亲信说:"三军少了一军不行,如果少一军,就可能出问题。"在这种思想指导下,他把眼睛盯在了海军司令员

萧劲光、政委苏振华身上。先是拉拢,企图让萧、苏跟着他的指挥棒转。见这一招不灵,就打,挑毛病找问题,千方百计把他们整垮、搞掉。当时海军东海舰队在训练中连续出了几个重大事故,林彪就借此大做文章。一方面在广州召开的军委装备会上不加分析地指责海军"没有把四个第一摆在第一,而是把四个第一摆在第二",是"懒婆娘管家管得稀稀拉拉,乱七八糟";一方面派出庞大的军委检查团到东海舰队,以调查事故原因总结教训为由,查找海军党委不执行林彪指示、反对"突出政治"的问题。检查团工作结束后,其主要成员李作鹏留在海军,先是任海军常务副司令,企图逐步取代萧劲光任海军司令员。由于毛泽东始终不同意,林彪遂将李作鹏提为副总参谋长,兼任海军政委、海军党委第一书记,一步步攫取海军的权力。

在林彪及李作鹏、吴法宪、邱会作等人的一再活动和建议下,中央于1965年底在上海召开了由军队各大单位领导参加的揭发、批判罗瑞卿的会议。会上撤销了罗瑞卿的领导职务,并批判了萧劲光等军队的许多高级将领。会后,林彪一伙企图把会上的所谓揭发、批判材料整理下发,以期达到一箭双雕的目的。毛泽东看了拟下发部队的会议文件后,明确指出,会议涉及海军等单位高级将领的问题,一律不准向下传达,文件到此为止。针对李作鹏等人试图将萧劲光打成"罗瑞卿分子""反革命修正主义分子"的险恶用心,会后,毛泽东单独接见了萧劲光。毛泽东明确说:"海军的问题与罗瑞卿的问题是两回事,不要相提并论。"

毛泽东的保护,使萧劲光在罗瑞卿同志受到错误批判的时候,没有受牵连,没有被剥夺领导权。

但李作鹏他们不甘心,又假借群众的名义大做文章。他们先是指使海军院校的造反派和海军机关的部分干部编印了《萧劲光同志错误言行一百三十条》,广为散发,心怀叵测地搞什么"一批二臭三保",即要批判、要搞臭,但还要"保护"(他们知道毛泽东保护,打不倒)。接着,在1966年6月17日召开的海军党委三届三次全会扩大会议上,李作鹏在林彪指使下又操纵着一伙人通过会上会下非组织活动,打着群众要求的幌子向军委提出了撤销萧劲光、苏振华领导的建议。7月2日,萧劲光、苏振华将真实情况报告了党中央和中央军委。中央政治局常委、中央军委专门开会研究了海军的问题,对李作鹏一伙"由会议本身作出决议撤换领导"的做法,提出了严肃的批评。迫于形势,李作鹏一伙不得不做检查,承认了错误。这一场蓄谋已久的夺权丑剧至此才告收场。

毛泽东发觉林彪、李作鹏一伙三番五次想打倒萧劲光、苏振华,很生气。1966年8月18日,毛泽东在天安门城楼上接见红卫兵时,特意让人找来在观礼台上的萧劲光、苏振华和李作鹏等海军领导。毛泽东对李作鹏等人说:"萧劲光是个老同志,苏振华是个好同志,你们老整他们干什么?"并拉过萧劲光,两人照了一张合影。毛泽东这一行动,给了林彪、李作鹏一伙当头一棒。事后,李作鹏曾无可奈何地对人说:"凡是毛主席一起照相的,就是要保的。"从此,他们整萧劲光不得不有所收敛。

林彪集团被粉碎后,"四人帮"又乘机将黑手伸向海军,把打击的矛头指向萧劲光。直接的起因是选票问题。1969年4月,党的九届一中全会上选举政治局委员时,萧劲光凭着一个老共产党员的洞察力和责任感,没有投林彪集团和张春桥、江青、姚文元他们的票。正常来说,选谁不选谁,这是一个党员的权利,无可厚非,但"四人帮"得知后,对萧劲光怀恨在心。加之后来萧劲光提前解放60名老干部,又没有及时向分管海军的张春桥汇报,1972年7月,海军党委召开四届五次全会扩大会议清查林彪集团的罪行,"四人帮"便跑到会上兴风作浪。姚文元首先发难说:"萧劲光是林彪拉的。"会场立即有人反驳:"萧劲光是与林彪作斗争,受林彪打击的。"张春桥气势汹汹地说:"打击什么?萧劲光是上了林彪贼船的。"江青还一把鼻涕一把泪地说,毛主席最信任你萧劲光,在青岛跟你要饭吃,和你一块吃饺子,和别人从来没有这样。可你辜负了毛主席,不投忠于毛主席革命路线的人的票,等等。接着,张春桥、江青直接插手,操纵部分不明真相的干部大会"批评"小会"帮助",专门"帮助"萧劲光认识所谓"上贼船"的问题。在他们的干扰下,致使海军的一次党委扩大会竟然开了八个月,硬把"上了林彪反党集团贼船"的帽子强行扣在了萧劲光头上。

与此同时，江青、张春桥轮番在毛泽东跟前制造谣言，诽谤诬蔑萧劲光，一次又一次建议毛泽东撤掉萧劲光海军司令员的职务。毛泽东识破了他们的罪恶目的，严肃地说："萧劲光是个老同志，他上什么贼船？萧劲光是终身海军司令。他在，海军司令不易人。"尽管"四人帮"上蹿下跳，耍尽花招，也没能实现他们剥夺萧劲光领导权的目的。

伟人长逝，萧劲光忆及一生，感念不已

1976 年 9 月 9 日，伟大领袖毛泽东与世长辞了。噩耗传来，萧劲光五内俱焚，久久不动，泪水潸然而下。

其实，这噩耗来得并不突然。

半年多以前，萧劲光就已经知道毛泽东的身体状况已急剧恶化，痛苦、焦急、担心、忧虑，炙烤着老将军的心。粉碎林彪集团夺权阴谋以后，他已经几年没见到毛泽东了。他有多少话要向自己敬爱的领袖和师长说啊！但那时，"四人帮"横行，这伙见不得天日的败类，既要控制舆论，又要混淆视听，是不可能让萧劲光这样的人接近毛泽东的。萧劲光早已预感到再见到毛泽东很难了。所以，四月份，他才不得不将自己保存了三十多年的珍贵文献资料转交给了毛泽东。凭着自己半个多世纪的政治经验和一个老共产党员的觉悟，萧劲光真切地感到，眼前党内的许多做法"离毛泽东、毛泽东思想越来越远了"。他敏锐地觉察到"四人帮"一伙借毛泽东年老体衰、接触不到实际，"挟天子以令诸侯"，兜售自己的私货。萧劲光更担心在毛主席百年之后，"四人帮"打着毛泽东的旗号为非作歹、兴风作浪。所以，在一个月以前他已私下向叶剑英元帅汇报过自己的想法，建议尽快采取措施。萧劲光有一个坚定的信念：保卫毛主席的英名，保卫毛主席领导开创的党的伟大事业！绝不允许任何人玷污毛泽东，玷污毛泽东思想！——然而，许许多多的是非尚不清楚，"四人帮"还在横行，毛泽东撒手西归了。在向毛泽东遗体告别的时候，萧劲光，这位心胸

如海,轻易难得落泪的老将军,痛哭失声了。

历史是人民创造的。谁违背人民的意愿、违反历史的逻辑,谁就必然遭到可耻的失败。"四人帮"被粉碎了,历史揭开了新的一页。此时,萧劲光已年逾古稀,达 73 岁高龄了。他耳边始终响着毛泽东"海军要搞好、使敌人怕"的最后叮嘱,再次深入高山海岛,调查部队情况,总结海军建设的经验教训。他要为实现毛泽东的遗愿,建设强大海军,献出最后一把力。与此同时,他积极准备,把自己毕生的经历写出来,告诉后人。到1989 年逝世前,《萧劲光回忆录》上下两册,近五十万字,已出版发行。

1985 年前后,社会上搞资产阶级自由化的人,借共产党总结历史经验的机会,不遗余力地诋毁毛主席、贬低毛泽东思想。对此,萧劲光曾深有感触地说:毛泽东、毛泽东思想的历史地位,是历史形成的,经过岁月的磨洗、血火的熔炼,已深入人心,是动摇不了的。几十年来,反对毛主席、反对毛泽东思想的人,"左"的、右的,几乎每个时期都有,但都失败了。中国革命和建设的历史实践证明,毛泽东思想,作为全党全军经验的结晶、思想的升华,是颠扑不破的真理,是战无不胜的。它是我们中华民族宝贵的精神财富。毛泽东的人格、毛泽东的胸怀、毛泽东的智慧,是真正无私无畏无敌,令人由衷折服的。萧劲光说,有人说毛泽东是神不是人;有人说他是人不是神;我说他是人,也是神;是神,也是人。作为一个中国人,真正立志献身国家和民族的振兴,就必须读懂毛主席的书,真心实意地学习毛泽东!

这是萧劲光大将一生的心得,是他对中华民族新一代真诚的叮咛!

(吴殿卿)

毛泽东与
王宏坤上将

　　王宏坤(1909—1993)，湖北麻城人。1927年参加黄麻起义，1929年加入中国共产党。土地革命战争时期，任中国工农红军第1军班长、排长，红四方面军第4军10师28团连长、副营长，30团营长、团长，第10师师长，第4军军长、政治委员，参加了长征。抗日战争时期，任八路军129师385旅旅长，冀南军区副司令员，冀鲁豫军区副司令员。解放战争时期，任晋冀鲁豫军区副司令员兼第6纵队司令员，晋冀鲁豫野战军第10纵队司令员，桐柏军区司令员，第四野战军第58军军长，湖北军区第一副司令员。中华人民共和国成立后，任海军副司令员、第二政治委员。是第一、二、三届国防委员会委员，中国共产党第九、十届中央委员。1955年被授予上将军衔。

　　在革命战争年代，王宏坤长期担任我军高级指挥员。他是创建新中国人民海军第一任领导班子的重要成员。60年前，是毛泽东亲自写信送他到抗大和中央党校学习深造；新中国建成以后，是毛泽东签发命令任命王宏坤为刚刚诞生的人民海军第一任副司令员。王宏坤跟随毛泽东走过了半个多世纪的革命征途,为中国人民的解放事业和人民海军的建设事业贡献了自己的毕生精力。

赴延安汇报,已是八路军旅长的
王宏坤首次见到毛泽东

1937 年 7 月 7 日,日本帝国主义发动了"卢沟桥事变",妄图以武力并吞中国。中国共产党发表通电,号召全民族团结抗战,抵抗日寇的侵略,并郑重宣布:中国工农红军改编为国民革命军,开赴前线抗日。

为了实现党中央的主张,红四方面军所属的第 4 军、第 31 军奉命开赴西安以北的三原地区集结,进行改编。根据国共双方达成的协议,在西北的红军主力改编为国民革命军第八路军,下辖第 115、第 120、第 129 三个师,其中第 129 师以红四方面军的第 4 军、第 31 军编成,第 4 军改编为129 师第 385 旅,旅长王宏坤,副旅长王维舟,参谋长耿飚,政训处主任方强、副主任谢扶民,下辖第 769 团和 770 团。

三原改编后不久,军委命令 129 师大部开赴抗日前线,并决定 385 旅一分为二,其中 769 团随师部上前线,旅部率 770 团开赴甘肃陇东地区留守,保卫陕甘宁边区的安全。

陇东地区虽然不是抗日前线,但由于地处共产党与国民党控制区的交界处,是陕甘宁边区的西南大门,军事上处于战略要地,再加上在我军西南面不远驻着蒋介石嫡系胡宗南 13 个军 20 万人。所以,留守的任务非常艰巨,天天要与国民党顽军打交道,实际上也是斗争前线,只不过斗争对象和方式不同。留守工作关系复杂,政策性强,斗争策略要求高,虽然有党中央的明确指示,但一些具体问题和关系处理起来仍然困难很大。同时,由于我军处于国内革命战争向民族解放战争转变初期,部队上下思想很不稳定。

针对这种情况,身为旅长兼陇东军政委员会书记的王宏坤,决定专程去一趟延安,向毛泽东同志汇报,请求指示。

1938年3月的一天，王宏坤来到延安，要通了毛泽东处的电话，很快得到了答复，约定第二天下午毛泽东在办公室接见王宏坤。

对毛泽东心仪已久，但一直没有机会见面的王宏坤得知毛泽东约定的接见时间后，高兴之余不免又有些紧张。想到主席很忙，王宏坤反复思考斟酌着要请示的问题，准备用最短的时间、最简练的语言向主席汇报。

毛泽东的办公室位于延安城内西南面的窑洞里。王宏坤按时来到，毛泽东正伏案写作。见到王宏坤，毛泽东便站起来热情地握着他的手说："哦，你就是王宏坤同志？快坐下来，详细谈一谈情况。"

王宏坤有一些紧张，不知如何是好，便开门见山地汇报起来："我们驻进陇东以后，部队除了加强训练、加强警戒外，还大规模开展了群众工作，开展抗日活动。陇东过去就有地下党，红军时期我们也两次驻过这里，在老百姓中影响较好，群众欢迎我们，军民热情很高，抗日工作很活跃，组织起了许多抗日群众组织，有秘密的，也有公开的，有自己组织的，也有与国民党合作组织的……"

"慢慢说，不要着急。"毛泽东递过一杯水，打断王宏坤的话，问道，"你刚才说的，是怎么个合作组织法呢？"

王宏坤这才感到自己说得太急促了，便接过水杯，缓了一口气说："先和国民党定好协议，讲好规矩，主持人由双方选派，活动和工作统一安排。"

毛泽东点点头，以手势示意说下去。

王宏坤说："统一战线工作是一个很艰苦的工作，有团结，也有斗争，有时斗争还是很激烈的。国民党有些人表面一套，背后一套，搞了很多小动作，派特务四处活动，在老百姓中造谣煽动，制造事端，还暗杀我们的交通员。"

王宏坤越说越气愤，也忘记了紧张和拘束，又说："我们对这些事是有警惕性的，一面公开揭露，一面给他们回击。我和袁国平（当时任陇东地委书记）几次与国民党专员兼保安司令钟竟成谈判，在谈判桌上我们有理有据，钟竟成理屈词穷，不得不有所收敛。"

毛泽东很认真地听着。

王宏坤接着汇报说："我们发现国民党是想挤走我们。我们旅部驻庆阳城,国民党县政府也在城内。他们的保安队守城站岗,我们通信员送信都不让进出。于是,我们针锋相对,也派出岗哨,城楼上他一个,我也一个,他们不放我们的人进出,我们也不放他们的人进出。到最后,他们觉得在庆阳城内不方便,自己搬走了。"

毛泽东听后哈哈大笑,然后问:"部队生活怎么样?吃饭问题怎么解决?粮食问题好办吗?"

王宏坤说:"当地缺粮,国民党又封锁我们,少数豪绅地主故意不卖粮食给我们,还抬高粮价,部队粮食没有供应,吃粮很困难,只能想些临时办法。"

毛泽东边听边拿起桌上的小纸条,提笔写上几句话后,又放到抽屉里。

这时,王宏坤向毛泽东汇报了为搞到粮食,发请帖请民主人士和豪绅地主吃饭的事:"有一次,我们发请帖,请当地社会名流和豪绅地主吃饭。席间谈了我们缺粮的困难,获得了大家的同情,但也有个别的地主豪绅不以为然,我气愤地说:'你们要吃饭,我们要抗日,也要吃饭,你们不卖粮食给我们,让我们喝西北风吗?要不然,我们把部队开到你家吃饭去!'最后还不错,在大多数社会贤达人士的支持下,他们同意以低于市场的价格优惠卖粮食给我们。"

毛泽东听后沉思了一下,又问:"部队目前思想状况怎么样?"

王宏坤回答说:"开始整编时,大家思想还稳定,时间一长,由于部队干部多、老兵多,又处于后方,部队没有发展,许多干部是副职,有的一个连副连长好几个,大家窝在一起,有点情绪。"

说到这里,王宏坤向毛泽东提出:"主席,我想送一批干部到延安学习。"

毛泽东很高兴地说:"好哇,你送多少?"

王宏坤说:"送500人,分作两批。"

毛泽东考虑了一下,表示同意。

王宏坤又请示说:"我那儿还有1400多名新兵,目前在新兵团,不知怎么安排好。"

毛泽东当即指示说:"你们留660人,其余送靖边独立团。"

"还有两个具体问题,我想报告主席,请主席批准。"王宏坤抓紧说。

"说嘛!"毛泽东回答。

"一是因为我们招了1000多名新兵,超支了200块钱,希望主席批准报销一下。"

200元钱,在今天算不了什么,但在当时,是了不得的大事。为这200元钱,王宏坤曾分别向留守处主任萧劲光和中央军委供给部部长叶季壮报告过。萧劲光说,这可不简单,不好办。叶季壮说,数目太大,我做不了主,得找主席批。

毛泽东了解了情况后说:"可以嘛,已经很难为你们了。"当即给叶季壮写了一张字条同意报销。

王宏坤没想到毛主席这样痛快果断地解决了一直让他犯难的200元钱。

接着,毛泽东看着王宏坤,用目光询问着第二个具体问题。

停了一会儿,王宏坤终于忍不住对毛泽东开口说:"主席,我想学习。"

毛泽东望着王宏坤微笑着说:"你想学习?"

王宏坤不好意思地说:"主席,我从小没进过学堂,我还不识字呀。"

这时,毛泽东起身走到王宏坤身边,亲切地说:"那好吧,延安有'红大'、'抗大',还有其他学校。你来吧,把你那边的工作安排好。"

毛主席同意了!王宏坤按捺不住心中的喜悦、感激,连连对毛泽东说:"我马上回去,回去先把工作安排好,我的工作王维舟同志可以代理,然后就来延安。"

毛泽东看着王宏坤高兴的样子,拍着他的肩膀点头说:"好嘛,我们的干部都应该学习文化。你来后,先找我。"

毛泽东两次写信，送王宏坤上学

王宏坤从来没有进过学堂，一直盼望着能有上学读书的机会。小时候，家里太穷，活命都难，哪里有钱供他上学念书。他兄弟6人，没有一个识字。他家旁边就有学校，每天看着有钱人家的孩子上学念书，心里羡慕极了。参加革命当红军后，连年征战，更没有机会上学。在长征路上，有一次朱德总司令找他谈话，要他回红四军当军长，王宏坤曾对朱总司令提出要求：我把部队带出草地后，我去"红大"学习吧。总司令当即同意了。后来，红军走出草地进入甘南以后，战斗更加频繁，公务也很忙，实在没有办法抽出身来，但他心里要求学习的愿望始终不减。所以，这次毛泽东批准他上学，心里别提有多高兴了。

回到庆阳，王宏坤按照毛泽东的指示，迅速将各项工作做了安排，将旅部日常工作委托给副旅长王维舟负责，然后在两个参谋的帮助下，集中时间识字，练习读书，为去延安学习做些准备。

在动身去延安之前，王宏坤又到各防区做了查看，到770团各连营驻地转了转，同时也看了一下前沿的情况。他把所有工作都作了交代之后，便踏上了奔赴延安的求学之路。

一到延安，王宏坤就直接来到毛泽东的住处，毛泽东仍然在伏案写作。见到王宏坤，毛泽东放下手中的笔站起来，开玩笑地说："来得很快嘛。"

王宏坤向毛泽东汇报了几个问题的处理情况和陇东地区的工作安排后，毛泽东表示满意。

王宏坤急切地问毛泽东："我去哪个学校？"

毛泽东笑着说："别急嘛。"并转过话题问了路上的情况，一行几个人？途中顺利不顺利？有敌人堵没有？王宏坤一一做了回答，说路上还平安，这样毛泽东才放心了。

王宏坤对毛泽东说："那500名干部也都安全到达了延安，没有出什么问题。"

毛泽东连连点头说："好嘛,那好嘛。"

王宏坤又问:"我去哪个学校?"

毛泽东说:"去'抗大'吧。"说着,随手提笔写了一封信交给王宏坤,信是写给"抗大"二大队支部书记谢礼泉同志的。

看到主席实在太忙,王宏坤收起信,向毛泽东告辞。

王宏坤来到"抗大"时,大部分学员已经毕业,唯一剩下第二大队,也离毕业的时间不远了。

二大队的学员都是师团以上的红军干部。当时的学习内容是毛泽东的《中国革命战争的战略问题》,由陈伯钧同志主讲。

在"抗大"学习,学员不发讲义,主要靠记笔记。《中国革命战争的战略问题》这门课是毛泽东对土地革命战争规律的科学总结,王宏坤听起来十分亲切。

王宏坤到"抗大"学习约一个月的时间,这批学员就结业了。毛泽东参加了结业典礼,并做了一次鼓舞人心的讲话。他勉励大家服从革命需要,或留延安,或上抗日前线。还说:"现在前方形势很好,敌后抗日根据地在大发展,八路军在壮大。前线急需干部,你们到前方大有施展才能的机会。"

王宏坤也随这批学员一同毕业了。因为尝到了学习的甜头,加上这次学习的时间太短,他还想继续学习。于是,他再次来到毛泽东的住处。

王宏坤有点遗憾地对毛泽东说:"没想到这么快就毕业了。"

毛泽东问:"都学了些什么课? 谁讲的?"

王宏坤回答说:"主要学习主席的《中国革命战争的战略问题》,是陈伯钧同志讲的,课讲得很好,印象深刻,教育大,启发大。"

毛泽东笑了。

王宏坤乘机又说:"主席,这次学习,时间太短,我还想再学习学习。"

毛泽东打趣地说:"你还想学? 好嘛。有党校,有马列学院,你想去哪儿?"

王宏坤赶紧说:"我去党校吧。"

毛泽东同意了,又亲自给当时任党校校长的康生写了信,嘱咐王宏坤说:"拿着信,直接找康生去。"

王宏坤拿着毛泽东为他写的第二封荐学信,心里热乎乎的。

中央党校在延安城外的桥儿沟。王宏坤被编入学员8队,这个队的学员都是红军和地方的领导干部,新的学习又开始了。

党校开设了《政治常识》《党史党课》《国家与革命》《中国历史问题》《政治经济学》等课程,教员讲课比较耐心。由于王宏坤文化水平低,学起来比较吃力。最难懂的是《政治经济学》,他很珍惜这次学习机会,在学习上下了很大的功夫。

党校还从外面请来一些领导同志作报告。彭真同志那时在晋察冀根据地工作,他为学员讲了《晋察冀根据地工作的开辟与发展》,讲得很生动,有理论,有实际,学员们听后大受鼓舞。

在学习期间,王宏坤印象最深刻的是学毛泽东的《抗日游击战争的战略问题》和《论持久战》。由于他有过作战的实践,再来学习毛泽东的抗日游击战争的战略理论和持久战思想,感到非常亲切。

1938年10月,由于武汉、广州相继失守,中国抗日战争由战略防御转为战略相持。此时,党的六届六中全会在延安召开。会议根据抗日形势的发展,进一步明确了共产党必须担当起领导抗日战争达到胜利的重大历史责任。确定了坚持抗日民族统一战线的方针和统一战线中的独立自主原则,确定了全党放手组织人民抗日武装斗争的方针,把党的工作重点放在战区和敌后,并根据当时形势及我军在敌后发展情况,确定了巩固华北、发展华中和华南的战略任务,以便通过游击战争积蓄力量,最后打败日本帝国主义。根据会议精神中央决定派出大批干部上前线。

六中全会结束的前一天下午,王宏坤遇见了正在散步的朱德总司令,忙迎上去。王宏坤已经好久没见到总司令了,因为他上了山西抗日前线。

总司令问:"宏坤,你来多久了? 学习得怎么样?"

王宏坤说:"已经学习4个月了。"而后便简单地汇报了学习情况。

随后又说:"才刚刚上路。"

总司令笑着说:"上路就很好了。"

这时郭述申走过来,他是从南方来参加会议的,郭述申对王宏坤说:"出去吧,到湖北去。"

王宏坤说:"离毕业还有两个月呢。"当时,他并不知道中央已决定将他们这批学员调往前线。

随后,组织上开始找大家谈话,征求意见,决定到哪个战略区去。当征求王宏坤的意见,并告诉准备派他到鄂豫边到湖北去,负责一个地区的军事工作时,王宏坤考虑了各方面的情况后,主动请康生向毛泽东转告了自己的意见,说:"鄂豫边是否派别的同志去。自己文化低,担负一个地区的领导责任有困难。"并表示"愿意到华北去,到129师去"。

康生把王宏坤的意见向毛泽东汇报了。

几天以后,王宏坤正式接到通知,到华北129师去。

党校学习就这样结束了。

由于当时上前线的任务紧急,王宏坤没有时间向毛泽东告别,就急匆匆地离开了延安。但他永远不能忘记,永远感激,是毛泽东给了他两次共5个月的学习机会。

"老襄战役"大捷,毛泽东致电祝贺

1947年12月,解放战争进入第3个年头,时任中原野战军第10纵队司令员的王宏坤,接到中原军区命令,第10纵队兼新组建的桐柏军区,任命纵队司令员王宏坤兼任桐柏军区司令员,徐子荣任第一政治委员(未到职),刘志坚兼任第二政治委员,孔庆德兼任副司令员,赵紫阳任副政治委员。

桐柏军区成立后,遵照党中央和毛泽东关于坚持和巩固新开辟的根据地的指示,采取集中与分散相结合的办法,将纵队一部分部队分散派遣到各分区、县开展群众工作,巩固根据地;集中一部分骨干部队作为军区机动作战部队形成"拳头",随时可以独立作战。这一做法,使桐柏解放区很快打开了局面。

国民党蒋介石为了争夺桐柏地区,从1948年开始,先后于信阳建立了以张轸为司令官的第5绥靖区;于南阳成立了以王凌云为司令官的第13绥靖区;于襄阳成立了以特务头子康泽为司令官的第15绥靖区。这三个绥靖区构成掎角之势,相互配合,相互支援。蒋介石命令国民党军向桐柏根据地开始了以正规军进攻和反动地方武装袭扰相配合的连续地反复"大扫荡"。

为了粉碎敌人对桐柏解放区的反扑和"进剿",军区根据桐柏地区的形势,从1948年4月中旬开始,先后进行了宛西战役和宛东战役,共歼敌2.7万余人,进一步巩固了桐柏地区。

1948年6月下旬,中原、华东野战军主力正与国民党主力部队鏖战豫东、平汉线,南面襄(阳)樊(城)地区之敌陷入孤立境地。中原军区首长立即抓住战机,根据原定计划,命令由王宏坤统一指挥中原军区第6纵队、桐柏军区部队和陕南军区第12旅等部在江汉军区的配合下发起老襄战役(亦称襄樊战役)。

王宏坤受命后,做了深入的思考和分析。

襄樊地区,地处汉水中游,地理位置十分重要;敌守备面广,兵力分散,是歼敌的有利条件;敌兵力虽不强,但我军也只略占优势。王宏坤认为,此次作战决不能同时歼灭襄阳、樊城和老河口、谷城两个地区的敌人,只能根据"集中优势兵力各个歼灭敌人"的方针和"先打分散和孤立之敌,后打集中和强大之敌"的作战原则,各个击破敌人。于是,王宏坤制定了先打谷城、老河口,后打襄阳、樊城的《对老襄作战方案》。

6月30日,王宏坤发出了《老襄战役第一阶段作战命令》。采取三路对进的奔袭战术,以突然动作扑向谷城、老河口,全歼守敌。第一阶段的作战胜利结束。

7月5日,王宏坤发出了《老襄作战第二阶段襄樊作战命令》。第6纵队迅速打开了攻城通道,直迫襄阳西门。桐柏28旅西渡汉水,迅速进占襄阳城东门外阵地,形成东西钳击,直接攻城的态势。

7月12日,王宏坤发出了襄阳总攻命令。

各部队按预定火力组织与分工,对敌实施破坏性射击,6纵集中一切炮火将西门及其以北300米一段内碉堡、地堡大部摧毁,工兵接着连续爆破,将城墙炸开一个缺口,第17旅立即发起冲锋,很快登上城墙,控制了突破口。我军不惧伤亡,一面巩固阵地,一面连续猛烈突击,向纵深发展。

各攻城部队在城内勇猛穿插,分割包围,各个歼灭敌人,遇敌依靠坚固工事抵抗,就用火炮平射和工兵爆破,协同步兵攻击歼敌。次日早晨6时,全城已大部占领,守敌大部被歼,只有钟鼓楼和杨家祠堂两地敌人尚在顽抗。10时许,钟鼓楼的守敌在我政治攻势下向我投降,盘踞在杨家祠堂的康泽司令部特务营、宪兵队数百人依托坚固工事负隅顽抗,我6纵18旅、陕南12旅和桐柏28旅各一部附山炮、工兵,向敌发动猛攻,激战半小时,全歼该敌。

老襄战役,历时14昼夜,歼敌第15绥靖区司令部、104旅、164旅全部,163旅大部,以及蒋军中央炮兵第14团第7连(有美制化学臼炮8门),整编第85师23旅教导队、襄阳伪专员公署及所属3个保安团,俘敌绥靖区中将司令官国民党特务头子康泽、中将副司令官郭勋祺以下1.7万余人,毙敌3500人,共计2.1万人。解放老河口、光化、谷城、南漳、宜城、襄阳、樊城、东津湾等城镇,控制了汉水中段,取得了开辟桐柏区以来的最大的军事、政治胜利。老襄战役是当时闻名全国的五路大捷之一。为此,中共中央专门发出了由周恩来起草,经毛泽东亲自修改的电报予以祝贺。电文说:

> 庆祝你们在襄樊战役中歼敌两万余人,解放襄樊老河口等7个城市,并活捉蒋匪法西斯特务头子康泽的伟大胜利。这一汉水中游的胜利,紧接着开封睢杞两大胜利之后,对于中原战局的展开,帮助甚大。尤其是活捉康泽,更给全国青年受三青团特务迫害者以极大的兴奋。尚望继续努力,为彻底解放中原而战!

毛泽东精心选将，王宏坤就任海军副司令员

1950 年 4 月 14 日，海军领导机关成立大会在北京协和医院礼堂举行。经中央军委慎重研究选择，毛泽东主席任命王宏坤为中国人民解放军海军副司令员。从此，王宏坤结束了陆军的战斗生涯，走上了保卫祖国海防的领导岗位。

海军初建时，副司令员位置上只有王宏坤一个人。当时工作很多，头绪纷繁，从作战训练、部队管理到后勤、工程、装备以及海军直属队建设等都要副司令员亲自抓。后来，海军领导有所充实，王宏坤在较长的时间内主管海军后勤、工程建设。他"当家知道柴米贵"，始终强调发扬我军艰苦奋斗的光荣传统，反对铺张浪费，在国家财政极端困难的情况下，坚持精打细算和保障重点建设与解决必需的方针，管好用好国家拨给海军的经费，把每一分钱都用在刀刃上。

新中国成立初期，为了全面掌握情况，协调各方面关系，中央和军委曾就军队各大单位的工作汇报问题专门做过规定和要求。但是由于刚刚进入和平时期，许多领导同志还习惯于战争年代的做法，没有严格执行这些规定。1952 年萧劲光司令员在参加中央的一次会议时，听到了毛泽东就这一问题对某些单位的批评，回来后向海军几位领导传达了毛泽东的指示。为此，王宏坤专门与刘道生、周希汉等同志一起检查了海军存在的问题，并于 1952 年 9 月，起草了关于向毛主席做工作汇报的几项规定，规范了请示、报告制度。在这份以王宏坤、刘道生、周希汉的名义呈聂荣臻总参谋长转军委毛泽东主席和几位副主席的报告中说：

> 我们过去没有把向主席作工作报告当作一个严重的政治任务和不可缺少的领导方法来看待，因此对报告制度执行得很不经常，错误地认为有些事情自己可以解决就不必找主席，或者认为当面谈了就不必作报告，结果报告亦是现象罗列的流水账。因此不能使主席和

首长们系统地了解海军情况,所以曾有若干问题未能得到及时解决,致使工作受到某些损失,这是我们最大的缺点与错误,今后决心改正。

萧劲光同志参加中央会议回来,传达了过去没有对主席做系统的报告的精神,我们几个同志即作了初步的检讨,当于7月29日即向主席做了综合报告。尔后,总参谋长又召集了如何组织向主席作报告的会议,我们即召集了党委扩大会议作了反省与传达。我们认为海军部门一级有同样的缺点,同时在工作中亦存在着严重的事务主义和责任不清、分工不明的现象,除对海军各部另行讨论布置外,特将我们今后向主席和上级作报告的几项具体决定报告如下:

1.综合报告,两个月一次(单月作),由党委书记萧劲光同志、副书记刘道生同志负责。

2.工作简报,每月一次,由周希汉同志负责,经共同审查后上报。

3.临时报告(包括重大问题的请示和专题报告),按问题性质和我们几个人的分工由主管人负责。

4.建立业务部门每月一次的报告制度,使上级业务部门能及时了解情况,给予指导。

为了避免过去报告中流水账和现象罗列的缺点,我们今后当尽力做到既能反映情况,说明问题,又须其文字简洁。

1952年9月5日,中央军委办公厅主任萧向荣同志专门致函王宏坤、刘道生、周希汉说:9月4日给主席的报告,关于今后向主席作报告的几项规定,主席已批回:"已阅。这样做,很好。毛泽东 九月四日。"特告。

由此,海军机关工作请示报告制度进一步健全起来。海军按照制度定期向毛主席报告工作,多次受到了毛泽东的好评。

1953年2月19日至22日,毛泽东乘海军"长江"和"洛阳"两舰视察了长江中下游的有关省市,并决定于24日在南京检阅人民海军舰艇部队。24日下午14点整,王宏坤带领华东军区海军各舰队以上领导,与华东军区军以上领导干部列队在南京下关码头,迎候毛主席检阅。

这是人民海军舰艇部队首次接受我军统帅的检阅。按照条令规定,迎接国家最高领导人检阅,舰艇应该挂满旗,列仪仗队,并鸣礼炮,这是世界各国海军的惯例。但是这些礼节都被毛泽东"免了"。

14时35分,华东军区海军旗舰"南昌"舰主桅升起红旗,各舰司号员吹响军号,停靠在码头上的"南昌""广州""黄河""长江""洛阳"五艘军舰,以及101、104两艘鱼雷快艇上的水兵在甲板上列队站坡。毛泽东在陈毅司令员的陪同下,首先检阅了在码头上列队的华东军区军以上领导干部。然后在陈毅、罗瑞卿、王宏坤、张爱萍陪同下与华东军区海军各舰队以上领导见面,并先后登上各舰,看望了全体官兵。

15时,以"南昌"舰为前导,各舰依次离开码头,组成单纵队,向燕子矶江面驶去。毛泽东在陈毅、王宏坤及华东军区海军司令员陶勇、政委袁也烈陪同下,在"南昌"舰上检阅了各舰。接着,两艘鱼雷快艇也迅速驶离码头,从"南昌"舰左舷高速驶过,接受毛主席的检阅。

这时,天空下起了蒙蒙细雨,毛主席没穿雨衣,和大家一样淋湿了衣服。此刻,只见两艘鱼雷快艇以每小时42节的高速,在江面上飞驰着。一个来回,又一个来回,鱼雷快艇三次通过"南昌"舰,接受毛主席检阅。

每次鱼雷快艇通过,军舰都要摇晃一阵,毛主席越看越兴奋。王宏坤站在毛泽东身边,向毛主席介绍了鱼雷快艇的性能和作战特点,说:"这种鱼雷快艇速度快,体积小,进攻力强,隐蔽性能好,造价低。"毛主席眉开眼笑,连声说:"好!好!好!这个东西小巧玲珑,跑得那么快,像水上飞机一样,要多搞些,可以以小换大。"

毛泽东兴致很高,转身问陈毅司令员:"我可以上去吧?"

陈毅司令员考虑到主席的安全,回答说:"等下一次吧!"

毛泽东听后,自言自语地说:"噢,不要我去!"

编队返航后,毛泽东回到"南昌"舰会议室,与陈毅、王宏坤等30多名领导干部就人民海军的建设方针、建军路线、政治工作、作战原则等交谈起来。

毛泽东问王宏坤："你们海军的几位同志都是从哪个野战军来的？"

这时，大家都报告了各自的来历。

毛泽东说："你们都是从陆军来的，各个野战军都有，要好好团结。你们有高度的政治觉悟，有丰富的战斗经验，你们都是骨干。你们要好好地团结、教育青年知识分子，团结、改造原海军人员。"

接着，毛泽东又一个一个地问在座的海军领导同志："你们出过海没有？"袁也烈回答说出过海，陶勇、康志强回答还没有出过海。毛泽东说："你们是海军了，干海军就要不怕风浪，一定要到大海里去锻炼。"

在谈到舰员的物质生活情况时，毛泽东说："舰员体力消耗大，应该有足够的营养，以保证他们的健康。现在伙食费是否够用？如果不够，还可以研究增加嘛。"

王宏坤在笔记本上记下了毛主席的指示。

毛泽东检阅海军舰艇部队之后，王宏坤回到北京，即与海军后勤部的领导和有关业务部门，对海军舰艇部队舰员的营养保证和供应标准进行了研究，在有关业务部门调查的基础上，就海军平时舰艇灶标准问题，于4月16日以海军后勤部的名义向总后勤部专门写出报告：舰艇人员所处环境特殊，生活艰苦，原标准规定食物营养不够舰艇人员体力之消耗，以致影响舰艇人员的身体健康。建议适当解决舰艇人员身体所需营养，并提高平时舰艇灶的标准。总后勤部于6月6日批准了海军的报告。在新中国成立初期国家经济比较困难的情况下，同意于7月1日起提高平时舰艇灶供应标准，使毛泽东对海军舰艇部队舰员的关怀得到了具体落实。

（赵小平）

毛泽东与
叶飞上将

　　叶飞（1914—1999），福建南安人。1928年加入中国共产主义青年团，1932年转入中国共产党。土地革命战争时期，任共青团福建省委宣传部部长、代书记，共青团福州中心市委书记，中共闽东特委书记，中共闽东军政委员会主席兼红军闽东独立师师长、政治委员；抗日战争时期，任新四军第三支队第六团团长，江南抗日救国军副指挥，新四军苏北指挥部第一纵队司令员兼政治委员，新四军第一师第一旅旅长兼政治委员，第一师副师长，苏中军区司令员，苏浙军区副司令员。解放战争时期，任山东野战军第一纵队司令员、华东野战军第一纵队司令员兼政治委员、第三野战军第十兵团司令员；新中国成立后，任福建军区司令员，福建省省长、中共福建省委第一书记，中共中央华东局书记处书记，南京军区副司令员兼福建省军区司令员，福州军区司令员、第一政治委员，国务院交通部部长。是中国共产党第八、十届候补中央委员，第十一、十二届中央委员。第六、七届全国人大常委会副委员长。1979年至1982年期间，曾任海军第一政治委员、司令员。1955年被授予上将军衔。

　　在战火纷飞的战争年代，叶飞是一位威震敌胆、名扬华夏、战功卓著的骁将。1949 年新中国成立前,他已是中国人民解放军第三野战军主力部队第十兵团司令员。1955 年部队实行军衔制,叶飞即授上将军衔。但由于多方面的原因,他与全军统帅毛泽东在相当长的时间里没有相见、相识。但这并不影响他们的密切合作。毛泽东与叶飞之间的关系,是一种颇具传奇色彩的统帅和部将的关系。

大敌当前,不曾谋面的叶飞始终装在毛泽东胸中

叶飞,从 1928 年就加入中国共产主义青年团,投身到革命的洪流中。此后到新中国成立二十多年的时间里,不管是与党中央失去联系的南方三年游击战争时期,还是烽火连天的抗日战争、解放战争战场上,他始终把毛泽东作为心中的旗帜,按照党中央、毛泽东的号令南征北战,冲锋陷阵。身为全军统帅的毛泽东,虽然一直没有与叶飞见过面,但对他的能征善战却十分了解,非常信任他、器重他。特别在抗日战争、解放战争时期,叶飞是新四军和华东野战军的主要将领,毛泽东时时关注着他的行踪,一次又一次在关键时刻对他委以重任。

1940 年初,随着国民党消极抗日、积极反共面目的暴露,我军坚持敌后抗战陷入极端困难的境地。面对日寇的疯狂扫荡和国民党顽固派的摩擦、袭扰,党中央提出了发展华中、开辟苏北、建立华中根据地的战略任务。基于这一思想,5 月 4 日,毛泽东与王稼祥在联名给代表中央南下的刘少奇的电报中明确指出:"望令叶飞部开返苏北,在苏北地区放手发展,在今年内至少扩大至两万人枪。严令叶飞订出分期实现计划,立即动手在高邮、泰县、泰兴、靖江等县建立抗日民主政权,放手发动群众,发展党的组织。"

在解放战争初期,为了打退国民党军对解放区的进攻,毛泽东曾考虑组织相当兵力,打到敌人后方去。在这一战略思想指导下,从 1946 年夏天到 1947 年,毛泽东对叶飞所率华东野战军第一纵队的行动,作了多次明确的电报指示。如,1947 年 5 月 4 日,毛泽东致陈毅、粟裕电示:"……

不要过早惊动敌人后方。因此请考虑一、六两纵是否暂缓南下为宜,因过早挥师南下,敌可能惊退,尔后难予歼击。"1947 年 7 月 23 日,毛泽东在给刘(伯承)、邓(小平)、陈(毅)、粟(裕)、谭(震林)和华东局的电报中,指示刘邓大军"下决心不要后方,以半个月行程,直出大别山"的同时,提出"叶(飞)陶(勇)两纵队出闽浙赣,创立闽浙赣根据地。……广东纵队受叶陶指挥,随同南下。"7 月 29 日,毛泽东再次电示:"两个月内山东全军仍在内线作战。两个月后准备以叶飞纵队再加他部,取道皖西或苏中,相机出闽浙赣。"8 月 3 日,叶飞与陶勇所率华东野战军第一、四纵队,经过十多天过河涉水,浴血奋战,到达鲁西南嘉祥地区。8 月 6 日,他们就收到了毛泽东代表党中央从陕北发来的慰勉电:"目前形势对我们有利,敌已分散,我已集中。……我军实力更厚,领导更强,对于争取新的胜利极为有利。中央特向你们致慰问之意,并问全军将士安好。"第二天,即 8 月 7 日,毛泽东在致陈、粟的电报中,又殷殷关切地问道:"叶飞、陶勇现到何处?运河两岸是否已筑工封锁?……望即告。"

1948 年 9 月,华东野战军对山东省会济南国民党军发动的济南战役,是解放战争往纵深发展的关键一仗。运筹这一战役的开始,毛泽东首先想到了叶飞。8 月 12 日,率部在淮阳以北休整的叶飞即收到了毛泽东签发的中央军委的电报:"叶飞所指挥的三个纵队,应于本月下旬结束整训,北移嘉祥、巨野地区。"十天后,即 22 日,毛泽东再次电示:"叶飞所率一、六、八纵应于攻城前若干天出动北移,不过早也不过迟。"此后,又连续多次电报指示,直至济南解放。

1949 年 5 月 23 日,解放上海的战斗还在激烈地进行,毛泽东就给第三野战军发来电令:"你们应当迅速准备提前入闽,争取六、七月两月内占领福州、泉州、漳州及其他要点,并准备相机夺取厦门。入闽部队只待上海解决,即可出动。"并明确要把任务交给叶飞任司令员的第十兵团。

在许多重大关头,毛泽东想到了叶飞,倚重于叶飞;叶飞也深深领会统帅的意图,不负重托。如同一位军史专家所说:"在开国上将中,像叶飞这样解放前二十多年的战争期间始终没与最高统帅毛泽东见过面的不多。毛泽东与叶飞不是一般的统帅和部将的关系,他们彼此理解、信任,配合默契,是所谓'先心知而后面识'。"所以,解放初期,当叶飞与苏联顾问因为福建前线的战略部署发生争执后,苏联顾问向毛泽东告状,说叶飞是"英美派","此人靠不住",建议取消他的前线指挥权,毛泽东不予置理。1949年10月,叶飞率领的十兵团第28军攻击金门失利后,叶飞两次给中央军委发电报,恳切请求给予处分,毛泽东明确表示,"金门失利,不是处分的问题,而是接受教训的问题"。并于1958年,将炮击金门的指挥权再次交给了他。

东山岛战斗,毛泽东把电话直接打到叶飞的指挥所

1953年夏季,盘踞在台湾的国民党军,为了配合在朝鲜战场上吃了亏的美帝国主义在谈判桌上讨价还价,舰艇屡屡在我浙江、福建、广东一带近海窥探、袭扰,飞机也频频进行低空侦察。7月15日,十几艘舰艇气势汹汹地从金门岛向我闽粤交界的东山岛驶来,向东山岛发起全面攻击。

进攻东山岛,国民党军作了充分准备,竭尽了全力。在这以前,国民党军从没使用过空降部队,这次把台湾的空降部队全部用上了。在美国军官的指挥下,上有飞机狂轰滥炸,下有海军炮轰我沿海工事,陆军登陆部队在海军的掩护下实施登陆,且不时有伞兵降落,战斗一开始就异常紧张。

毛泽东了解国民党军进攻东山岛蓄谋已久。所以对这一仗非常关心。战斗开始的第三天中午12时,他亲自到了总参谋部作战室,要求与指挥战斗的福建军区司令员叶飞通电话。由于当时还没有北京到福州的直达线路,电话是通过华东军区值班的军区副参谋长张翼翔转达的,声音很小。

毛泽东说:"进攻东山岛,可能是敌人吸引我们的注意力,然后在其他地方登陆。如果那样,兵力够不够? 需不需要增援?"

"有准备,已防备敌人在第二个方向登陆。"叶飞说,"兵力够了,我现

在手上还有一个军的机动兵力,准备敌人在其他方向登陆时使用。"

毛泽东又问:"现在情况怎么样?有什么要求?有什么困难?"

"现在我增援部队已经登陆,形势对我有利。"叶飞想了想,又说,"目前这里没有什么困难和要求,就是汽车已全部用光了,我已下令把上饶到福州干线的地方车辆集中到福州机动,请求中央命令江西接替上饶到福州的地方运输。"

毛泽东一听,感到十分奇怪,华东军区不是有一个汽车团吗?为什么不给福建前线?毛泽东立即下令给华东军区:把驻在上饶的汽车团火速调到福州。

东山岛战斗打了个大胜仗,歼敌 3000 多人(包括伞兵 700 多人),击沉登陆艇 3 艘,击落飞机 2 架,缴获大批军用物资,打掉了国民党军的嚣张气焰,给朝鲜谈判桌上的美帝国主义当头一击。毛泽东非常高兴,说:东山战斗不光是东山的胜利,也不光是福建的胜利,而是全国的胜利。并亲自签发了嘉奖令。

"文化大革命"中,造反派挖空心思地给身为福建省委书记的叶飞拼凑了 10 条"罪状",其中有军事上的两条:第一条是金门失利,第二条是东山岛战斗没打好。叶飞说,你们的情报不准,金门失利我有责任,东山岛战斗是胜仗,是受到毛主席嘉奖的呀!

1953 年,毛泽东与叶飞在中南海第一次见面

1953 年冬天,厦门海堤建设工地上人头攒动,炮声隆隆,施工在紧张地进行着。来厦门检查工作的叶飞,在这里接到了中央军委的通知:立即到北京汇报福建前线的战备部署情况。

在此之前叶飞还没有到过北京,也没有见过敬仰已久的伟大领袖、追随多年的统帅毛泽东。所以,接到进京汇报的通知,叶飞十分高兴和激动,立即返回福州,动身赴京。

叶飞到京的第二天下午三点多钟,他与华东军区、华东局的领导陈

毅、张鼎丞等人刚刚在中南海颐年堂坐定,毛泽东就在主持军委工作的副主席彭德怀的陪同下,大步走进来。彭德怀见大家已都站起来,意欲抢先一步为主席做介绍,毛泽东向陈毅、张鼎丞点点头,径直向叶飞走去。

"你是叶飞?"毛泽东动情地握住叶飞的手,"打了这么多年交道,今天终于见面了。"

毛泽东和大家一一握手后,一边招呼大家坐下,一边望着叶飞问:"现在福建谁主持工作?"

张鼎丞接过来回答:"我到华东后福建第一书记还没免,实际上工作是叶飞同志主持。"

毛泽东微微点了点头,便和大家交谈起来。

首先,叶飞简要汇报了正在紧张施工的从高崎到集美的厦门海堤的进展情况。叶飞说,政务院批准海堤工程设计任务以后,六月份工程指挥部就已成立,同时开始施工。到年底前,为工程准备阶段,主要任务是加紧勘测、钻探、绘图,进行典型试验性施工,进一步完善技术设计。现在已调集五百多干部、三千多工人,热火朝天地干起来了。到明年初,施工就全面展开,那时工人将增加到一万人。工地的口号是"与敌机抢时间,防空不减产""提早修好海堤,支援解放台湾"。按照计划,海堤修建任务将于 1954 年 10 月 15 日前全面完成。

毛泽东听得非常认真,连连称赞厦门海堤工程有远见,是百年大计,不仅是对当前准备打仗,对经济建设也有不可估量的意义。他反复强调要搞好,要保质保量。四十多年过去了,现在厦门市早已成了交通发达、市场繁荣的经济特区。新中国出生的年轻人,也许不知道这里面包含着当年海堤建设者们的贡献。

接着,毛泽东说,东山岛战斗打得不错,他们(指国民党军)可能老实一阵子,但不会一直老实下去,要提高警惕,要有打仗的思想准备。但不管怎么说,往后打仗的机会是少多了,要集中精力搞生产、搞建设。讲到这里,毛泽东意味深长地扫了大家一眼,放慢讲话速度说:打仗,我们有经验;搞建设,就要重新学习,向苏联学习,向实践学习,向所有内行的人学习。此外,还要沉下心来读书,不光读政治书,学马列理论,也要读点历史,还要读点技术知识书……

彭德怀从朝鲜回国主持军委工作以后,对解放金门、马祖,解放台湾,考虑很多。他把毛泽东请来给大家讲话,本意是让主席讲讲对打金门的想法和意见。不料,毛泽东却执意不往这上面讲。当时大家不理解,后来,特别是 1958 年炮击金门之后,才逐步领悟了毛泽东深远的战略思考。

会见将要结束时,毛泽东向叶飞问道:"你去过朝鲜吗?"

"没有。"叶飞回答。

"你们几个也没有去吧? 应该去。朝鲜战争打得不错,"毛泽东扭头看了看彭德怀,"特别是最后几仗,值得研究。前些天参观团回来说,亲眼看一看很有收获。你们应该去一下。"

此后不久,叶飞就与华东军区副司令员张爱萍等同志一起去了朝鲜,在那里考察学习了半个月,回国后还向毛泽东写了报告。

炮击金门,毛泽东郑重地把指挥权
交给已做了省委书记的叶飞

1958 年 7 月,正是东南沿海台风季节。为了使即将到手的粮食免受台风袭击,部队、机关、学校都出动大批人员,帮助农民抢收。7 月 17 日上午,福建省委书记叶飞正在福州市郊区开会部署防台工作,突然接到通知,要他立即到军区接电话,而且明确告诉,到作战值班室接从北京打来的保密电话。

叶飞拿起电话机,传来的是总参作战部部长王尚荣的声音。他告诉叶飞,中央决定组织部队炮击金门,指定由他负责指挥。

接到这一电话,叶飞有些不解:这是一个重大军事行动,理所当然地应该由军事指挥员指挥,自己虽然仍然兼任福州军区政治委员,但一年前工作重心就转到省委这边,抓地方工作了。于是,他问道:"是不是中央要我指挥的? 这应当由军区领导指挥呀!"

王尚荣回答:"是中央要你指挥的。"

叶飞又问:"毛主席知道吗?是不是毛主席决定的?"

王尚荣意识到叶飞有顾虑,就说:"刘培善同志在这里,你直接和他讲话吧!"

接着,话筒里响起了在京的福州军区副政委刘培善的声音:"叶政委,我是刘培善。要你指挥是毛主席亲自决定的。"

叶飞又说:"军区韩司令现在北京,应该由他指挥啊!"

刘培善又说:"中央已经这样决定,那你就不用问了。"

毛泽东是了解叶飞的。他知道,身经百战且几乎是百战百胜的叶飞,对1949年28军金门作战失利,一直怀着深深的愧疚,心头留下了伤痕。而解除愧疚、弥合伤痕最有效的办法就是胜利,就是建功。想到这里,叶飞不由得心头一热,坚定地回答:"既然这样,那好,我接受命令来指挥。"

7月19日,叶飞带着新成立的前线指挥部成员赶到厦门。前线指挥部阵容是很强的:叶飞任总指挥,福州军区副司令员张翼翔、副政委刘培善协助指挥,海军、空军分别以东海舰队副司令员彭德清、福州军区空军司令员聂凤智为首组成指挥所。大家一到厦门,就各司其职展开紧张的战前准备工作。27日,当作战部署一切工作就绪,随时可以进行炮击时,叶飞收到了总参谋部转来的毛泽东致中央军委副主席彭德怀、总参谋长黄克诚的信:

> 睡不着觉,想了一下。打金门停止若干天似较适宜。目前不打,看一看形势。……等彼方无理进攻,再行反攻。中东解放,要有时日,我们是有时间的,何必急呢?暂时不打,总有打之一日。彼方攻漳、汕、福州、杭州,那就最妙了。这个主意,你看如何?找几个同志议一议如何?政治挂帅,反复推敲,极为有益。一鼓作气,想得往往不周,我就往往如此,有时难免失算。你意如何?如彼来攻,等几天,考虑明白,再作攻击。以上种种,是不是算得运筹帷幄之中,制敌千里之外,我战则克,较有把握呢?不打无把握之仗这个原则,必须坚

持。如你同意请将此信电告叶飞,过细考虑一下,以其意见见告。

看到毛泽东这封信,叶飞深深感到这次炮击金门关系重大,毛主席极为慎重和重视。所以,要完成好这一任务,必须"政治挂帅",不能单从军事上考虑问题。将炮击实施时间往后推一推,把问题考虑细一些,把准备工作做得更充分、更有把握些,很有必要。于是,也立即给中央军委、毛泽东同志复电,表示坚决遵照主席指示,继续深入做好炮击准备工作。

8月20日,北京来电话:毛主席召见,要叶飞立即去北戴河。因为乘坐的飞机中途遇雨,叶飞于第二天,即21日中午才赶到北戴河。当天下午3时,毛泽东就在他的居处接见了叶飞。当时,彭德怀、林彪、王尚荣在座。

毛泽东坐定后,叶飞立即把炮击金门的准备情况,炮兵的数量、部署和打法,一一做了汇报。毛泽东一边凝神盯着摊在地上的地图,一边听汇报,精力非常集中。听完汇报,毛泽东提了一个问题:"你用这么多炮打,会不会把美国人打死呢?"

叶飞很清楚,那时国民党军中美国顾问很多,一直配到部队营一级。所以,毛泽东一问,叶飞立即回答:"哎呀,那是打得到的啊!"

听叶飞这么说,毛泽东不讲话了。考虑了十几分钟,问道:"能不能避免,不打到美国人?"叶飞回答:"主席,那无法避免。"毛泽东听后,再不问其他问题,即宣布休息。

这天晚饭后,王尚荣拿了一张条子给叶飞。条子是林彪写的,内容是:为避免打到美国人,可否通过在华沙进行中美谈判的王炳南给美国透一点消息。叶飞看到条子很震惊:告诉美国人就等于告诉台湾,那还能收到什么奇袭的效果呢?于是便问王尚荣:"主席把信交给我有什么交代?是不是要我表态?"王尚荣说:"主席没说什么,只说拿给你看。"叶飞更加感到这次炮击的不同寻常,它不仅是与台湾的军事斗争,更是复杂的国际政治斗争。既然主席没让自己表态,也就没说什么。

第二天继续开会,毛泽东下决心说:"那好,照你们的计划打!"并明确指示,叶飞留在北戴河指挥前线炮击。

8月23日,炮击金门的战斗打响了。我前线部队五百多门大炮同时开火,火力猛烈、密集,霎时,整个金门岛都笼罩在一片硝烟之中。蒋军猝不及防,死伤惨重。8月底,叶飞又遵照毛泽东的指示回到厦门前线,实施具体指挥。此后打打停停、停停打打,大规模的炮击一直持续到9月中旬。

这次炮击金门,吸引了全世界的注意力,调动了美国的军事力量,支援了中东人民的反侵略斗争,同时,也粉碎了美帝国主义企图侵占台湾的阴谋。毛泽东非常满意。10月份,他亲自起草了《告台湾同胞书》《致福建前线解放军官兵书》《再告台湾同胞书》等三份文告,以国防部长彭德怀的名义发至福建前线。三份文告从不同角度充分阐述了我炮击金门的指导思想、战略意义,引起强烈的国际反响。此后不久的一次最高国务会议上,毛泽东说:"……8月23日这一天,我们打了19000发(炮弹),他们讲打了四五万发,那是夸大其词,没那么多,时间只十几分钟,没有什么'很久很久'。……这一仗打下去之后,现在台湾海峡风平浪静,通行无阻,所有的船只不干涉了。"后来,毛泽东又几次在中央会议上提到炮击金门,并曾一言中的地说:"炮击金门,就是要帮助蒋介石守好金门。"

四十年后的1998年夏天,叶飞回顾这段历史深情地说:"沧海横流,方显出伟人的英明和卓见。随着历史的前进,越来越显出毛主席当年炮击金门战略决策意义的深远。邓小平同志提出的'一国两制'解决台湾问题的构想,继承和发展了毛主席当年的思想。历史前进的脚步已经证明并将继续证明,我们中国共产党人所倡导的中华民族统一的潮流,是任何人也阻挡不了的。"

三年困难时期,毛泽东与
叶飞进行了多次倾心交谈

1960年前后,是新中国历史上一段困难时期。对这个时期,《关于建

国以来党的若干历史问题的决议》中是这样说的："主要由于'大跃进'和
'反右倾'的错误,加上当时的自然灾害和苏联政府背信弃义地撕毁合
同,我国国民经济在一九五九年到一九六一年发生严重困难,国家和人民
遭到重大损失。"面对这种情况,新中国的当家人毛泽东陷入深深的沉
思。他多次提出"要大兴调查研究之风,把浮夸、官僚主义、不摸底现象
彻底克服掉",急切想找到摆脱困境、发展生产、改善人民生活的途径和
办法。为此,他频频外出调查,找各省市领导交谈。那几年,人口稠密的
华东地区、东南沿海一带,毛泽东每年要去几次。只要到了南京、上海、杭
州等地,叶飞必然应召而至,有时是在住地居处,更多是在专列上,或者参
加座谈会,或者进行个别交谈。

在个别交谈的时候,毛泽东的思想很放得开,常常是想哪里说到哪
里。一次,他说,现在我们是学苏联。搞社会主义,我们没有经验,学是必
要的,但实践证明,有些东西我们学不了,也没必要去学。对工商业的社
会主义改造,我们没有照苏联的办法搞,证明是成功的。大家都应该明确
一点,学不是目的,是手段,最后还得从实际出发,走自己的路。西欧所有
国家加在一起,面积没有我们大,人口也不如我们多,但生产力却是我们
的几倍、十几倍,原因在哪里? 我看一个很重要的原因就在于,这些国家
不管口头上讲得怎样,都能从自己的实际出发搞建设,生产方式符合自己
的实际。当然,也有缺点,就是这些国家小,又缺少"统",有些大事协调
起来困难。美国的体制,有他们的长处。他们有统有分,中央有权力,下
边也有自主权,有积极性,所以第二次世界大战后经济发展快。这些都值
得我们很好地研究。毛泽东每发表一通看法,就征求叶飞的意见,叶飞则
如实地谈自己的认识,彼此谈得很投机。临结束的时候,毛泽东对叶飞
说,你说实话,肯动脑筋,有些想法很好,抽时间我们再好好谈谈。

有一次,毛泽东在上海至杭州专列车厢的会客室里,召开了由叶飞和
安徽、江苏、浙江等省领导参加的座谈会。毛泽东要大家讨论:战争年代,
我们有三大法宝,统一战线、武装斗争、党的建设。现在搞建设了,我们靠
什么? 有什么法宝? 大家纷纷谈了自己的看法。叶飞说,我们这些人读

书少,文化低。现在看来,搞建设没有文化知识是不行的,要重视发挥文化人、各行各业专家、知识分子的作用,这应该算一条。

毛泽东笑了。他说,叶飞讲得有道理,现在搞建设,原来的三大法宝还离不了,仍然是我们的法宝。但是光这些不够了,还要有宏大的知识分子队伍,宏大的科技工作者队伍,否则生产发展不了,经济也是搞不上去的。建设一支宏大的科技队伍、知识分子队伍,紧紧依靠这支队伍,就是社会主义建设时期的一大法宝。

毛泽东熟悉历史,与人交谈也喜欢讲历史,历史事件、历史典故、历史人物,信手拈来,娓娓道来,发人深省。与地方领导干部交谈,毛泽东还时常询问大家读书的情况。对此,叶飞感触很深。他说:"和毛主席交谈,最怕讲历史。他提的问题十有八九答不上来。毛主席1958年就提出全党要'学点历史',并把它作为培训干部的方法之一。这个思想,个别交谈时毛主席和我讲过几次。毛主席说,学懂历史,才能看清现实。高级干部都要读《二十四史》,即使不能全读,《史记》《三国志》《新唐书》《明史》等卷,总是要读的。"对毛主席这一要求,叶飞是牢牢记住了。1998年夏天,笔者到叶老处采访,亲眼看到已届84岁高龄的老将军,仍在孜孜不倦地研读刚刚买到的《毛泽东批注〈二十四史〉》。

"文化大革命"期间,为了叶飞的"解放"和工作安排,毛泽东先后作了两次批示

"文化大革命"中,叶飞遭受林彪、"四人帮"反革命集团的迫害、打击,被无端关押、监禁,失去人身自由达六年之久。他先是被关在福州,后又被囚禁在北京卫戍区驻通县的一个部队里。叶飞被关押后,他的妻子王于耕也被关押,孩子们受牵连,生活无着落,由他人代为照看。身陷囹圄、家破人散、忧国忧民,非人的待遇和精神折磨使叶飞的身体越来越差。1972年底已发现心律不齐,严重心跳过速。先是经周恩来总理批示,在北京阜外医院进行了检查治疗,1973年6月,又经叶剑英元帅批示,住进

了总后 304 医院。

一天,陈毅元帅的夫人张茜到医院看望叶飞,正好先期"解放"来京的王于耕也在。张茜和王于耕是当年新四军战地服务团的老战友。"文化大革命"动乱中相见,格外亲切,大家就一起围绕着叶飞出院后的去向商谈起来。

"老叶的病现在好多了。"王于耕说,"只是怕出院后一回去又要复发。能不能跟组织报告一下,出院后不再回去呢?"

张茜拉着王于耕的手说:"我看可以考虑。最近,邓小平、谭震林、李井泉已恢复了名誉,乌兰夫也解放了。只是这事找别人不行,周总理也做不了主,非主席点头不可。"经她一提,大家茅塞顿开,叶飞也感到有道理:对,应该给主席写信。

给毛主席写信,写什么?怎么写?从哪里讲起?

经过反复思考,叶飞考虑到"七一"将到,决定从纪念党的生日讲起:"敬爱的毛主席:党的生日快到了。作为一个从小在党的培养教育下成长起来的老战士、共产党员,此刻非常激动,非常想念您老人家。"写到这里,叶飞引用了毛泽东《关于枚乘〈七发〉》中的一段话:"对犯错误的同志,大喝一声:你的病重极了,不治将死。然后,病人几天或者几星期或者几个月睡不着觉,心烦意乱,坐卧不宁。这样一来,就有希望了。"继而写道,长期以来,由于自己对主席思想学得不好,领会不深,犯了错误,感到很苦恼。但想检查、改正错误,当前一看不到文件,二不能与人接触,得不到同志们的批评帮助,非常不利。希望能解除"监护",以利于自己学习提高,改正错误。信写好后,叶飞就郑重地封好,派儿子叶小宇直接送到中南海信访处。

信是 6 月 19 日送去的,过了不到一个星期,25 日上午,毛泽东就把信批给了中央负责组织工作的纪登奎和办公厅主任汪东兴:"纪、汪酌处,此人似可解放,分配工作。"毛泽东的批件一下,中央组织部立刻忙碌起来:一边派人到招待所收拾房子,一边派了一位处长到医院接叶飞出院。

鉴于近期连续发生了几起经长时间关押的老同志一经宣布解放，心情过于激动，而引发心血管病的教训，这位处长到医院后先慢慢与叶飞交谈。当看到他神情自若，并不紧张时，才问道："你是否给毛主席写了信？"

当叶飞回答后，他接着说："毛主席已经批了，不要太兴奋，你马上可以出去"，还问道，"东西是否都在医院里？"

叶飞回答："有些东西还在通县的部队里。"

那位处长即同叶飞商量："现在是直接去招待所呢，还是到通县去取东西？"

"那倒不必，"叶飞说，"东西都捆好放着的。"

"那我们直接到招待所，东西派人去取吧！"

就这样，历经六年多的关押，叶飞终于获得自由，住进了中组部万寿路招待所。这里左邻右舍都是刚刚获得"解放"的同命运共患难的老同事、老战友。进门还没坐定，宋任穷、陈丕显、江华、江渭清、曾志等，都接连过来道贺、慰问。大家都说，像叶飞这样，写信几天毛主席就批了的，还是第一个。

过了几天，叶飞感到既然已"解放"，就应当给毛主席写封信，报告自己的情况：已经解除"监护"，正在读书学习，休息待命。始料不及的是，毛泽东看完信，立即大笔一挥作了第二次批示："既已解放，应立即分配工作。"

慑于毛泽东的批示，"四人帮"再不敢横加干涉，在一个月以后（8月份）召开的党的第十次全国代表大会上，既非党员代表，甚至没有列席会议的叶飞，被选为中共中央候补委员。

四届人大组阁，毛泽东要叶飞担任交通部长

党的第十次全国代表大会，从组织上清除了林彪及其死党，"四人帮"一伙在党内的地位得以上升，力量得到加强：张春桥进了政治局常

委,靠造反起家的王洪文青云直上,成了党的副主席。江青也进了政治局。"子系中山狼,得志便猖狂"。随着地位的上升,"四人帮"上蹿下跳,进一步加紧活动,疯狂地诋毁周恩来、邓小平,干扰国家的正常工作,试图与党和人民进行最后的较量:通过即将召开的第四届全国人民代表大会,掌握新一届政府的领导权。

1974年12月下旬,召开四届人大的筹备工作进入最后阶段。国务院的人事安排在"四人帮"的搅闹下,进行得非常困难。筹备工作开始以前,他们就密谋策划,企图让张春桥当国务院总理。待毛泽东明确表态"总理还是周总理"后,仍不甘心失败,又积极活动,从上海的同伙提供的21个造反派名单中内定16名,企图塞进国务院,充任一些重要部门的部长。面对这种形势,包括邓小平、叶剑英在内,了解内情的党和国家领导人忧心如焚。已到癌症晚期的周恩来,不得不停止医院的治疗,冒着刺骨的寒风登上去长沙的飞机,与王洪文一道去向毛泽东汇报四届人大的人事安排。

周、王到长沙后,稍事休息,便一齐去见毛泽东。

"不要搞'四人帮',团结起来,四个人搞在一起不好!"一见面,毛泽东就摇着手对王洪文说。

"以后不搞了。"王洪文脸唰地红了。

接着周恩来向毛泽东报告四届人大人事安排。说到叶剑英以军委副主席兼国防部长、邓小平以第一副总理兼总参谋长时,毛泽东打断了周恩来的话,一字一句地说:

"我看小平做个军委副主席,军委副主席、副总理兼总参谋长。"说着,毛泽东拿起笔来在纸上写了"人才难"三个字。

周恩来看了,一边点头一边说:"人才难得。"

为了粉碎"四人帮"攫取国务院领导权的阴谋,周恩来遵照毛泽东"要安排邓小平、张春桥、李先念为国务院副总理,其他由周恩来主持安排"的指示,提出了选举全国劳动模范,大寨的陈永贵、西安的吴桂贤为国务院副总理的建议,得到了毛泽东的同意。

副总理人选一一商定后,周恩来又示意王洪文拿出拟定的国务院各部部长的名单,请毛泽东过目。当看到交通部部长下边赫然写着上海一个"造反派"头目的名字时,毛泽东愣了一下,随即提起笔将其圈掉,在名字后边画了一条线,一笔一画地写下两个字:叶飞。

在政府机构中,"四人帮"原本是很重视交通部部长这个位置的。他们在上海的一个死党曾直言不讳地说:"一个地区一个省市是一个点,而交通部是一条线,涉及全国。"特别在当时,他们借以攻击周恩来和中央有关领导同志的所谓"风庆"轮事件,正闹得沸沸扬扬。所以,四届人大人事安排的时候,"四人帮"串通一气,拼命争这个位置,企图让他们在上海的死党当交通部部长。没想到在洞精察微的毛泽东面前,他们的阴谋彻底破了产。

在四届人大一次会议上,叶飞见到了国务院副总理李先念。深知国务院人事安排复杂情况的李先念紧紧握着叶飞的手说:"叶飞同志,这次请你出来当交通部部长,你觉得怎么样?"

叶飞立即回答:"李副总理,我服从组织决定,接受任命。"

李先念高兴地晃着叶飞的手,连声说:"好,这就好!"

"文化大革命"期间的交通系统,在全国多数地区都是遭受破坏最严重的单位之一。尤其是几个大港口,在"四人帮"死党的挑动下,山头林立,武斗迭起,问题成堆。叶飞没有辜负党和人民的重托。他到任后,亲自带领工作组,青岛、天津、大连,一个码头一个码头地跑,按照邓小平提出的全面整顿的指示,认真巧妙地清理冤假错案,澄清思想认识上的是非,逐步恢复、健全了规章制度,使全国交通战线很快出现了新的气象。

1976年9月9日,毛泽东主席逝世了。虽然此前早有消息传闻,毛泽东健康恶化,病重、病危,但噩耗传来,叶飞仍感到十分震惊。接过中央关于收听《中共中央、人大常委会、国务院、中央军委告全党全军全国各族人民书》广播的紧急通知,他未曾看完,热泪已夺眶而出。

当时,叶飞入主交通部已一年多了。一年多来,交通部的亲身体察,国家机关的所见所闻,使他清醒地意识到,江青、张春桥一伙在利用毛泽东年老体衰、难以接触实际,指鹿为马,为非作歹。眼前的现实离毛泽东思想、离作为人民领袖的毛泽东执着追求的目标越来越远了!上层斗争剑拔弩张,已白热化;举国城乡,愤懑难抑的群众,一触即发。中国向何处去?叶飞多么希望能像当年那样与自己敬爱的领袖和导师对坐案前,一吐心曲呵!但这已经永远不可能了。他一边组织交通部的悼念活动,一边坚守工作岗位,关注着事态的发展。饱经沧桑的老将军以自己特有的方式寄托自己的哀思。

10月6日,一声春雷,"四人帮"被粉碎了!从毛泽东逝世到粉碎"四人帮"消息昭示天下,其间整整一个月的时间,痛苦、忧虑、焦灼,炙烤着亿万人民的心。多么漫长的一个月呵!若干年后,身为全国人大常委会副委员长的叶飞,回忆这段往事仍然激动不已。他深情地说:听到粉碎"四人帮"的喜讯,我又一次流泪了。这是高兴的泪、激动的泪啊!我明白,从此中国有救了,可以告慰毛主席了,他老人家终生奋斗,建设一个独立、富强、统一的新中国的宏愿,有望变为现实了!

(吴殿卿)

毛泽东与
苏振华上将

  苏振华（1912—1979），湖南平江人。1928年参加平江农民暴动，1929年加入中国共产主义青年团，1930年转入中国共产党。土地革命战争时期，任中国工农红军第3军团第1师3团排长、连政治委员，4师10团总支部书记，第5师13团政治委员，第4师12团政治委员。抗日战争时期，任中国人民抗日军政大学队长、大队长，八路军115师343旅政治委员、教导第3旅政治委员，鲁西军区政治委员，八路军第2纵队政治委员，中共中央平原分局党校校长，冀鲁豫军区副政治委员兼政治部主任。解放战争时期，任晋冀鲁豫野战军第1纵队政治委员，第二野战军第5兵团政治委员。中华人民共和国成立后，曾任贵州军区政治委员、司令员兼政治委员，中共贵州省委书记，中共中央军委副秘书长，中共上海市委第一书记。1953年起，任海军副政治委员兼政治部主任，海军政治委员、第一政治委员。1955年被授予上将军衔。

  在中国，有成千上万像苏振华这样的战士，他们从一投身革命，就同毛泽东紧紧相连。

1930 年 8 月,苏振华第一次见到了早已闻名的毛泽东。那时候,中央要求红军"向敌占交通要道和中心城市进攻",争取"新的革命高潮与一省或几省的首先胜利"。彭德怀奉命带领红 3 军团在 7 月 27 日攻占长沙。国民党军阀何健纠集重兵向长沙反攻而来,英国、美国、日本等帝国主义国家的军舰也深入中国内河湘江,帮助国民党镇压起义,开炮轰击红军。10 天后,红军撤出长沙,8 月 22 日转移到浏阳永和。长沙城打得进去守不住,革命的路如何走?

这时,毛泽东、朱德带领红 1 军团来接应红 3 军团了。苏振华第一次见到"朱毛"。给苏振华印象最深的,是毛泽东、朱德并不像传言的那样,也是凡人。会师大会上,毛泽东讲话实在、平和、句句在理,解开了人们心里的一团乱麻,叫人觉得暑气顿消。接着,两支部队一起上了井冈山,转战赣江两岸。此后,在毛泽东发动的秋收起义的急风暴雨中,拿起梭镖,汇入平江暴动的洪流,参加了彭德怀率领的红 3 军团的苏振华,跟随毛泽东,从一名红军战士,成长为人民解放军的一名高级将领。

海军进入全面发展的时刻,毛泽东对苏振华说:"海军要赶紧抓技术,抓设计"

1956 年 6 月 11 日下午,中南海。

初夏时节,阳光和煦,气候宜人。一道宫墙阻挡了市声,一泓碧水,更显出清新。辽代统治者选择这块有水有草的地方,修建"海子"——花园,历经元、明、清三朝建成了回廊环绕,亭榭生辉,楼阁错落的御花园。辛亥革命以后,曾经是执政府所在,蒋介石的行辕也曾设在这里。1949 年毛泽东率领中共中央进北京,建立新中国,百废待兴,为了避免大兴土木,毛泽东和党中央就利用中南海作了办公地点。

海军副政治委员苏振华和参加海军第一次党代表大会的 307 名代表及列席会议的 77 名同志,兴高采烈地来这里等候毛泽东的接见。

大家谈笑风生,无拘无束。就在这时候,毛泽东走来了,他甩着两只手,迈着大步来到群众中间。同志们一面使劲拍着巴掌,一面用眼睛盯着毛泽东细看,因为他们是代表,每个人的身后都有成千上万群众的嘱托,代表们有责任把他们的问候带给人民领袖,更有义务把亲眼看到的向他们作忠实的传达。

毛泽东用眼睛寻找熟人,先是同海军副参谋长张学思打招呼,笑着说:"你是我们人民海军最早办学校的人。"

毛泽东和张学思寒暄后,转向苏振华问道:"你们党代会开了几天,主要解决什么问题?"

苏振华做了回答,又向毛泽东简要汇报说:"海军组建 7 年来,已经建立了一支以空、潜、快为主的海上战斗力量。先后作战 248 次,打沉国民党'太平号'等 70 艘舰船,打掉飞机 75 架,打伤 41 架,保障了海上生产和运输。党代表大会经过讨论,认为今后海军建设的基本问题,是在现有基础上提高一步,集中力量培养各种专业干部,加强部队的军事训练和有计划地进行基地工程以及各方面建设。这次大会标志着海军由初创时期向成长发展时期的转变。"

毛泽东满意地点点头,然后用眼睛扫了一下代表们,意味深长地问道:"你们学了十条方针没有?"

不久前,毛泽东在中央政治局扩大会议上做了《论十大关系》的讲话,这是毛泽东深入调查以后,总结新中国成立以来的建设经验,并以苏联的经验为鉴戒,论述如何正确处理社会主义革命和建设中的十个方面的关系,提出了多快好省地建设社会主义总路线的基本思想。

苏振华回答说:"学了。这次党代表大会就是以十条方针为中心指导思想召开的。"

毛泽东又问:"你们都赞成吗?"

同志们齐声回答说:"我们都赞成。"

毛泽东却笑笑说:"不一定。你们军队有些同志对十条中九条赞成,其中一条不赞成。你们说是哪一条?"

《论十大关系》中有一条专讲经济建设和国防建设的关系:"在今天

的世界上,我们要不受人家欺负,就不能没有这个东西(指原子弹等)。怎么办呢? 可靠的办法就是把军政费用降到一个适当的比例,增加经济建设费用。只有经济建设发展得更快了,国防建设才能有更大的进步。"

苏振华理解毛泽东的担心,回答说:"假如有的话,就是第三条,关于国防建设要服从国家经济建设的问题。"

毛泽东说:"就是这一条,军队的同志恐怕不容易通。"

许多人一齐说:"会通的。"

毛泽东高兴地说:"能通就好。陆海空三军中,你们海军能通就很好。"

毛泽东接着语重心长地说:"目前,国际形势有利于和平,有利于我们争取时间进行经济建设。现在我们要注意一点,就是不要被杜勒斯那样的人所作的战争叫嚣所吓住。帝国主义想要我们把钱都花在国防上,让我们的国家工业化搞不成,人民生活得不到改善,把宝贵的时间都耽搁了。一旦帝国主义真的动手了,我们却处在没有准备的情况下。我们要下决心精简,集中人力、物力来搞经济建设。"

毛泽东继续说:"为什么要提十条方针呢? 这是几十年革命和建设经验的总结。要全面搞通思想,只提一条是不容易通的,提了十条,对国内和国外,领导和群众,工业和农业做了全面分析之后,十条有九条通了,剩下的那一条就容易通了。"

毛泽东顿了顿,继续说:"军队的同志要从根本上看问题,不要看现在军队的钱少一些就悲观。不要悲观,工业建设起来了,人民物质生活得到不断改善,社会主义积极性就提高了。有了这样物质的、政治的基础,国防建设将会是很快的。我们在江西苏维埃时代犯了错误,35 万军队只剩下 3 万人,后来,路线对了,很快由 3 万人发展到 90 万人,现在我们有几百万军队作基础,有这样的工业条件,等到工业建设完全搞起来了,要搞多少军队都是容易的。另一方面,我们要搞现代化国防,要有充足的常规武器,但常规武器又是日新月异的,有的刚刚试制成功,新的又出现了。所以,如果现在拿很多钱去搞常规武器,在未来战争中又不能使用,那是很不上算的。更重要的，我们还要有新式武器。现在，我们虽然没有新式武器，但我们一定要搞。现在是原子时代，要搞原子弹、氢弹、火箭、导弹。真要想搞，那在相当的时期内就要苦一些，挤出钱来搞原子弹。"

听了毛泽东亲自对十条方针作阐释，同志们连连点头。

毛泽东轻松诙谐地对代表们说："我想，我们海军恐怕没有人不同意搞先进的鱼雷，没有人不同意用导弹来代替过时的海岸炮吧？如果真想要这些东西，不是假想，而且想得很，你们现在就减少一些军费。这样办，到第二个五年计划之后，我们军队就能用现代化武器装备起来了。"

同志们热烈鼓掌，表示拥护。

毛泽东又特别叮嘱苏振华和萧劲光说："世界各国海军装备和技术都在日新月异地发展，海军要赶紧抓技术，抓设计。你们要早抓，抓紧。我们这些人，懂得科学技术太少，又缺乏经验，容易犯错误。需要我们兢兢业业地学习和工作，不要骄傲，不要停步，以免犯错误。"

说完，毛泽东高兴地招呼大家一起照相。

苏振华一再回味毛泽东语重心长的告诫，更加体会到他那高屋建瓴，洞察国际风云，见常人之所未见，想常人之所未想，是非常及时，极富远见的气魄。他似乎又站在瓦窑堡红军大学的行列里，仔细认真听毛泽东讲课。

五月的鲜花，在陕北的塬上怒放。瓦窑堡山上一座庙宇，做了红军大学的课堂，聚集在这里的都是红军部队的高级干部，他们从两万五千里长征走来，疲惫不堪，还没有来得及休整，带着满身的战火硝烟，被召进了一个新的"战场"。毛泽东站在队列前面说："我们要迎接大发展，提高干部的程度，创造许多新的干部，这是大红军大战争面前的迫切任务。"

苏振华从小就向往进学堂读书，生平第一次走进学校。他一头扎了进去，没日没夜地刻苦学习，文化水平提高很快。学习了马列主义基本理论，总结了战斗、工作经验，在思想上得到了一次飞跃。毛泽东曾满意地称赞说："苏振华是工农干部知识化的典型。"

然而，今天已远不是小米加步枪，抗击日本侵略军的大炮和坦克，当今的海军是各个国家最新科学技术进步的集中体现。而近代中国的旧海军,几乎就是落后的同义语。人民海军直到今天,甚至还不得不使用慈禧太后当政时建造的军舰。要实现百年来中国人建立海军抵御侵略的愿望,道路将漫长而艰难! 要使海军所有干部都深刻领会毛泽东的要求。

海军建设驶入了新的航程。

一个《海军科学技术和装备建设发展规划》拟定了:立足国内,提高舰艇战斗性能,研制新型动力装置。加强水鱼雷、导航、水声等新课题的研究。

海军在全军率先设立了科研机构,从各部队调来精兵强将展开工作。苏振华提出必须立即着手建立海军科学研究基础和比较完整的造船工业体系,把军事科学研究、工业生产和训练使用三者构成有机整体,互相促进。

苏振华深知,军队的基础在士兵,为避免将来"有了装备拿不起来",必须进一步解决人与技术的矛盾。于是,人人争当"技术能手"的活动在海军蓬勃开展,海军上上下下掀起了学习科学技术的热潮。

听了苏振华的汇报,毛泽东掷地有声地说:
"核潜艇,一万年也要搞出来"

1958 年 5 月 27 日到 7 月 22 日,中央军委召开扩大会议,总结新中国成立以来的工作,针对当前形势,讨论国防建设问题。

海军同志积极主张加强海军建设,海军刘道生副司令员在会上发言,提出经过 10 到 15 年时间,海军逐步发展舰船××万吨,在反对外来侵略时,用海上力量阻止敌人,把敌人消灭在海岸、岛屿附近;平时用海军保障和支持国家和平利用海洋生产,将来还要到南极去。这一主张既从实际可能出发,又考虑到未来发展的需要,反映了海军广大指战员的心声,也是全中华民族的百年夙愿。但是,有的领导同志持不同意见,甚至说这是"大海军主义"。

苏振华和与会的海军同志有些紧张,他们担心不能取得会议同意,将要耽搁海军建设进程。

6月21日,毛泽东来到会议上,苏振华和海军的同志都把希望的目光投向他。

毛泽东开始讲话了,他说:"我还是希望搞一点海军,空军搞得强一点。还有那个原子弹,听说就那么大一个东西。没有那个东西,人家就说你不算数。那么好,我们就搞一点。搞一点原子弹、导弹、洲际导弹,我看有10年工夫是完全可能的。一年不是抓一次,也不是抓两次,也不是抓四次,而是抓七八次。"

毛泽东进一步说:"我是始终主张建立一支强大海军的,但要随着国民经济的发展而发展。刘道生的发言,可能急了点,但要保护他的积极性,他主张的数字并不大嘛。打个比方,蒋介石的海军像个蚊子,风一吹就吹跑了。我们要建设强大海军。"

毛泽东还说:"我们除了继续加强陆军和空军的建设外,必须大搞造船工业,大量造船,建立'海上铁路',以便在今后若干年内建立强大的海上战斗力量。"

毛泽东的讲话给了苏振华和海军同志很大鼓舞。

第二天,毛泽东亲自召集军委扩大会议小组长会议,和大家一起研究、讨论,他频频插话,十分活泼生动。苏振华特别希望毛泽东对海军工作多作指示。果然,毛泽东微笑着说:"海军提出保卫海防,不让敌人上岸。中国海岸线一万几千公里,都不让上岸,是不是能够办到?可不可以考虑一下,一万公里不让上,有几千公里让他上;上来后好捉活的,不让跑掉。完全不让上,我看靠不住。就是有些地方准备好了让他上来,把他困住,消灭掉。这是不是也是一种打法呢?"

苏振华领悟到毛泽东讲的是一个重大的战略建设方针问题,就是要从实际出发,积极防御,而不是分兵把口。苏振华深知,晚清末年,西方帝国主义从海上入侵,中国海防一触即溃,政治腐败是根本原因,而分兵把口的防御方法,也是一个重要原因。

毛泽东又说:"几年以后,形势会有变化,将来钢生产出来了,工厂搞起来了,要造什么样的飞机、什么样的军舰呀?"他举目问苏振华:"海军需要多少钢?"

苏振华慎重回答说:"造150条潜艇,大约要30万吨钢。"

毛泽东摇头说:"太少了。可以多搞些。"

彭德怀插话说:"可以再多搞些潜艇。"

黄克诚也兴奋地说:"还可以搞航空母舰。"

苏振华也接着说:"我们现在如果要出国访问,连一条像样的军舰也没有。将来自己可以造军舰了,太平洋的局势就要改观。"

许多元帅、将军都兴致勃勃发言,热烈支持建设强大的海军。

毛泽东等大家议论了一阵后,说道:"军队,特别是海军、空军,现在要赶快抓技术,抓设计,抓科学研究。现在不搞,将来就来不及,赶不上了。5年,10年以后,还可以设想一些新问题。"

苏振华趁势说道:"海军刘道生副司令员写了个关于海军建设的材料,其中有一些新的提法。"

毛泽东很感兴趣说道:"材料在哪里?我要看一看。"

苏振华回答说:"我这里有一份。"说着,就把材料递交给毛泽东。

在这次军委扩大会议前几天,5月14日苏振华就和海军司令员萧劲光、副司令员罗舜初联名向中央军委报告:在现代条件下,我国海军也应该以火箭、导弹为主要武器。而且,建议中央请苏联提供海军新技术援助。海军新建立的研究所也已提出了发展军用核动力装置和研制导弹核潜艇的具体建议。

受到毛泽东6月21日、22日讲话的鼓舞,苏振华心绪难平。面对世界各国海军科技的发展,他越发觉得毛泽东高瞻远瞩,要求中国海军要有一个飞跃。

苏振华深深感到毛主席亲自主持的这次军委扩大会议,虽然不止涉及海防,但对海军建设,无疑将有重大指导意义。这是推动海军发展的机遇,应当抓住这有利时机,促进海军建设。6月24日苏振华和罗舜初邀请中国科学院张劲夫副院长、五院钱学森院长和一机部、二机部的领导同志开会,向他们通报了海军向党中央建议研制核潜艇的报告。苏振华说:"你们都是专家,请你们来审查,看是不是可行? 如果可行,我们代表海军几十万指战员,请求你们支持,支持中国人民实现百年夙愿,建设起强大的海军,使中华民族再也不受外人的欺负!"

科学家和工业部门的同志和海军同此一心,他们以科学家的严谨和胆识,热情支持海军所提设想和建议,主张着手独立研制核潜艇。

海军向聂荣臻副总理做了报告,聂帅再次召集有关同志,听取了详细汇报。聂帅十分高兴,指示海军综合各方面意见,重新修订请示报告,把需要和可能,成功的把握和预期的困难,客观地、如实地向党中央报告。聂荣臻反复仔细地审核海军重新修订的报告,由他署名于6月27日向党中央报告:我国原子反应堆已开始运转,这就提出了原子能和平利用和原子动力用于国防的问题……为此,曾邀集有关同志进行了研究,根据现有力量,考虑国防需要,本着自力更生的方针,首先设计和制造能够发射导弹的原子潜艇。

周恩来总理一直关注这一工程,他接到报告后第二天,即6月28日便批示:请小平同志审阅后提请中央常委批准。

6月29日邓小平就在报告上批示:拟同意。他还高兴地特别加注说:是好事!

报告送到了毛泽东案头,他为海军同志有此雄心而高兴,欣然圈阅,批准这一报告。

军委扩大会议结束时,毛泽东讲话强调大搞民兵,大搞特种武器。

大搞特种武器! 毛泽东发出了加速进程的命令。

为了落实毛泽东要求海军赶紧抓科研、抓设计的指示,加强对科研工作的领导和协调,苏振华和海军党委提出立即着手建立海军科学研究基础和比较完整的造船工业体系,把军事科学研究、工业生产和训练使用组成有机整体,互相促进。组建了海军科学技术研究部,选调老大学生于笑虹担任部长。瞄准世界各国海军新技术的发展,着手追赶。我军历史上从来没有过这样的机构,当时,也唯有海军设立了这一部门,得到了中央军委的支持和批准。

毛泽东、周恩来十分关心海军建设。周恩来于 6 月 28 日致电苏联部长会议主席赫鲁晓夫,请苏联向中国海军提供新技术援助。7 月 21 日,苏联驻中国大使尤金向毛泽东转达了赫鲁晓夫和苏共中央主席团关于苏联同中国"建立一支共同潜艇舰队"的建议,说什么苏联沿海的自然条件不利于充分发挥核潜艇的作用,要求利用中国沿海的良好条件建立中苏共同核潜艇舰队。毛泽东当即表示说:"首先要明确方针:是我们办,你们帮助? 还是只能合办,不合办你们就不给帮助,就是你们强迫我们合办?"第二天,7 月 22 日,毛泽东又约见尤金,非常气愤地说:"你们昨天把我气得一宿没有睡觉。"接着严肃而尖锐地指出:"一切都合营,陆海空军、工业、农业、文化、教育都合营,可不可以? 或者把一万多公里长的海岸线都交给你们,我们只搞游击队。你们只搞了一点原子能,就要控制,就要租借权。""你们建议搞海军'合作社',怎么向全世界讲话? 怎么向中国人民讲话?"毛泽东要尤金告诉赫鲁晓夫:"你们帮助我们建设海军嘛! 你们可以做顾问。为什么要提出所有权各半的问题? 这是一个政治问题。""建立潜艇舰队问题,这是个方针问题:是我们搞你们帮,还是搞'合作社',这一定要在中国决定。赫鲁晓夫同志也可以来,因为我已经去过他那里了。"7 月 31 日,赫鲁晓夫秘密访华,毛泽东义正词严地维护国家主权,拒绝了他提出的无理要求。后来,赫鲁晓夫在回忆录中说:"我们的海军希望中国沿海港口能为我们的潜水艇加油,让艇上人员上岸休假。当我向毛提出这个想法的时候,他又斩钉截铁地当场拒绝了。"正是在这种情况下,9 月 8 日,赫鲁晓夫专电回答周恩来:同意"在舰艇新技术方面,给予广泛援助",并邀请中国派代表团赴苏商谈。经中央军委研究,周恩来确定组成以苏振华为团长的中国政府专家代表团,去苏联商谈海军技术协定。国家财政虽然十分紧张,仍尽最大可能挤出 2 亿卢布外汇给海军引进先进的舰艇制造技术。苏振华强调选调有实际才能的中、青年技术干部参加代表团,以便在谈判过程中,通过"细看、多问、深谈",尽可能多地掌握新科学技术知识。

从 1958 年 10 月底起,经过三个多月艰苦谈判,就引进常规导弹潜艇、中型鱼雷潜艇、导弹快艇、水翼鱼雷艇和潜对地弹道导弹、舰对舰飞航式导弹及制造特许权等达成协议。关于提供核动力技术等援助的要求,苏方表示还没有准备好提供。根据行前党中央确定的适可而止的方针,不做强求。苏振华立即派专人回国汇报协议草案。

1959 年 1 月 29 日毛泽东审查了协议草案,圈阅同意。2 月 4 日,苏振华代表中国政府同苏联政府签订了《关于在中国海军制造舰艇方面给予中华人民共和国技术援助的协定》。人们称之为"二四协定"。后来,苏联没有完全履行协议,苏振华和国家有关部门积极组织攻关,进行仿制,努力实现国产化。

"二四协定"舰艇的仿制和国产化,对于提高中国造船工业水平和加强海军装备起了重大作用。特别是培养和锻炼了一大批科技人才和造船技术工人,为后来研制新型舰艇,如导弹驱逐舰、核动力导弹潜艇、常规潜艇、导弹快艇等做了准备,为实现毛泽东提出的"大搞造船工业"打下了基础。

毛泽东听苏振华汇报了同苏联谈判的艰难经过,针对赫鲁晓夫的刁难和破坏,无比愤慨,掷地有声地说:"核潜艇,一万年也要搞出来。"

苏振华牢记毛泽东这一要求,始终坚持建造核潜艇。即使在国家遭到严重灾害的年月,也多方争取,采取各种措施,保证核潜艇研制工作不断线,为后来这一工程重新上马打下了坚实基础。

针对林彪反革命集团的阴谋,
毛泽东说:"苏振华是个好同志"

1966 年 5 月以后,"文化大革命"席卷中国,林彪反革命集团一开始便在海军猖狂地进行夺权活动。林彪指使海军副司令员李作鹏等人在 6 月 17 日开始的海军党委三届三次扩大会议上对苏振华和萧劲光进行批判,直至明目张胆地提出"萧、苏不能领导会议",企图剥夺萧劲光、苏振华的领导权。苏振华及时向军委叶剑英副主席报告了会议的异常情况,中共中央于 7 月 4 日召开常委扩大会议,由刘少奇主持,周恩来、邓小平、贺龙、陈毅、叶剑英、聂荣臻、陶铸参加,专门研究海军党委扩大会议的问题。会议一致批评了李作鹏等人的错误做法,严肃指出不能够也不允许搞地下活动,由会议本身作出决议撤换领导,这种方法是错误的。7 日,叶剑英向海军党委扩大会传达了中央常委会议指示。

正是在这种情况下,8 月 18 日,毛泽东和党中央领导同志在天安门城楼上检阅来自全国的"红卫兵"时,毛泽东把参加检阅的海军领导人叫到跟前,对李作鹏等人说:"萧劲光是老同志,苏振华是好同志,你们整他们做什么?"直接表示支持和肯定中央常委会议的决定,保护苏振华和萧劲光,批评李作鹏等人。但是,在这前一天的 8 月 17 日,林彪已经找叶剑英、萧华、杨成武谈话,要求海军党委扩大会对李作鹏等人的批判适可而止,说什么"再过就要烧焦了",要立即"收兵停战"。李作鹏等有恃无恐。但是,苏振华和大多数党委委员仍然坚持通过了《团结起来,以大局为重,焕发精神,努力工作》的决议,否定了由李作鹏等主持搞的《海军党委常委内部争论问题的情况报告》和《三年基本总结》。

斗争并没有止息。尽管有毛泽东明确的表态,林彪又强调毛泽东的话"一句顶一万句",信誓旦旦地表示"理解的要执行,不理解的也要执行"。但当同他们的利益发生冲突时,他们则是一句不听,半句也不听的。林彪于 9 月 22 日、23 日连续两天亲自到海军领导机关"视察",以表示支持李作鹏等人。新中国成立以来,林彪一贯深居简出,养尊处优,如此不辞辛劳,是绝无仅有的。足见他们是何等的心急。1967 年 1 月 9 日,李作鹏更以个人记录的 1966 年 8 月 13 日林彪对李作鹏等人的"高度评价"送给萧劲光,强令向海军中层干部传达。

在林彪指使下,苏振华终于被"打倒"了。与此同时,被以"苏振华狐群狗党""苏振华黑班底""苏振华修正主义基础"等"莫须有"的罪名设立"专案审查"的师以上干部就有 258 名,受迫害的中层、基层干部群众则难以计数,对海军造成了无法估计的严重损失。苏振华被秘密关押到冷水滩"劳动改造",身心遭到非人摧残。但是,他最为忧心的是海军建设将被耽误。此时,他无能为力,只有在湖南偏僻的深山里,遥望大海方向,思绪万千。他以跟随毛泽东革命的经验,断定革命有曲折,但光明在前!他忍辱负重,毫不动摇,坚持同林彪一伙斗争。

毛泽东在苏振华来信上批示:
"此人似可解放了……"

林彪"折戟沉沙",自取灭亡。1971 年 12 月 13 日,苏振华从冷水滩给毛泽东写信,汇报了自己的情况,表示要"争取晚年为人民做一点有益的工作"。这封信辗转送到毛泽东的案头,毛泽东在 1972 年 3 月 5 日做了批示:"此人似可解放了。如果海军不能用他,似可改回陆军(或在地方)让他做一些工作。可否,请中央酌定。"毛泽东还批注:"请汪(指汪东兴)印发各同志。"

这是毛泽东对受到错误批判的军队干部的第一个"似可解放"的批示。

周恩来根据毛泽东的指示,提议安排苏振华回海军工作。5 月 22 日,中央军委命令:任命苏振华为海军第一副司令员。

毛泽东的直接关怀,改变了苏振华当时的处境,他从内心里多少次地默念感谢:还是毛主席了解我,是毛主席把我培养成为一名政治工作领导干部的。

1930 年底,苏振华已经转为共产党员,被推举为连的士兵委员会委员长。这时,红军干部中还留有旧军队的习气,他们信奉"鸟是养出来的,兵是打出来的"观念,当连长、排长的几天不打人,手就发痒。一天,苏振华正在休息,一个姓江的干部走过来,没来由地用棍子抽打他,苏振华委屈得直掉泪。倒不在于这一棍子打得多么重,在于给人以不可忍受的侮辱。不久,部队在东韶打了个大胜仗,本来是个喜庆的事情,但是因为连长毫无道理地打了一个战士,同这个战士要好的几个士兵一起愤而逃亡了。苏振华自己有过切肤之痛的体会,作为士兵委员长,看到士兵被打散,更感到痛心。他想不通,又感到没有办法,十分苦恼。

苏振华睡不安,吃不好,翻来覆去地想,思考怎么做士兵委员长的工作,记起上级讲到毛泽东所讲的话:"红军的物质生活如此菲薄,战斗如此频繁,仍能维持不散,除党的作用外,就是靠军队内部的民主主义。官长不打士兵,官兵待遇平等,士兵有开会说话的自由,废除烦琐礼节,经济公开。士兵管理伙食,仍能从每日五分的油盐柴米钱中节余一点零用,名曰'伙食尾子',每人每日约得六七十文。……同样一个兵,昨天在敌军不勇敢,今天在红军很勇敢,就是民主主义的影响。"毛泽东还指出,打骂士兵是官长的报复主义,是"削弱组织、削弱战斗力的销蚀剂"。军队需要民主主义,"军队内的民主主义制度,将是破坏封建雇佣军队的一个重要武器"。

中国农民向往的平等,是梁山好汉的称兄道弟,大碗吃肉,小块分金。如今,毛泽东把民主引进了红军日常生活,这是一个闻所未闻的新鲜事物,苏振华从中得到启示。他用毛泽东的话,鼓动大家反对干部打骂士兵。有一天,连队集合,一个战士迟到了,连长不由分说,动手就推打那个战士,苏振华立刻大声喊道:"官长不打士兵!官兵平等!"

一些平素拥护民主,支持苏振华的积极分子也一起大声喊起来:"官长不打士兵!军队需要民主主义!"

反对打骂士兵得到了群众的响应,也得到了上级的支持。连队干部开始约束自己,不但再也没有发生逃亡的事情,就是过去经常发生的下级顶撞上级的事情也少了,干部们懂得了尊重士兵的必要。部队巩固了,进步了。

苏振华刚恢复工作,便参加海军党委 1972 年 7 月至 1973 年 2 月举行的四届五次扩大会议,开展批林整风。会议告一段落,海军党委向党中央报告会议情况,毛泽东批示说:"海军的会议,纠缠着历史问题。在批林整风运动中,在历史的旧账上纠缠,容易走偏方向。"

苏振华和同志们认真贯彻毛泽东的指示,推动批林整风的深入。当海军党委第二次向党中央报告会议情况后,毛泽东又做了批示:"首先是批林,其次才是整风。"1972 年 9 月 21 日,周恩来根据毛泽东的指示,主持中共中央政治局会议,约海军负责人谈话,传达了毛泽东的意见,决定沈阳、北京、济南、南京、福州、广州六大军区各派一名负责同志参加后期的会议。萧劲光在会议上做了自我批评。这时,苏振华因胰腺炎住院治疗,没有参加全部会议。苏振华对萧劲光关于他个人表示歉意的话感到不安,一再请他收回,诚恳地向萧劲光说:"你不能这样说,你也是受到林彪他们打击的嘛。"

1973 年 3 月 1 日,经毛泽东批准,中央军委任命苏振华为海军第一政委,随后被选为海军党委第一书记。

毛泽东最后对海军的嘱托,
向苏振华说:"海军要搞好,使敌人怕"

1973 年 3 月,经毛泽东同意,邓小平恢复工作,苏振华和同志们坚决贯彻邓小平提出的"整顿"方针,清除林彪集团给海军造成的危害,恢复和加强海军战备训练工作,继续加强海军装备建设,使遭受林彪严重破坏的海军逐渐恢复元气,出现了新局面。1973 年 9 月 21 日在葫芦岛海面组织核潜艇、导弹驱逐舰、导弹护卫舰、常规潜艇等中国自己建造的军舰,接受叶剑英等中央军委领导同志的检阅,并按照叶剑英的指示主持会议,研究进一步协调和加强毛泽东所批准的重点装备工程的实施,积极为我国远程弹道导弹试验做准备。

1975 年 5 月 2 日晚 11 时至 3 日凌晨,毛泽东主持中央政治局会议,这是他最后一次主持政治局会议。他同到会的政治局委员握手交谈,先是握着陈永贵的手说:"你和吴桂贤搬出钓鱼台好。钓鱼台没有鱼钓。"

这不是一般的寒暄。当时,"四人帮"经常在钓鱼台国宾馆进行活动,毛泽东的话,实际上是他随后在会上尖锐批评江青等人的一个开场白。

当毛泽东握着苏振华的手时说道:"海军要搞好,使敌人怕。"随即伸出小拇指,不无遗憾地说,"我们海军只有这样大!"

5月8日,苏振华立即向海军党委和全海军传达了毛泽东的指示,组织人员会同有关工业部门研究制定《海军舰艇十年发展规划》。22日苏振华写信向毛泽东报告:

> 五月八日,我根据个人追记,向海军党委常委传达了主席五月三日晚对海军的指示。昨晚政治局同志学习主席这个指示时,发现我追记的有些出入,根据核对记录,主席指示为:"管海军靠你,海军要搞好,使敌人怕,我们海军只有这样大。"是否准确,请主席审示。我们拟将主席的这个重要指示向海军部队和有关工业部门传达(第一句不传达),是否有当,请指示。主席早在一九五三年的一次政治局扩大会议上就曾指示,要有计划有步骤地建设一支强大海军。但是,海军建设经过二十多年时间,现在仍然很小。目前,我国自力更生建成了相当规模的造船工业基础,可年产五万吨左右军用船只,并将逐年提高造船能力。我们一定要遵照主席指示办,努力把海军各项工作搞好,力争在十年左右建成一支较强大的海军。

毛泽东看信后,甚为欣慰,并于23日批示:"同意,努力奋斗,十年达到目标。"中共中央办公厅将毛泽东的批语和苏振华的信作为1975年第146号文件印发。

6月18日,由苏振华主持,海军会同六机部向国务院、中央军委联合上报了《关于海军舰艇十年发展规划的请示报告》。对海军的作战指导思想、舰船装备的建造方针、装备生产、造船质量和配套问题等七个方面都做了规划,强调"海军装备应以潜艇和中型导弹驱逐舰为重点,中、小相结合,齐装成套"。虽然,由于诸多原因,这个规划没有实现,但无疑对海军建设起了促进作用。

1975 年 11 月 3 日，苏振华给中央军委副主席叶剑英、邓小平并转毛泽东写报告："为贯彻落实主席对海军的重要指示，我和萧劲光同志，还有几个管专业的副司令，拟最近去东南沿海了解海军部队贯彻执行军委扩大会议情况，研究港湾码头 10 年建设规划，检查部队装备维修和训练情况。出去时间大约一个月左右。"毛泽东在上面批示："注意老、中、青三结合。退苏振华。"

美国亚历山大海军研究中心的战略研究员布鲁斯·斯旺森在 1982 年出版了专著《龙的第八次航行》，作者写道：明朝初期郑和的"七次伟大航行（公元 1405 年至 1433 年）使得中国的海上力量向南进入了印度洋，继而抵达非洲。"今天"重建中国海上力量的道路，是龙的第八次航行"。对毛泽东关于海军建设的最后一次指示评述道：

"激进派对海军的攻击最终使毛泽东不得不出面干涉，并对海军给予支持。1975 年 5 月 3 日发生了一件对中国海军具有重大深远影响的事件。据透露，在一次高级军事领导人的会议上，毛泽东紧紧握住一位海军高级军官（可能是苏振华）的手说：'一定要把海军搞好。'这位领导人便利用毛泽东的讲话作为契机，向主席介绍了海军新的十年规划。毛泽东表示赞成。"

作者还评述说："苏振华的方针是要增进红与专的紧密结合。他对执行六十年代初期精心制定的红专规划是很起作用的，但他好像更倾向于专业技术。他是一位优秀的政治干部，他能熟练地通过思想工作来达到较现实的目的。""林彪事件发生之后……苏振华就是首批被恢复名誉的有经验的军队干部之一，他曾是海军第一政治委员，他主张建立一支强大的专业化的海军。"

（杨肇林）

毛泽东与
张爱萍上将

张爱萍(1910—2003),四川达县人。1926年加入中国共产主义青年团。1928年转入中国共产党。1929年参加中国工农红军。土地革命战争时期,任共青团中心县委书记,共青团中央局秘书长,红3军团第4师政治部主任,第11、第13团政治委员,军委骑兵团政治委员、代团长。参加了长征。抗日战争时期,任中共浙江省委军委书记,豫皖苏省委书记,八路军苏皖纵队政治委员,八路军第5纵队3支队司令员,新四军3师副师长兼苏北军区副司令员,新四军第4师师长兼淮北军区司令员。解放战争时期,任华中军区副司令员,华东军区海军司令员兼政治委员。中华人民共和国成立后,任中国人民解放军第7兵团司令员兼浙江军区司令员,华东军区兼第三野战军参谋长,中国人民解放军副总参谋长兼国务院国防工业办公室副主任,国防科委主任,国家科委第一副主任,军委科技装备委员会主任,国务院副总理,中共中央军委副秘书长,国务委员兼国防部部长,中国共产党第八届候补中央委员,第十一届、十二届中央委员。1955年被授予上将军衔。

在共和国的一代元勋中,张爱萍将军无疑是一位文武兼备的杰出将领。他的革命生涯不仅有地下工作惊心动魄的经历,也有挥刀跃马征战疆场的传奇。他还是第一支人民海军——华东军区海军的创建人。他那飘逸的书法,流畅的诗词,常常流露出诗人的浪漫。这当然与他的天资聪颖,勤奋好学有关。而张爱萍对自己的成长经历却另有见地,他认为,是毛泽东使他的军事指挥生涯发生了重大转折。确实,在中国革命的历史进程中,毛泽东造就了一大批人民解放军的优秀指挥员。张爱萍的军事理论基石,正是在延安的日日夜夜,在与毛泽东的多次接触、交谈中奠定的。打那以后,在八年的抗日战争和三年的解放战争中,无论处于怎样复杂、严重、艰苦的环境,张爱萍都不曾被环境所左右,而是独立自主地使用自己的力量,开创作战和工作的新局面。从陕北窑洞的谈话、红军大学的报告,到中南海的召见……每一次与毛泽东接触,张爱萍都深受教益,且终生难忘。

瓦窑堡,一句"胜败乃兵家常事"引起的长谈

1936年初夏的一天早晨,火红的太阳刚刚从东边探出半边脸。军委骑兵团政委代团长张爱萍率领全团人马离开麻城涧向中共中央驻地瓦窑堡进发。自从长征到达陕北后,张爱萍便来到了这个骑兵团,在他的指挥下,这支能征善战的骑兵部队,在盐池、定边、靖边、榆林一线打了很多胜仗。今天,他们是奉军委的命令回瓦窑堡休整。

部队刚刚翻过一座山头,就接到一些群众的报告:青阳岔县政府遭到国民党井岳秀部队的袭击,抢了东西还抓了人。群众纷纷要求部队为他们报仇。连打胜仗的战士们得知这一消息更是义愤填膺,积极要求参战。骑在马上的张爱萍未及多想,便下达了追击命令。

随即,骑兵部队卷起一阵尘土,向敌人追去。追至下午1时,还不见敌人踪影,张爱萍遂下令停止追击。当部队折返时,赶来的群众又哭诉着要求追敌。张爱萍见此情景,便下令继续追。一口气追出30余里,终于追上了敌人。一阵短兵相接,很快就结束了战斗。除歼敌部分外,还俘敌

40 余人。

然而,出乎张爱萍的预料,部队在返回的路上,遭到了敌人的伏击,张爱萍也负了伤。

回到瓦窑堡后,张爱萍十分懊恼。他懊恼的绝不是因为自己的伤痛,而是在打了胜仗后,又打了不该打的败仗,使部队遭受了不应有的损失。本来,"打了胜仗,回去见毛主席"是部队的响亮口号,而今却打了败仗,还有何颜面见毛主席?

正当张爱萍懊恼之际,却接到通知:毛主席叫他去一趟。

怀着忐忑不安的心情,张爱萍迈着沉重的脚步,走进了毛泽东的窑洞。

"怎么,听说你还在谈'胜败乃兵家之常事'?"埋头于读书的毛泽东,见张爱萍进来,劈头一句话,声音虽不大,却透着严肃。

张爱萍心情立刻紧张起来,心想:这句话毛主席怎么知道了?

那是两天前,张爱萍刚回到瓦窑堡,便有人在他面前阴阳怪气地说:"向来百战百胜,这回怎么掉进落马湖了?"一副幸灾乐祸的样子。张爱萍哪里受得了这样的讥讽,便当即回了一句:"有什么了不起,胜败乃兵家之常事。"这本是一句气话,想不到竟然传到了主席的耳朵里。

张爱萍立即解释说:"那是我说的一句气话。"

"气话?我看你是没有接受教训,也没有承认错误吧?"毛泽东的口气依然很严肃。

"组织上给我的处分我都接受了,怎么还会不承认错误呢?"说着,张爱萍不免透出委屈。

此时,毛泽东似乎感觉到自己的话语有些严厉,便站起身来,拖过一把椅子,说:"站着干什么,坐下谈嘛。"口气缓和了许多。

待张爱萍坐定,毛泽东接着说:"你呀,过去的仗都打得不错嘛,这次怎么打胜仗后又打败仗呢? 你应该很好地总结一下,找找原因……"

"是没有百战百胜的军事家,'胜败乃兵家常事'也不错。但是,作为指挥员,不能用这句话为自己开脱,你说是不是?"

毛泽东亲切的话语,说得张爱萍心里热乎乎的。

接着,毛泽东详细询问了部队的情况,最后问张爱萍有什么意见和要求。

张爱萍酷爱读书,可由于长期戎马倥偬,很难集中时间学习。回到瓦窑堡后,就听说红军大学要开学,他就萌发了上红大的想法。此时,毛泽东一问,他不禁脱口而出:"我想到红军大学去学习一段时间。"

"好嘛!"毛泽东高兴地说,"要做到智勇兼备,重要的途径就是学习。我们办红军大学就是要培养和造就一大批智勇兼备的干部,要开辟西北局面及全国的大局面,不解决这个问题不行啊!""红大正准备开学,去学几个月吧。"说着,毛泽东随手拿起毛笔,给红大教育长罗瑞卿写了封信。

毛泽东将信递给张爱萍,说:"拿着它,我是你入学的介绍人。"

拿着毛泽东的亲笔信,张爱萍走出毛泽东的窑洞,浑身感到格外轻松。刚才的委屈和这几天来的懊恼,霎时都一股脑儿抛到九霄云外了。

红军大学,一堂《中国革命战争的
战略问题》的讲课产生的震撼

三天之后,张爱萍来到了红军大学。

红军大学是毛泽东提议创办的。林彪任校长,罗瑞卿任教育长。学校分两个科,一科大部分是师团职干部,罗荣桓担任政治委员。

红军大学堪称"窑洞大学",条件极为艰苦。课堂在窑洞里,宿舍也在窑洞里。用锅底灰刷在墙上当黑板,砖头石头当板凳,膝盖当课桌。学校没有专职教员,毛泽东与中央其他领导经常到校讲课。

1936 年 6 月 1 日,红军大学举行开学典礼,毛泽东前来讲话。他身穿一套半新的浅灰色军装,脚上穿了一双褪了色的黑布鞋,长长的头发,人显得高而清瘦。

毛泽东的讲话开门见山,简明扼要。他说:"你们现在是上山学道,学成之后下山济世,学道修行,重在个人修行。在这里我们大家都是学

生,又都是先生。希望大家好好利用这个机会,认真读书,研究些问题,真正做到学有所成,修成正果……"

在红军大学学习期间,张爱萍多次聆听过毛泽东的讲话,而毛泽东的每一次讲话,都使他深受启迪。特别是 1936 年 12 月,毛泽东在红大所作的题目为《中国革命战争的战略问题》的报告,使张爱萍不仅明白了有关中国革命战争的一系列重大理论问题,并且联系实际找到了自己的不足,在理论与实际的结合上得到了升华。

毛泽东在报告中以严密的逻辑方法,富有哲理性的语言,对中国革命战争的历史经验作出了系统的理论总结。毛泽东讲了战争的规律、中国革命战争的特点和十年内战中以"围剿"和反"围剿"为主要形式的战争的历史经验,并就九个问题做了说明:积极防御和消极防御;反"围剿"的准备;战略退却;战略反攻;反攻开始问题;集中兵力问题;运动战;速决战,歼灭战……

每讲到一个问题,张爱萍都被深深地吸引着,许多过去不明白的问题,经过毛泽东的精辟分析,都找到了问题的症结。

毛泽东讲道:"鲁莽的军事家,之所以不免受敌人的欺骗,受敌人表面的或片面的情况的引诱,受自己部下不负责的无真知灼见的建议鼓动,因而不免碰壁,就是因为他们不知道或者不愿意知道任何军事计划,都应建立于必要的侦察和敌我情况及相互关系的周密思索的基础之上的缘故。"这使张爱萍深受震动:不久前打的那场败仗,不正是由于自己的鲁莽所致么!

毛泽东还详细地论述了一个军事家正确指导战争的认识过程。他说:"指挥员的正确部署来源于正确的决心,正确的决心来源于正确的判断,正确的判断来源于周到的和必要的侦察,和对各种侦察材料的连贯起来的思索。指挥员使用一切可能的和必要的侦察手段,将侦察得来的敌方情况的各种材料加以去粗取精、去伪存真、由此及彼、由表及里的思索,然后将自己方面的情况加上去,研究双方的对比和相互的关系,因而构成判断,下定决心,作出计划,——这是军事家在作出每一个战略、战役或战斗的计划之前的一个完整的认识过程。"

张爱萍全神贯注地聆听着毛泽东的报告,不停地记录着。虽然毛泽东讲了很长时间,可张爱萍却感觉时间太短。后来,他还专门到毛主席的住处请教了许多问题。

毛泽东的这一报告,对中国革命战争的胜利具有重要的指导意义,对张爱萍的军事生涯产生了极大的影响,为他提供了重要的军事理论基石;也是张爱萍从单纯地执行和完成任务走向独立思考,总揽全局,在战略战术上走向成熟的重要转折。

1937年初,红军大学随中共中央机关迁往延安,改称"中国人民抗日军事政治大学",简称"抗大"。毛泽东兼任抗大教育委员会主席。本来想到抗日前线的张爱萍,经毛泽东亲自谈话,留校当了教员。

1937年"七七"卢沟桥事变爆发,使中华民族陷入危难之中。经中国共产党的努力,国共两党达成共同抗日的统一战线,红军主力陆续开赴抗日前线。毛泽东在百忙之中专门找张爱萍谈话,要他到上海从事地下工作,担任浙江省委军委书记。

毛泽东说:"根据目前的局势,日本侵略军下一步必将进攻上海,占领南京,而蒋介石对抗战并不坚决,必定要撤逃。我们要准备跟日本侵略军打持久战。""中央派你到上海去,就是要广泛发动群众,建立敌后抗日根据地,发展和壮大抗日力量。"

尽管张爱萍内心十分渴望奔赴抗日前线作战,但是听了毛泽东对时局的详细分析,他还是愉快地服从了中央的决定。

在离开延安,奔赴新的战斗岗位的旅途中,张爱萍回想起与毛泽东的多次交谈,浑身增添了无穷的力量,想起临行前毛主席谈话时对时局的分析和自己肩负的重任,他情不自禁地在笔记本上写下了一首诗,表达自己的心情:

"七七"炮轰卢沟桥!

抗日烽火半壁焦。

黄昏突传紧急令，

疾步驱前主席召。

马灯摇影映密洞，

时局纵论筹略韬。

倭寇为首掠北国，

再图淞沪窥宁朝。

弃甲乞降泥首转，

拱手千里望北逃。

创建敌后根据地，

军民游击淞沪郊。

在此后的八年抗日战争中，张爱萍灵活运用毛泽东的战略战术思想，参与开辟豫皖苏抗日根据地，指挥部队挫败了日伪军的多次扫荡和国民党顽固派的进攻，巩固和发展了苏北和淮北根据地，为抗日战争的胜利建立了功勋。

中南海，1949 年一次特殊召见留下的纪念

1949 年 4 月 23 日，在中国人民解放军横渡长江占领南京之际，华中军区副司令员张爱萍却未能在南京共庆胜利。此时，他正在泰州白马庙奉命组建华东海军。

早在这一年的 1 月 8 日，中共中央主席毛泽东就根据解放战争的发展进程，作出了争取建立一支保卫沿江沿海的海军的决定。华东军区海军的成立，是中共中央决定的实施，标志着百余年来屡遭帝国主义从海上入侵的中国，开始建立一支人民的海军。

然而，在一无基础，二无经验的情况下，要建立一支海军，谈何容易。国民党海军总司令桂永清就断言：中共意欲建立海军，无异于痴人说梦。为了阻止建设人民海军，国民党派出飞机对沿海码头、起义的舰艇进行轮

番轰炸。1949 年 4 月 23 日在南京长江江面起义的国民党海防第二舰队,起义后就遭到了国民党飞机的反复轰炸,9 艘军舰被炸沉了 6 艘。面对困难,张爱萍毫不退缩,他将自己的全副精力投入工作,常常通宵达旦。

经过三个月的艰苦努力,到 1949 年 8 月正式成立了海军司令部、政治部、后勤部(当时称后勤司令部),华东军区海军机关的编制体制初步形成。与此同时,组织力量对舰艇进行抢修,并将国民党海军起义人员和登记录用的原海军人员,以及从陆军选调的部分优秀指战员,集中于南京成立的华东军区海军学校进行短期培训;将能够开动的舰艇编组,分工负责,准备配员上舰……

虽然工作十分复杂,但善于统筹全局的张爱萍却安排得井井有条。他充分调动各方面的积极性,通过司、政、后三大机关和海军学校,加上"三大委员会"即舰艇调查装修委员会、舰艇打捞委员会,海军研究委员会,使工作开展得有声有色。原国民党海军的一些高级军官在委员会中发挥了积极作用。

1949 年 8 月的一天傍晚,张爱萍结束了一天紧张的工作,离开了机关。刚刚回到家里,秘书黄胜天就急急火火地赶了来,气喘吁吁地向张爱萍报告:"张司令,北京急电。"

张爱萍从黄胜天手里接过电报,仔细阅读了一遍。随即以命令的口吻说:"立即安排北京的车票,明天动身。"黄胜天说了声:"是!"便急忙跑了出去。

原来,正在北京忙于中华人民共和国筹建工作的毛泽东,同时也正在筹谋渡海作战的重大战略问题。而渡海作战又必须有海军参加。于是,毛泽东决定召见张爱萍汇报华东军区海军情况,并接见在华东军区海军工作的原国民党海军高级将领林遵等人。

1949 年 8 月 20 日,张爱萍、林遵一行乘坐的列车驶抵北京站。当日下午两点,周恩来副主席专门来到他们下榻的饭店看望大家,并安排了日程。

按照周恩来的安排,张爱萍一行于 21 日上午分乘两辆轿车,驶进中南海。他们先来到朱德总司令的办公处,朱总司令一一接见了大家,并询问了许多问题。

朱总司令接见后,张爱萍来到了毛泽东的住处。毛泽东正在阅读《清史稿》,见张爱萍来了,便放下手中的书说:"是爱萍啊,来,快进来。"

张爱萍走上前去,敬了一个军礼,说了声:"主席好!"便紧紧握住了毛泽东的手。自从延安一别,张爱萍已有十多年没见到主席了。他发现主席胖多了,身材显得很魁梧,不像在延安时那样清瘦。

毛泽东请张爱萍坐下后,便开门见山地说:"来,谈谈你的华东海军情况。"

张爱萍将华东军区海军现有舰艇和人员情况做了简要汇报,谈了重点进行的四项工作:一、确定了海军的组织原则:在我党的领导下,以陆军为基础,团结国民党原海军人员,共同建设人民海军。二、抓了舰艇设备的抢修:成立了舰艇调查装修委员会,按照废物利用,因陋就简,积小为大的原则,积极准备力量。三、抓了人才培养:将招收录用的和国民党海军起义的原海军人员,以及从陆军选调的一部分人员,集中于华东军区海军学校培训。原海军人员主要进行政治教育;选调的陆军人员主要进行技术训练,争取尽快上舰。四、将能开得动的舰艇编组,进行防空和航行训练,争取能够早日担负出海作战任务……

汇报了四项主要工作后,张爱萍对华东军区海军的总体情况又做了说明:"总的看,海军初建,在技术上完全依靠原海军人员;舰艇陈旧,装备落后,组织出海作战还有许多工作要做。"

张爱萍汇报了上述情况后,又给毛泽东介绍了来京的原国民党海军军官的情况。

毛泽东认真地听着张爱萍的汇报。待张爱萍汇报完,毛泽东便以肯定的口吻说:"你们的工作是很有成绩的。建设海军对我们来说是全新的课题,困难很多啊!但是,我们必须建立一支海军,将来渡海作战,解放台湾,没有海军是不行的。你们要抓紧整修装备,训练部队,要发挥原海军人员的技术作用。"

接着,毛泽东问:"林遵可是民族英雄林则徐的侄孙?"

张爱萍回答:"是的。"

毛泽东说:"好,我找个时间见见他们。"

最后,毛泽东说:"给你们几天时间,逛逛北京,看看颐和园,那是慈禧太后用海军的经费建起的颐养天年的处所,不能不看啊!"

此后几天,张爱萍等人在工作人员的安排下游览了北京城。眼看一周时间就要过去了,大家的心里有些着急,希望能够早日见到毛主席。张爱萍此时倒坦然自若。原来,他已经接到通知:毛主席明天下午要接见大家。林遵等人听到这一消息,十分兴奋。他们埋怨张爱萍,没有尽早告诉大家。张爱萍说,他也是刚刚才接到通知。

8月28日下午,阳光灿烂,虽是盛夏,却不炎热。张爱萍与林遵、曾国晟、金声、徐时辅几位原国民党海军将领,驱车前往中南海。

毛泽东在会客室里接见大家。这是一件宽敞的房间,室内摆放着两排沙发和两只古香古色的茶几。正中一壁雕花紫檀木屏风镶着一块山水花纹的大理石,显得古朴典雅。

张爱萍向毛泽东介绍了林遵、曾国晟、金声、徐时辅。毛泽东指着沙发请大家坐。

毛泽东这次主要是接见林遵等人,张爱萍是陪同,因此谈话主要是与林遵进行的。谈话的间隙,张爱萍拿出随身携带的照相机,留下了珍贵的历史一瞬。

这次接见,张爱萍还向毛泽东提出:"请主席为华东海军题个词。"毛泽东满口应允。

北京之行,张爱萍收获很大,不仅当面听取了毛泽东对海军建设的指示,同时还得到了毛泽东为华东军区海军创办的《人民海军》报题写的报头,和毛泽东、朱德、刘少奇、周恩来为华东军区海军的题词。

毛泽东题写的《人民海军》报的报头,是两幅,均为竖排,办报的同志选取了一幅的头一个字,另一幅的后三个字,剪贴成横排。这一报头至今仍被《人民海军》报沿用。

1950 年 1 月 1 日,华东军区海军《人民海军》报出版了专刊号,报头"人民海军"四个字的下方,署有毛泽东三个字,并刊登了毛泽东等中央领导为华东军区海军的题词。

毛泽东的题词是:"我们一定要建设一支海军,这支海军要能保卫我们的海防,有效地防御帝国主义的可能的侵略。"

朱德的题词是:"虚心学习,努力工作,建设一支人民的海军。"

刘少奇的题词是:"建设人民的海军,巩固国防。"

周恩来的题词是:"为建设中国人民海军而奋斗。"

这些题词,极大地鼓舞了华东军区海军指战员为海军建设奋斗的热情,成为海军创建时期的重要指导方针。

1950 年 4 月 23 日,华东军区海军在南京草鞋峡江面举行庆祝建军一周年暨军舰授旗命名典礼。张爱萍率各舰官兵庄严宣誓:

我们是中国人民海上武装,在中国共产党领导下成长起来。今天蒙受中央人民政府颁发给我们庄严的旗帜,光荣的称号,我们感到无限光荣和责任重大,我们宣誓:

我们坚决执行毛主席、朱总司令的命令,完成人民给我们的使命。我们要努力学习马列主义和毛泽东思想,坚定为人民服务的立场。我们要具有人民解放军的团结一致,努力学习,服从命令,遵守纪律,艰苦朴素,英勇善战的优良作风。我们要具有熟练的航海技术,准确的舰炮射击技术,勇敢的损伤管制技术。我们要保护军舰,像保护我们的眼睛一样。我们要随时准备作战,只要进军号令一响,便勇往直前,配合陆空军,解放东南沿海岛屿,解放台湾,彻底消灭残敌,解放全中国! 保卫祖国的海防,有效地防御帝国主义可能的侵略。

我们的称号光荣,我们的旗帜辉煌,我们要在渡海作战中,争取光荣的英雄称号,我们要把中国人民海军胜利的旗帜插遍祖国的海洋。我们保卫这光荣的旗帜和称号,永远像保卫祖国的尊严一样。

这庄严的誓词,是张爱萍和华东军区海军全体指战员向中国人民、向毛泽东主席表示的坚定决心。

在华东军区海军创建的艰苦日子里,张爱萍率领全体官兵努力实践他们的誓言,在保卫祖国海防斗争中取得了一个又一个胜利。

1952 年 11 月,由于工作需要,张爱萍调离了华东军区海军,出任中国人民解放军第七兵团司令员兼浙江军区司令员。此时,由他创建的华东军区海军已成为一支重要的海防力量,在解放沿海岛屿的对敌斗争中发挥了不可磨灭的作用。

（宋万贤）

毛泽东与
丁秋生中将

　　丁秋生（1913—1995），湖南湘乡人。1930年参加中国工农红军，1931年加入中国共产主义青年团，1932年转入中国共产党。土地革命战争时期，任红3军团第4师第10团连政治指导员，红9军团第14师41团政治委员，中央军委干部团第1营政治委员，红25军第73师215团政治委员，军团教导营政治委员，参加了长征。抗日战争时期，任中国人民抗日军政大学政治部组织部干事、股长、政工干部训练队队长兼政治指导员、分校政治部党务科长，军委工程学校政治委员，八路军山东纵队第1旅政治部主任，鲁南军区政治部主任。解放战争时期，任鲁南军区第8师政治委员，华东野战军第3纵队政治委员，第三野战军第22军政治委员兼宁波市军事管制委员会主任。中华人民共和国成立后，任第7兵团兼浙江军区政治部主任，浙江军区副政治委员，华东军区干部部部长，南京高级步兵学校政治委员。曾任海军北海舰队政治委员。1955年被授予中将军衔。

　　丁秋生是中国人民解放军中一位战功卓著的高级将领，是毛泽东在安源指引他走上了革命道路。在长达60余年的军事生涯中，他曾在毛泽东身边工作了 10 年之久,曾与毛泽东促膝长谈,挨过批评、处分,更受到过表扬和奖励。他跟随毛泽东度过了那最艰苦的年代,从一名矿工,成长为智勇双全的将军。

响应毛委员的号召,丁秋生参加了工农红军

1913 年 10 月,丁秋生出生在湖南省湘乡县莲花桥一个穷苦人家。他还未出世,父亲就外出谋生,从此下落不明。为了活命,在他 7 岁时,随母亲逃荒要饭来到安源,11 岁进煤矿当童工,一干就是 6 年,受尽了剥削和压迫。那时的旧中国,军阀混战,民不聊生。丁秋生与矿工伙伴们不懂得阶级,不懂得剥削,总是埋怨自己生不逢时,天生命苦。

是毛泽东、刘少奇、李立三等无产阶级革命家,先后多次亲自到安源,向工人们传播革命真理,组织了工人自己的团体——安源路矿工人俱乐部,使许多受苦受难的"炭古佬",在中国共产党的教育影响下,一天天觉悟起来。当时丁秋生因年纪小,不是俱乐部的会员,也没参加过夜校,但路矿工人俱乐部的许多活动,许多为了维护工人的基本利益而同资本家进行的斗争,在他的心灵里影响很深。他知道:工人俱乐部是工人自己的组织。工人俱乐部好!

1929 年,毛泽东在红军第 4 军第九次党代表大会上,提出从斗争的工农群众中创造出新的红军部队的主张,并于 1930 年农历八月初,亲自率队来到安源扩大红军。"毛委员到了安源!""毛委员要向工友讲话了!"消息传遍了安源路矿的井上井下、街头巷尾。工人们奔走相告,翘首以待。

那是一个炎热的下午,工人俱乐部门前的广场上聚集了几千路矿工人。在广场前边用木板搭起了台子,摆着几张方桌,几条长凳,台子两边挂着长长的红布,上面写着"打倒资本家,工人求解放""砸烂旧制度,建立苏维埃"。只见几个人走上台子后,在场的人们顿时情绪沸腾了,纷纷站起来,摇动着手中的三角形纸旗,呼喊着口号。这是丁秋生有生以来第

一次参加这样的集会,第一次见到毛泽东。他和小伙伴们,年纪小,个子矮,为了看清这一切,便爬上了紧靠着台子一侧的大柳树上,所有的热烈场面都看得清清楚楚。毛泽东那时很年轻,穿一身灰布衫,一副知识分子的模样,他声音洪亮,打着手势,说了许多工人们一听就懂的道理。毛泽东讲,工人干的是牛马活,吃的是猪狗食,是命苦吗?不是!根子是穷人身上压着三座大山。所以工人、农民要解放,就要团结起来,拿起枪杆子,打倒帝国主义,打倒封建势力,打倒贪官污吏,推翻旧制度,建立工农苏维埃政权,由工人、农民来当家作主。最后他提高嗓门,号召大家参加红军。

多少年来许多工友总是想不明白的问题,毛泽东几句话就点明了。丁秋生感到一股暖流涌遍全身,一种热情激励着他,当时他就下决心要跟着毛泽东走,跟着红军走,摆脱贫困,再不受压迫。于是,他满怀喜悦地回家告诉母亲他要参加红军。母亲一听,既惊讶又难过,她舍不得与她相依为命、年小体弱的孩子,又顾虑他走后家境会更困难,说什么也不同意,哭得很伤心。见丁秋生执意要参加红军时,就把他反锁在屋里。丁秋生急坏了,好在他知道红军还不马上走,便哄骗母亲说:"我听你的话,不去当红军了。"这才稳住了母亲的心。过后,丁秋生悄悄地到红军队伍上报了名,并像往常一样,天天照常去矿上做工,就这样,他度日如年地熬过了那短短的几天。当部队通知出发的时间和集合的地点后,丁秋生仍以上工为名,默默地告别了亲爱的母亲,告别了安源路矿,与一千多名安源路矿工人一起参加了中国工农红军,被编入红军第3军团,从此踏上了革命的道路。

当年,前后几批从安源参加红军的共有四五千工友,经过几十年的革命战争,大多数同志为了中国人民的解放事业,为了推翻旧制度、建立新中国而英勇地牺牲了。当时一同参军,分配在红3军团3师特务连4排的三十几位安源兄弟中,丁秋生是唯一的幸存者。在中国革命的艰苦历程中,安源路矿工人和全国工人阶级一样,跟随毛泽东在中国共产党的领导下,无愧是一支重要的主力军。

"我们的马也是革命的功臣"

1934 年,由于王明路线的错误指挥,第五次反"围剿"失利,红军被迫开始了长征。从江西瑞金出发前,丁秋生被调到了军委红星纵队当民运干事,主要任务是为中央军委领导机关打前站。每天和中央领导同志接触很多,与毛泽东也逐渐熟悉起来。

遵义会议后,丁秋生调任干部团 1 营政治委员,陈赓团长和宋任穷政委在介绍工作情况时,非常高兴地介绍了遵义会议的情况,说毛泽东恢复了领导职务,又来指挥我们红军了。接着又明确指出,干部团直接负责中央警卫工作,实际上就是中央警卫团。干部团的成员都是红军中的骨干,要关心爱护好这些同志,要保卫好中央的安全。

红军离开遵义之后,干部团的任务更重了,责任也更大了,不是前锋开路,就是殿后警卫,渡赤水,过金沙,翻雪山,只要关系到中央的安危,哪里有情况,就在哪里战斗。在行军过程中,毛泽东经常向接触过的干部询问部队情况和一些干部的家庭背景、参加革命后的经历等。有一次,当毛泽东听说丁秋生是从安源出来的,就感慨地对他说:"安源出来的人现在剩下的已经不多了。"

长征到达毛尔盖时,中央红军准备过草地,陈赓团长让丁秋生带领收容部队殿后。当毛泽东听说丁秋生执行收容任务时,再三叮嘱他:"一定要把掉队的同志照顾好,尽量让每一个同志都走下来,有困难要及时报告。"

丁秋生见中央机关带的东西多,就执意要把缴获的一匹枣红马留下来。这匹马毛色油亮,非常健壮,是在与国民党土匪的一次战斗中缴获的,丁秋生特别喜欢,精心饲养着。毛泽东在行军途中见到这匹马时,还称赞说:"真是一匹好马哟!"他早就想把这匹马送给毛泽东,送给中央机关用,此时正好是个机会。但毛泽东和周恩来坚决不同意,说应该把马用到最需要的地方,并说:"你们殿后,掉队的同志多,伤员多,更需要用马。"毛泽东还拍着枣红马对丁秋生风趣地说:"我们的马也是革命的功臣。"后来这匹马真的发挥了很大的作用,它开始驮粮食,后来驮伤员,再后来它累倒了。眼看着怎么也站不起来了,丁秋生不忍心看着这匹马受罪,又不忍心亲手杀了它,让几个战士把它杀了,马肉又使这些饥饿的红军战士们坚持了好些天,终于走出了草地。这匹枣红马挽救了不少红军战士的生命。

"你命大,我们的红军命也大"

1935 年 9 月,干部团缩编为干部营,丁秋生调到中央通信警备连当指导员。就在长征刚刚胜利结束后,红军又在直罗镇战役中全歼了敌 109 师和 106 师的一个团,并活捉了敌师长。那些天毛泽东的心情特别好,经常能听到他爽朗的笑声和谈话声。

有一天晚上,丁秋生照例在查岗。毛泽东有在夜间工作的习惯,累了出来散步,正好碰上丁秋生,就兴致很高地谈了起来。

毛泽东说:"警备连的同志很辛苦,白天行军,晚上还要站岗。"

丁秋生马上回答说:"您每个晚上都要工作到深夜,比我们辛苦多了。"

毛泽东说:"我是习惯了,还是你们辛苦。"

丁秋生劝主席早些回去休息,但毛泽东却毫无睡意,反而谈兴渐浓。他见丁秋生左臂动作不灵活,就问:"你左手的伤是什么时候负的?"

丁秋生见毛泽东很随和,又和蔼可亲,也就打开话匣子聊了起来。丁秋生告诉毛泽东,是 1934 年 4 月在第五次反"围剿"中的广昌战役负的伤,当时丁秋生在 9 军团 14 师 41 团任政治委员。由于王明"左"倾路线的错误指挥,红军以集中对集中,堡垒对堡垒,坚守阵地,同敌人硬拼。许多战士只有 3 发子弹,子弹打完了,就与敌人肉搏,战斗打得很残酷,漫山遍野几千人、上万人在一起殊死拼杀,战斗整整打了 18 天,最后也没能阻挡住敌人的进攻,广昌被敌人占领了,41 团伤亡非常大。

丁秋生说："我就是在最后一天的战斗中身上多处负伤,左臂动脉血管被打断了,当时,伤口流血很多。由于失血过多,我昏迷了7天7夜。师里专门组织了8个人的担架队,轮流抬着我,日夜不停,赶到瑞金中央医院,由傅连暲院长亲自为我动了手术,有许多战士为我输了血,才保住了我的生命。"

丁秋生深情地回忆说："那次战斗牺牲了那么多同志,我心里很不好受,又有那么多战友为了挽救我的生命献出了他们的鲜血,是党和战友给了我第二次生命。"

毛泽东听后深思了许久,沉重地说："是啊,王明的错误路线使我们遭受了多么大的损失,失去了多少好同志啊!"

接着,毛泽东分析了王明错误路线对党和红军的危害,也谈了打仗要讲战术,敌强我弱时,不能硬拼的道理。

丁秋生又讲起他刚参军时,什么也不懂,打仗只知道硬拼硬杀,参加敢死队,带头往前冲。"记得在第一次反'围剿'战斗中,天上飞来两架飞机,那是第一次见到飞机,不知这是啥玩意儿,也不知道害怕。一连的人跟着飞机在地上跑。飞机掉过头来,突然扔下两颗炸弹,有一颗在人群中间爆炸了,牺牲了好几名战士。还有一颗就落在我的身后,居然没有爆炸,掀起的泥土把我埋了起来。幸亏战士们发现,才把我挖了出来。从那以后我才知道还有飞机那么个东西,而且这个东西挺厉害。"

毛泽东听着笑起来,说："你命大,我们红军命也大。"还说,"将来敌人有的,我们也会有。"

就在那个难忘的夜晚,毛泽东坚定地对丁秋生说："经过长征,红军的人数比以前少了,但是质量提高了。现在留下来的人都是骨干,将来我们依靠这些骨干可以把革命队伍发展得很大,把我们的革命事业干得很大。比如你,由于红军的减少,从团政委当了营政委,又从营政委去当连指导员,但是,等将来红军壮大了,还可以去指挥一个团,一个师,甚至一个军。我们的革命事业一定会发展壮大起来,取得最后的胜利。"

毛泽东的话使丁秋生心里一阵阵激动,在送主席返回休息的路上,他忍不住大胆地提出了自己想到作战部队去的想法和要求。

毛泽东说:"好嘛!将来有的是机会。"丁秋生一直盼望参战机会的到来。

这个处分是毛泽东给的

1937年,日本侵略者发动了"七七事变",中国人民群情激愤,抗日烽火在全国燃起,抗日呼声传遍大江南北。为了适应斗争的需要,中国工农红军改编成八路军。

丁秋生当时在红25军731师215团任政治委员,借改编的机会,组织上调他到延安抗大去学习。在抗大,大家一边挖窑洞,一边学习马列主义,学习抗日救亡的革命道理,控诉日本侵略者的种种罪行。在丁秋生心中,强烈的抗日怒火燃烧到了顶点。他认为,作为一个中国人,尤其是作为一名军人,一定要到前线去,到敌后去,去打击日本侵略军,亲手杀几个日本鬼子,当时他满脑子只有这个念头。

没想到学习尚未结束,就接到军委的命令,调丁秋生到军委工程学校任政治委员。当时有一批航空干部从苏联回来,带回了很多苏联飞行技术和飞机制造方面的知识。由于长征刚刚结束,红军的武器装备和军事技术都极其贫乏和落后,留苏的干部和从全国各地赶到延安来抗日的知识分子,对红军来说真是一笔大财富。于是中央决定,组建红军工程学校,主要是学习马列主义、航空知识和俄语,为将来组建空军做准备。丁秋生不了解情况,一心只想上前线,对这一任命抵触情绪很大,坚决拒绝去工程学校,要求上前线。

当时八路军后方政治部主任谭政找丁秋生谈话,从工程学校的重要性谈到部队将来的发展,从军委的打算谈到军队的纪律,军人要服从命令、服从组织安排,并说:"将来还有机会上前线,以后也可以再争取嘛。"

丁秋生情绪非常激动,根本听不进去,仍坚持要上前线,不愿去工程学校报到。

谭政最后严肃地说:"你这样违抗命令,是要受处分的。"

丁秋生毫不示弱地回答:"处分我也不去!"

谭政没有办法,最后对丁秋生说,如你实在不去,就只好如实向毛主席汇报。丁秋生听说谭政要把情况汇报给毛泽东,心里非但没有紧张,反而暗自高兴,心想:"跟随毛主席多年,主席对我是了解的,若主席看见我态度这样坚决,肯定会同意我上前线。"丁秋生认为毛泽东讲的"机会"来了,所以,巴不得谭政早些向毛泽东报告他的要求。

当毛泽东听了谭政的汇报后严肃地说:"下了命令不执行,那怎么行? 军队是有纪律的。管军队要严,管干部更要严。不服从命令要处分!"

见毛泽东真的生气了,谭政急忙解释说:"丁秋生是想上前线,积极性是好的。丁秋生同志主席是了解的,是不是不要处分了?"

毛泽东一点儿也没客气地说:"越是身边工作的同志,越要严。"

丁秋生不但没有被批准上前线,反而受到党内警告处分。同时撤销了军委工程学校政委的任命。处分之后,丁秋生被调到八路军留守处巡视团当巡视员。

丁秋生在巡视团待了两个多月,先后巡视了机关、部队等许多地方,尔后又到抗大工作。在这期间,他目睹了后方军民团结一致,艰苦奋斗,自力更生,丰衣足食,如火如荼的工作情况,深刻地认识到后方工作的重要意义。以后,组织上又安排丁秋生到中央党校去学习,通过学习马列主义、党的知识及对共产党员的要求,他认识到自己所犯的错误是多么不应该。作为一名共产党员、军队干部,应该坚决执行红军的纪律、党的纪律。在党校学习还没结束,丁秋生又重新接到了命令,还是任命他为军委工程学校政治委员。

这一次,他没提任何要求,立即整装前往上任。到任后,他带领大家投入到艰苦的建校工作中去。当时他只有一个信念,就是努力工作,决不辜负军委和组织上的信任。一年之后,丁秋生被调往山东抗日前线,实现了他上前线的愿望。他带领着一批热血男儿恋恋不舍地离开了洒下辛勤汗水的学校,离开了延安,开始了新的战斗生活。

泗县战斗八师受挫,毛泽东发电予以鼓励

1946年6月26日,蒋介石彻底撕下假和平面具,对解放区发动全面进攻,内战由此爆发。

1946年7月,丁秋生在山东野战军8师任政治委员。8师以攻城著称,为配合华中野战军保卫两淮任务,山东野战军部署以8师为主偕同华中野战军第9纵队和第2纵队主攻江苏泗县守敌桂系172师。陈毅司令员亲临8师阵地,向营以上干部做了动员报告。指战员们群情激奋,纷纷请战:"都说咱8师是陈军长袖中的小老虎,我们一定要以实际行动来证实这个评价。"

那段时间,适逢连绵大雨,平地水深没膝。当时师的山炮营、团属炮兵连和炸药驮子是由水道运输的,野司不等炮兵赶到即命令攻城。8师于8月1日至6日冒雨日夜兼程,迅速攻入城内,血战两天三夜,毙伤俘敌3000余人,但自己也伤亡2400余人。敌人大炮和飞机对我军已占阵地实行密集轰炸,我军既无二梯队,又无预备队,更缺少防空火力,进攻未能奏效,伤亡不断增多,在这紧急关头,陈毅司令员果断下达命令,于9日撤出战斗。这是8师建师以来遭受的最大挫折。部队普遍义愤填膺,有的埋怨牢骚,有的担心8师荣誉能否保持,少数人消极泄气,丧失信心。

当丁秋生向陈毅司令员汇报部队情况后,陈毅司令员不但没有责备8师,反而给予了亲切的鼓励。野战军还决定从鲁南军区调两个基干团补充8师,这样,使部队建制迅速恢复健全,人员得到充实,部队情绪很快稳定下来并转向高涨。以后陈毅又亲笔给8师领导写来一封信,进一步分析了形势,阐明了战争根本规律,以无产阶级革命家的气概承担了战斗失利的责任,并对8师给予了很高的评价,说:"8师始终是很好的头等兵团,纪律为各军之冠,南下北来,人民交口赞誉","希望继续努力,打几个胜仗,定不辜负希望。"讲到泗县战斗失利时说:"毛主席曾来过电报,认

为这次仗没打好,是因为涨了大水,事先没估计到,要求部队不要泄气,要很好地总结经验进行整顿。"毛泽东和陈毅司令员的指示,对 8 师指战员鼓励很大。丁秋生立即组织部队传达学习,使全体指战员大大增强了荣誉感和责任感,掀起了新的练兵请战热潮。

此后,8 师开赴苏北,配合华中野战军参加了宿北战役,开创了全面内战爆发以来我军一次歼敌 3 个整旅的范例;接着又回师参加鲁南战役,取得了一次歼敌 5 万余人、生俘国民党军两个中将师长的空前大捷。8 师经过这两大战役,经历了大兵团作战和对机械化敌军作战的考验与锻炼,愈战愈强。

"儿行千里母担忧,忠孝不能两全"

新中国成立初期,中国人民解放军第 22 军政治委员丁秋生被任命为第 7 兵团兼浙江军区政治部主任,后任副政治委员。1952 年国庆节前,丁秋生收到一份从北京发出、由毛泽东主席亲笔签名的请柬,邀请他赴京参加国庆节观礼活动。

在新中国的首都北京,丁秋生见到了分别已久的毛泽东。毛泽东握着他的手说:"好久不见了,你好吗?"丁秋生向毛泽东报告了自己的生活和工作情况。随后毛泽东又向这位湖南老乡询问起家乡的情况,并问:"你回家看过母亲了吗?"

丁秋生感动地说:"主席,我的母亲已经过世了,我未能见到她老人家。"毛泽东看着丁秋生,用力握了握他的手,表示安慰。

此时,丁秋生禁不住热泪盈眶,想起毛泽东在长征途中曾关切地询问他说:"你的老家离我的老家很近,大概只有 20 公里,家里还有什么人?"

丁秋生记得自己当时告诉主席,家里还有老母亲,接着把自己参加红军的经过说了一遍,并内疚地对毛泽东说:"参军走时没能与老母亲告个别,现在想起来总感到对不起她老人家。第一次打土豪,班长知道我的情况后,给了我六块光洋,我托人捎给母亲,也不知她收到没有,从那以后再也没有联系上。"

毛泽东当时深有感触地说:"儿行千里母担忧,忠孝不能两全! 将来环境好了,要设法联系上,有机会一定要回去看看她。"

此后,丁秋生一直铭记着毛主席的嘱咐,抗日战争开始后才与母亲通了信,可是 1944 年 11 月,突然中断。直到新中国成立后才知道母亲已于 1944 年的农历十一月初八与世长辞了。由于工作繁忙,一直没有机会回老家为母亲上坟。

1955 年 9 月,丁秋生借母亲逝世 10 周年之际,专门写了一篇纪念文章,题目是《纪念母亲》,回忆了母亲辛劳的一生和对儿女的养育之恩,赞扬了一位中国普通母亲对儿女们所从事的解放事业的理解和支持,以及渴望着摆脱贫困和压迫,期望中华民族解放事业的成功。他的纪念文章,充分表达了一名共产党员对一位平凡而伟大的母亲的感激之情和敬佩之意。

文章写完后,丁秋生从内心感到,终于了却了一个心愿,同时也报答了毛泽东对自己母亲的关心之情。

在毛泽东的教育培养下,
丁秋生成为工农干部知识化的典范

丁秋生自幼家贫,无钱上学,参加红军后,因作战勇敢、工作积极,很快担任了领导职务。由于没有文化,经常感到力不从心。

在长征途中,有一次毛泽东问他念过书没有,他回答说:"从小当矿工,没上过一天学堂。"

毛泽东语重心长地说:"我们红军干部战士要学文化、学知识、学军事理论和技术,还要学会做思想工作。"

丁秋生牢记毛泽东的教诲,在频繁的战斗间隙,拜识字的干部、战士为师,以上级的文件为课本,发奋学习。后来,组织上培养他,让他进了红军大学。长征结束后,在毛泽东和其他领导同志的关怀下,首批安排他进抗大学习,后留校任抗大一分校政工队队长兼指导员。该队成员均是青年知识分子,通过互教互学,对他文化水平的提高起了很大的作用。新中国成立后,组织上专门给他配了文化教员,尔后又送他去中央高级党校、高等军事学院进行了系统的学习。

1960年7月,经毛泽东批准,中央军委任命丁秋生为新组建的海军北海舰队第一任政治委员。八一建军节那天,在青岛驻地,隆重召开了北海舰队成立庆祝大会。徐向前元帅代表毛主席和中央军委前来祝贺。在舰队首长席中,唯有丁秋生仍穿着陆军军装,台上台下自然注目视之。丁秋生看着身着笔挺海军服装的干部战士,他深深地感到肩上的担子重大。面对海军这一技术性很强的军种,对他是一个新课题。他深知必须刻苦学习,才能更好地完成党赋予的重大任务。

舰队初建,日常战斗勤务繁重,当时又正遇到国内经济暂时困难和国际风云急剧变化,他在尽快地熟悉了机关情况后,立即带领一批干部深入到舰队所属的大小单位了解和熟悉情况,在不长的时间里,他不顾晕船和旅途劳累,走遍了所有舰艇部队、岸防部队、航空兵部队,在深入基层第一线的过程中学习海军知识,掌握部队情况,解决问题。他曾多次对干部说:"我们海军是用先进的科学技术装备起来的军种,许多活动是在海上和空中独立进行,如果不真正坚持实事求是的态度,就会由于违背客观规律而受到沉重的惩罚。"他非常认真地学习海军知识,博学强记,钻研得很深。在作战值班时,他就利用机会请作战处的同志给他讲一些海军的科技和战术知识,比如舰艇装备、飞机性能、海上训练、作战指挥和战术应用等。

丁秋生在毛泽东的亲自教育、启发下开始文化启蒙。不论在职或是退出领导岗位后,他始终关心部队政治文化建设,积极撰写革命史料,曾先后发表过二十多篇回忆文章。为歌颂毛泽东等老一辈无产阶级革命家的建军思想和建军路线,宣扬我军政治工作的光荣传统和优良作风,丁秋生利用病休期间,创作出以反映战争年代我军基层政治工作优良传统和经验为题材的长篇小说《源泉》,于1964年出版。"文化大革命"时期,该书被"四人帮"贬斥为"毒草""黑书"而受到批判。粉碎"四人帮"后,解放军文艺出版社两次再版此书,并被总政治部评为优秀小说和"连队政治思想工作的好教材",向全军推荐。

几十年来丁秋生持之以恒、坚持不懈地刻苦学习,成为一名具有卓越军事指挥才能的将领和杰出的政治工作领导者,为我军的革命化、现代化建设作出了重要贡献,成为我军高级将领中工农干部知识化的典范。

(魏　节)

毛泽东与
方强中将

　　方强（1912—2012），湖南平江人。1926 年加入中国共产主义青年团，1927 年转入中国共产党。曾任平江献钟工人纠察队区队长，平江青年义勇队政治指导员。1928 年参加工农革命军。土地革命战争时期，任平浏游击队宣传组组长，中国工农红军第 5 军 3 师 7 团连政治委员，第 1 师 2 团政治委员，苏维埃中央政府警卫营政治委员，军委警卫团政治委员，红 1 军团第 3 师 7 团政治委员，红 9 军团第 22 师政治委员，第 9 军宣传部部长。参加了二万五千里长征。抗日战争时期，任八路军 129 师 385 旅政治部主任，军委总政治部组织部部长，总政治部党务委员会副主席，陕甘宁留宁兵团副政治委员兼政治部主任。解放战争时期，任合江军区司令员、政治委员，东北民主联军第 30 师师长，东北野战军第 10 纵队副司令员，第四野战军第 47 军副军长、第 44 军军长。中华人民共和国成立后，任广东军区副司令员，中南军区海军司令员兼政治委员，海军副司令员。1955 年赴苏联伏罗希洛夫海军学院学习，回国后，任海军副司令员兼海军军事学院院长，国防工业委员会副主任兼秘书长，第一机械工业部副部长，第六机械工业部部长，国务院国防工业办公室主任，海军副司令员。出席了中国共产党第七、十、十二、十三、十四、十五次全国代表大会,当选中共十二大、十三大中央顾问委员会委员,是政协第四届全国委员会委员。1955年被授予中将军衔。

1963年底的一天,毛泽东主席在中南海接见国务院各部委的领导,并合影留念。时任国务院第六机械工业部首任部长的方强将军,怀着激动而期待的心情,等待着伟大领袖的接见。

毛泽东满面笑容,在刘少奇、周恩来、朱德、邓小平等中央领导的陪同下,来到了人群中。方强兴奋地鼓着掌,目不转睛地凝视着自己敬仰的伟人。

毛泽东发现了方强,走上前来高兴地与他握手,并爽朗地笑着说:"方强啊,我们还有些关系哩!"

在高级干部如此云集的场合,毛泽东公开笑谈与方强"有些关系",那可就不是一般的关系了。

等到中央首长退场,方强霎时被部长们包围了起来,纷纷打探他与毛泽东的"特殊关系"。被巨大的幸福热流撞击得心花怒放的方强,千言万语竟不知从何说起!

"毛主席对我有救命之恩啊!"回顾与世纪伟人那特殊"关系"的渊源,方强如是说。

"就说是我毛泽东给他开的'药方'!"

时光倒流65个春秋。

1933年1月的一天。时任中央警卫营政治委员的方强,在率部奉命攻打上杭的战斗中,被敌人射来的一颗子弹击中胸膛,倒在了阵地上。

细雨潇潇,寒风瑟瑟。生命垂危的方强被5名年轻的女赤卫队员救下火线。

天黑了又亮,送走明月又迎来太阳。5名女赤卫队员用担架抬着命如游丝的方强日夜兼程,走了 200 多里山路,将他送到了位于长汀的福音医院。

"请您给我们开张收条。"领头的细妹对接受伤员的院长傅连暲说。

傅大夫笑着随手写了一张便条。

"这个同志哥伤情很重,您得注明我们交给您时他是活的。"细妹认真地说。

傅大夫被细妹的话逗乐了,哈哈笑着说:"你们能把他活着交给我,我也要千方百计把他活着交给红军。"

拿着重写的收条,5 位姑娘悄悄离去了。

傅连暲大夫立即进行诊治。当他把方强的棉衣解开,用剪刀挑开被血沾在伤口上的衬衣时,鲜血顿时又从前胸后背咕噜咕噜地流了出来。

傅连暲吃惊了:子弹洞穿胸部,从心脏下部进去,又从后背出来,失血如此之多,且两天两夜没做任何医疗处置,竟然还能活着,真是个奇迹!

坐落在长汀城内的福音医院,原是英国传教士开办的,规模不算大,设备也不太齐全。但即便如此,在当时来说,方圆数百里也可称得上闻名的大医院了。院长傅连暲为长汀人,年约 30 岁,中等身材,讲起话来总是慢条斯理的。他不仅擅长西医内科,而且继承了中医,常以中西医结合为患者治病。红军打下长汀后,傅连暲领导的福音医院,就成了中央红军的一所正规医院。傅连暲从此也投身革命,跟着共产党转战南北,救死扶伤,新中国成立后任总后卫生部副部长,成为中央首长医疗保健组的负责人,为中国人民的解放事业和新中国的医疗卫生事业作出了重大贡献。

此刻,傅连暲见方强伤势如此之重,禁不住皱起了眉头。

躺在诊室病床上的方强见到傅大夫眉宇间拧起个大疙瘩,敏感地意识到自己凶多吉少。

"你是我从医以来收治的最危重的一个伤员。"事后傅连暲曾对奇迹般起死回生的方强说,"外伤我倒不太担心,最难办的是不知胸腔内部伤势如何。如果是内脏受到损伤,那我就回天无术了。"

令人叫绝的是,敌人的这粒子弹似乎长了眼睛,精确到分毫不差地从方强的前胸进入,巧妙地穿行于五脏六腑之间,沿着盘根错节的软组织边缘那肉眼都难以分辨的缝隙,再绕过背脊排列有序的肋骨,破肌而出!

神奇得简直不可思议!一颗雷霆万钧的钢铁弹头,洞穿胸部,竟就在方强的前胸后背留下两个孤零零的弹孔!

"假如子弹不论朝哪个方向稍稍偏移一点儿,就不会产生这一奇迹了。"有感于战场魔术大师鬼斧神工般的造化,傅连暲叹为观止。

但即便如此,眼下的方强还是给傅连暲出了个大难题。在设备简陋、药品奇缺的福音医院,要救活方强仍非易事。

傅连暲将方强安排在一间单独的病房里,特派一名姓董的小护士日夜守护他。

治疗是原始而简单的。对方强来说,每天犹如受一次重刑,过一道鬼门关。此刻的傅连暲在方强眼里,是一个非常冷酷的家伙。他用一根铁丝裹着蘸满盐水的纱布,狠命地塞进方强前胸后背开放性的伤口里,然后一遍又一遍地在里面不停地绞动着,再慢慢抽出沾满脓血的纱布。如此反复几次,直到脓血吸净为止。

更要命的是没有麻药!每次诊疗前,傅连暲所能给予方强抵御剧痛的唯一灵丹妙药,就是一小杯鸦片水。每天,只要一见到傅连暲拿着铁丝走来,方强全身的肌肉就不由自主地抽缩颤动;等到傅连暲忙活完,方强就像从河里爬上来一样,全身上下冷汗淋漓,衣裤全都湿透了。那种彻骨透髓的疼痛,令方强一辈子都难以忘怀。

方强能活下来,全凭他年轻旺盛而无比顽强的生命力。由于国民党反动派的残酷封锁,根据地物质生活异常艰苦。即便是方强这样的危重伤员,也只能顿顿南瓜野菜果腹,能吃上一顿红米饭,就算是很稀罕的了。营养的缺乏,给方强的医疗救治带来了十分不利的影响。眼看他一天天消瘦,伤口迟迟难以愈合,傅连暲心急如焚。万一自身免疫难以抵抗细菌的感染而导致病情的恶化,那就前功尽弃了。

一天,傅连暲外出归来,急匆匆走进方强的病房,兴高采烈地喊道:"方政委,有药了,有药了!"随即将手里端着的一个茶缸递到方强面前。

方强揭开茶缸盖一瞧,只见是满满一缸子清炖牛肉。顿时,一股浓郁的肉香味扑鼻而来。真馋人哪!方强拿起筷子夹了一块送进嘴里,一边有滋有味地嚼着,一边好奇地问道:"傅大夫,这是从哪儿弄来的?"

傅连暲微笑着向方强卖关子:"猜猜看。"

"从城里买的?"

"不对。"

"打猎打的?"

"也不对。"

"是从敌人手中缴获的?"

"还是没说对。"

"那我就猜不出来了。"

看着两眼怔怔望着自己的方强,傅连暲兴奋地说:"是毛主席送给你的!"

"毛主席?"方强疑惑不解,"毛主席住院了?"

傅连暲点点头,告诉方强:"毛主席身体很虚弱。这缸牛肉是老乡送给他补养身子的。听说你的伤情后,他未舍得吃,特意让我捎给你,还让我告诉你,说这是他为你开的'药方'!"

"毛主席为我开的'药方'?"方强更加丈二和尚摸不着头脑了,"没听说毛主席会看病呀!"

傅连暲详细向方强讲述了事情的原委。

原来,上午傅连暲去给毛泽东诊病,毛泽东很关切地问起医院病人的情况,傅连暲随口说起了方强受伤的事情。

"是不是在我们中央警卫营当政委的那个方强啊?"

"就是他,被敌人的子弹洞穿胸部,失血太多,伤口很难愈合,我也没招了。"

"你也是巧妇难为无米之炊啊!"毛泽东沉吟道。接着他站起身来,略有所思地走到窗前。忽然,他眼睛一亮,招呼傅连暲道:

"你看,前面那棵小松树的树干被砍了一刀,受了伤。它靠什么医治的呢？就是靠自身分泌出来的树脂，愈合了伤口，又顽强地生长起来了。方强是个血气方刚的小伙子，身体素质好，抵抗力很强。如果从各方面稍微加强一些营养，调动其自身的免疫功能，我相信他会很快康复的。"

"外疗不如内补，主席的话很有道理。只是……"

傅连暲的话未说完，毛泽东就伸手打断他，随即从桌上端起一茶缸牛肉，说："你先把这个带给方强，就说是我毛泽东为他开的'药方'！"

"您的身子也需要补一补啊，不然也会拖垮的。"傅连暲诚恳地劝阻道。

"方强比我更需要它，这也叫发挥物质的最大效用吧！"毛泽东爽朗地笑着说。

听完傅连暲的叙述，方强无比激动。望着眼前冒着油花的清炖牛肉汤，他流下了热泪。

此后，按照毛泽东开的"药方"，傅连暲又想方设法为方强买到几只鸡，炖好让方强喝了滋补身体。而他自己，则和医院的普通工作人员一样，每天吃着连盐都没有的辣子和酸菜。

方强所享有的"待遇"是特别的，甚至连年过半百的革命老人徐特立也没得到这样的"优待"。这位身患重病的 12 军 3 师政治部主任正发着高烧，可他却始终保持坚定乐观的心情，还时常来方强的病房谈谈心，鼓励方强战胜伤病。

转眼一个多月过去了。方强在傅连暲大夫的精心治疗护理下，伤口开始愈合了。刚能下床走动，他就迫不及待地去看望毛主席。

这是方强第二次与毛泽东单独接触。第一次见到毛泽东是方强刚刚担任中央警卫营政委之时。

那是方强受中央军委周恩来副主席之命，率部攻打连城离开中央苏区前的一个深夜。方强带着值星排长例行检查各哨位情况。当来到中华苏维埃共和国临时中央政府主席毛泽东的住处时，正好碰到毛泽东在门外散步，方强立即上前敬礼报告。

这是方强第一次单独和毛泽东谈话。毛泽东在详细询问了方强的家庭情况和革命经历后,对这位小老乡的工作给予了表扬。

"你上任不几天,警卫工作就有了很大起色嘛!"毛泽东拍着方强的肩膀,随手指着在不远处游动的哨兵,笑着说:"每位中央首长的住处都由单岗增设为双岗,还加派了流动哨。"

"我刚报到,没有做警卫工作的经验,还请主席多多指教。"方强实事求是地说。

"你们什么时候出发攻打连城啊?"毛泽东突然改变话题问道。

"后天一早就走。"

"赤化连城的担子可是不轻哟!"毛泽东亲切地对方强说,"你们到汀州后,叶剑英司令员和谭震林政委会向你们具体布置这次战斗任务。希望你们不辜负中央的重托,打出中央警卫营的威风来!"

"我们一定记住主席的嘱咐,保证打胜仗!"方强精神抖擞地回答道。

从这一刻起,方强的名字在毛泽东的脑海里,打下永久的烙印,展开了一代共和国缔造者与开国重臣之间生死与共、荣辱相依的传奇友情。

此时的毛泽东正处于一种非常尴尬的境地。他被以王明为首的"左"倾冒险主义路线为代表的中央免除了红军总政委的职务,挂着一个中华苏维埃临时中央政府主席的空衔,失去了军事指挥权,不得不来到长汀养病赋闲。

傅连暲安排毛泽东住在北山下老古井的一间病房里。方强来到时,他正聚精会神地看着书。方强注意到,毛泽东身着一件半旧的灰布军装,脚上赤脚穿一双黑色圆口布鞋。蓄一头长发,脸色在阳光的照射下显得很憔悴。桌上放着还没来得及吃的南瓜饭和辣子。

方强轻声叫了一声:"主席。"

毛泽东连忙转身,见是方强,放下手中的书,热情地招呼道:"哟,是方政委啊! 快坐下,快坐下。"

"我今天是专门来向主席道谢的。"方强诚挚地说明来意。

"伤口愈合得怎么样啊?"

"让主席为我操心了,本来伤势就不很重。"

"嗬！还不重呐,听傅连暲讲,一颗反动派的子弹从我们中央警卫营政委的胸部穿膛而过啊!"毛泽东打趣道,"看来你这革命的肌体不错嘛,连敌人的子弹都不敢常驻,匆匆钻进去什么也没敢动就又溜走了。"

方强被毛泽东亲切幽默的话语逗乐了,初到时的拘谨一扫而光。

"伤口长得怎么样?"毛泽东说完就撩起方强的衣襟前胸后背地仔细看了起来。

"敌人射击时离我太近,所以子弹才穿透了。"方强解释说。

"那个傅连暲看你伤成这样,都急得不行呀。我跟他说,相信你会好,这不真的好了嘛!"

"这都是主席给开的'药方'好哇!"方强感激地说。

毛泽东乐了,用手指着方强笑着说:"我们湖南乡下老百姓讲,'大难不死,必有后福',看来你方强日后会很有造化哩!"

方强也笑着回答道:"主席过誉了。要不是乡亲们把我从火线上救下来,赶200多里山路送到这里,我就是有10条命,也早叫阎王爷索走了。"

"是啊！没有人民这个靠山,我们共产党和红军是无法生存下去的。"毛泽东略有所思地说,"为了全中国人民的翻身解放,我们要努力奋斗啊!"

毛泽东正在研读一本列宁的书,题目叫《共产主义运动中的"左派"幼稚病》。方强第一次看到这本书,忍不住多瞅了几眼。

毛泽东体察到方强的心思,问道:"喜欢看书吗?"

"喜欢。近些时战斗紧张,看得少了。"方强不好意思地老老实实回答。

"一定要注重学习,多看书。不仅要学会指挥打仗,还要掌握革命理论。"毛泽东随手从桌上拿起列宁的著作,对方强说:"中国共产党的党员都应该读懂这本书,从而提高全党同志的思想理论水平,以便指导中国革命走向胜利。"

方强认真地点点头,将毛泽东的话深深地铭记在心间……

"你们打得很好嘛!"

1934 年 4 月,方强奉命率红 22 师驻守筠门岭。

红 22 师前身为粤赣军区 23 军,1933 年 6 月 7 日奉中央军委命令改编为红 22 师,22 岁的方强由中央军委命名的"红军模范团"——中央警卫团政治委员,擢升为红 22 师政治委员。

蒋介石对红军发动的第五次反革命"围剿",于 1933 年 5 月 21 日拉开序幕。在中央苏区,投入 50 万重兵,分三路集中围攻。"把塘水抽干好捉鱼。"这是蒋介石的得意之笔。

中共临时中央却错误地提出"不放弃苏区一寸土地","御敌于国门之外"等口号,大打阵地战和消耗战,把"左"倾冒险主义路线推向极致。面对 10 倍于己的强敌,红军指战员被迫"六面出击"。

方强所率红 22 师受命扼守筠门岭地区,像木偶一样任李德组成的军事班子在地图上画圈调遣,与敌人展开阵地战和堡垒战。

筠门岭东临福建,南望广东,北连会昌,距离红都瑞金仅 101 公里,是水陆交通要道,赣粤闽边区重镇,为兵家必争之地。

4 月初,两广军阀陈济棠率其南路军一、二纵队进犯筠门岭。

方强兵分三线,与敌人展开艰苦卓绝的激战。

然而,在内心里,方强却感到从未有过的憋气和窝火!

作为师一级前线指挥员,他竟然没有灵活指挥战斗的权力!而只能根据上方的命令,固守在碉堡里,捆住自己的手脚,硬挺着挨敌人的飞机、大炮轰炸。

从第一次反"围剿"到第四次反"围剿",他一路打下来。以前,按照毛泽东、朱德、彭德怀的战略战术,打一仗,胜一仗;队伍越打越壮大,部队越打越富有。现在,蒋介石这个"运输大队长"运来了那么多武器,却连一粒子弹都难以"接受"了。

过去那仗打得多痛快呀! 敌进我退,敌驻我扰,敌疲我打,敌退我追;

大步进退,诱敌深入,集中兵力,各个击破;游击战,运动战,战战都整团整师地歼灭敌人,次次都粉碎敌人的"围剿"。

为什么不请毛泽东、朱德、彭德怀指挥第五次反"围剿"?为什么要强行改变他们那套被实战证明行之有效的战略战术?这块中央苏区不是他们辛辛苦苦开创出来的吗?这支红军队伍不是他们亲手建立起来的吗?怎么现在却没有发言权了呢?

这到底是怎么回事?毛病出在什么地方?方强想不通,实在想不通!

盘古隘失守了,筠门岭门户洞开。方强请求改变作战方针。但"洋顾问"把持的中革军委仍然下令:"死守筠门岭!"

难道他们不清楚:筠门岭敌我兵力之比是5∶1,且敌人还有飞机、大炮?我方强手下的红22师有什么?重机枪都不超过10挺!

"这种窝囊仗叫人怎么打?"方强气不打一处来。

4月21日,敌人铆足了劲儿向筠门岭发动全面进攻。战至傍晚,终因寡不敌众,阵地遭敌突破,再也无法固守。直到此时,上级指挥部才允许方强率部撤出战斗。

硝烟散去,满目疮痍。方强咀嚼着败军之将的苦涩,主持召开全师连以上军政干部大会,就筠门岭战斗失利进行总结和反思。

前任师长调走了,后任师长未到职,战斗是政治委员方强指挥的。经师党委讨论,由方强在会上全面报告筠门岭战斗失利的教训。

会场的气氛是令人压抑的。方强心情无比沉痛地走上讲台。

"同志们,筠门岭战斗失利我负全部责任。"方强开宗明义,坦诚引咎。然而,他所作的战斗失利教训总结和他指挥的筠门岭战斗一样,是失败的。未待他的话讲完,全师有名的善于夜战的65团第3营营长张国奇,不顾头上用纱布扎着伤口的疼痛,用一只手捂着脑袋,怒气冲冲地站起来公开反驳道:

"政委,你把整个战斗失利责任都揽到自己头上,这既不符合事实,更解决不了问题。决定战争的胜败,首先不在于战斗战术,而取决于战略决策是否正确。同样是这些人,同样是这些武器,过去我们能打败数倍的敌人,现在却不能,这个根本问题不搞清楚,再找出更多的战术指挥错误也无济于事!"

张营长一横炮,整个会场顿时炸开了锅。干部们七嘴八舌议论纷纷,把问题的矛头直接指向红军首脑指挥部。

作为师一级的指挥员和党代表,方强并不是没有思考这些问题,也并不是不明白问题到底出在哪里,但他不能像基层干部那样口无遮拦随心所欲,他要维护部队的稳定,维护中央的指挥权威。这是党的原则,更是军队的纪律。他可以向上反映和报告他的意见和忧虑,却无权向下全盘托出他的思维情绪。

就在方强难以收场之际,他却意外地接到了一个神秘人物打来的电话。

"方政委,会昌来电话,总政治委员要找前线指挥员讲话。"

"毛主席来电话?"方强似乎不太相信自己的耳朵,急切地反问悄悄向他报告的作战参谋。

此时,毛泽东的军职虽然被"左"倾冒险主义者撤销,但红军指战员仍习惯亲切地称他"总政治委员"。方强证实自己确实没有听错后,激动地跑步来到值班室。刚刚拿起听筒,喘着气还未来得及说话,里面就传来了毛泽东那熟悉的声音:

"你是哪一个?"

方强兴奋地大声报告:"毛主席您好,我是方强。"

"哦,方强啊!前边敌情怎么样?敌人有多少部队?是怎么部署的?现在有些什么动向?"

自从离开长汀福音医院后,一年多来方强再也没有见到毛泽东。此刻,在前线听到毛泽东的声音,方强感到无比亲切和温暖。他努力平静自己的心情,尽量详细地向毛泽东报告前线的情况。

"筠门岭的战斗是怎么打的?你们师伤亡有多少?战士们的情绪怎么样?现在部队是怎么部署的?"

毛泽东问得很仔细,方强一一做了汇报。

"你们打得很好嘛!"毛泽东听罢高兴地鼓励道,"你们这样一支新部队,面对数倍于己的强大敌人,独立坚持打了这么久,才让敌人前进了这么一点点,这就是胜利!"

对于筠门岭战斗的失利,毛泽东没有丝毫的责怪,反而通过对主客观因素和敌我力量对比等情况的分析,充分肯定方强率部顽强抵抗的成绩。

方强的双眼湿润了。他双手紧紧握住听筒哽咽着久久说不出一句话来。

毛泽东似乎窥视到了方强难以解脱的低迷情绪与压抑心理,进一步安慰他说:"方强啊,中国革命的道路是艰难曲折的,千万不能被一时的困难和挫折所吓倒。打胜仗固然好,打败仗也不能哭鼻子,垂头丧气。现在,你应该把部队主力抽下来,进行整训,总结经验,好好研究一下,是什么道理挡不住敌人?为什么不能打好仗,大量消灭敌人?"

方强用心聆听着毛泽东从电话里传来的每一句话,生怕漏掉了一个字。随着毛泽东的指点,他郁闷已久的胸怀犹如春风拂散阴霾豁然开朗。他就像一个溺水的顽童抓住了救命的木舟,一只迷途的羔羊觅到了归程的路标。他激动得全身都在颤抖。这就是命吗?在自己被敌人的子弹洞穿胸膛生命垂危之际,巧遇毛泽东,一剂"药方"使自己得以起死回生;现在,自己战斗失利前途未卜之际,再次巧遇毛泽东为之指点迷津,获得一剂使全师转危为安的宝贵"药方"。

"我们在作战上应该采取什么样的方针?请主席指教。"方强鼓起勇气提出他最急迫的一个生死攸关的问题。

"为了保存红军的有生力量,更好地消灭敌人,你们要用小部队配合地方武装打游击,袭扰和钳制敌人。"毛泽东胸有成竹地指示方强,"要组织地方部队、游击队和赤卫队,在敌人侧后方进行游击战争。为此,要尽快主动与地方党组织和政府取得联系,争取他们积极帮助、支持和配合主力部队作战。"

毛泽东为方强规划了一幅具体的战斗部署图:"在你们师的左边,有江西省军区领导的大吉山游击队在信丰一带活动;南边也有游击队在全南、定南、龙南一带活动。依托他们来牵制敌人,你们严密侦察和研究敌情、地形之后,争取在会昌与筠门岭之间地区部署战场,与敌人展开游击战和运动战。要在敌人侧翼集中优势兵力,造成有利条件,首先消灭敌人的一个营、一个团,继而再打更大的胜仗。"

毛泽东似乎忘了手中的话筒,完全沉浸在运筹帷幄、指挥若定的磅礴气势所独有的惬意快感之中。他特别提醒方强:"每打一仗都要事先考虑几个作战方案。假如,敌人做一路来,我们不打他的头,也不打他的身子,专打他的尾巴;敌人做几路来呢? 那就打他侧面的一路。总之,要集中绝对优势兵力打击敌人的弱点,消灭敌人之一部。"

最后,毛泽东没有忘记谆谆告诫方强:"对于'反水'的群众要注意政策,绝不能把枪口对准他们。但要多放'纸枪'——向他们散发传单、标语。要帮助地方党组织和政府多做群众的工作,教育和争取群众,孤立和打击反革命。"

方强激动得心花怒放:这不正是毛主席过去指挥我们胜利反"围剿"的法宝吗? 如果还是按照这套战略战术去打,红军会陷入今天这样的困境吗?

自信重新支撑起方强战斗的意志,美好的憧憬又扬起方强生命的风帆。

回到会场,面对全师连以上军政干部,方强精神抖擞,两眼闪烁着兴奋的光芒,高声宣布道:"同志们,告诉大家一个好消息,毛主席到南线来了! 刚才他在电话里给了我们很多重要指示,我们又要打胜仗了!"

会场顿时活跃起来。方强紧急召集师里几位主要负责同志简要通报毛泽东的指示精神后,接着向与会全体干部作了传达。

毛泽东的指示使广大干部脸上的愁云一扫而光,会场上掌声、口号声响成一片。头部负伤的张国奇营长再次站起来,举起拳头,向方强请战。一呼百应,大家纷纷要求分配战斗任务。

是夜,方强主持召开了师军政委员会(即党委会),根据毛泽东的指示精神,作出了战斗部署:正面阵地放2个营,加固防御,顶住敌人;派出一定兵力协同地方游击队到敌人侧后开展游击战,牵制敌人;抽出部分官兵帮助地方党组织和政府做群众工作;主力部队则集中整训,准备打仗。

毛泽东的指示和师军政委员会的部署迅速贯彻到全师每一个官兵,部队的精神面貌焕然一新。

转眼到了6月下旬。短短2个月时间,斗争形势就发生了巨大的变化。实践再次充分证明,按照毛泽东的指示行动,部队就打胜仗,人民群众就拥护,根据地就巩固。

方强更是喜上眉梢。他铆足了劲儿,决心在毛泽东战略思想指导下,率领部队好好打个大胜仗,以报敌人抢夺筠门岭一战之仇。

然而,命运再次跟方强开了个大玩笑。提着脑袋干革命的他即将迎来的不是敌人的枪弹,而是革命的囹圄!

6月下旬的一天,以国家保卫局为主组成的中央检查团,由国家保卫局红军工作部部长为团长,突然来到新开河红22师。

"我们是奉中央命令到红22师检查筠门岭战斗失守情况的。"国家保卫局红军工作部负责人开宗明义。

方强实事求是地汇报筠门岭战斗的经过。

"你们擅自改变筠门岭作战部署,执行的是一条不折不扣的退却逃跑主义路线!"对方根本不听方强的陈述,首先定下调子,"筠门岭失守后,你们不去想法夺回阵地,大敌当前却搞脱离战争实际的和平训练,是十足的右倾机会主义!"

方强还在试图说服满脸杀气的部长大人。他诚恳地检讨了筠门岭战斗组织指挥上的失误,认真分析了失利的主客观原因和应吸取的教训,主动承担了领导责任。接着,详细报告了贯彻落实毛主席电话指示师里的作战部署和部队出现的新气象。

方强的一席话,捅了个"马蜂窝",惹得检查团团长暴跳如雷:"你这是违抗中央另搞一套!"

方强第一次品尝了党内路线斗争的苦果。恼羞成怒的国家保卫局红军工作部部长当场宣布:

坚守筠门岭正面阵地的代理师长兼 65 团团长魏协安、65 团政委商辑五双双撤职;师政治委员方强遣送国家保卫局听候处置。

国家保卫局"招待所"。方强守着铁门、铁窗,在严密的警卫监视下,一天天反省着自己的错误。"在残酷的战争环境里,党需要铁的纪律,个人受点委屈没有什么关系。"方强没有怨言,尽量往好的方面着想:"总有一天,党会为我作出公正的结论。"

然而,现实并不容方强乐观。半个月后,红 22 师 65 团新任团长余栋才和团政委张旷生又双双被关进了国家保卫局"招待所"。

"部队怎么样?"方强最关心的不是自己的命运,急切地了解师里的情况。

"你离开部队没几天,毛主席就到了站塘李官山师部。"余栋才和张旷生兴奋地告诉方强。

这对方强来说,是个令人激动的消息:"你们见到毛主席了? 毛主席有什么新的指示?"

"见到了。"余栋才回答说,"毛主席一到师里就问:'方强同志呢?'当我们告诉他,你被关进了国家保卫局时,毛主席沉默了好久没吭气。第二天临走时还特别交代,要师里派人来国家保卫局看看你。"余栋才说:"可师里派来的同志回去报告说,保卫营拒绝探视。"

这天晚上,从来挨到床板就呼噜的方强失眠了。他第一次意识到,自己的处境比预想的要严重得多。会是什么结果呢? 他不得而知。此时此刻,一个强烈的欲望冲击得他热血沸腾:要是毛泽东、朱德、彭德怀能重掌红军指挥大权该有多好啊!

春风久不度,黑云压城头。

转眼到了 10 月初。从前线传来的消息令人不安和沮丧。敌军步步紧逼,红军节节抵抗,红色革命根据地已被敌人蚕食得所剩无几了。

国家保卫局"招待所"却比以往更加"生意兴隆"。"客"满为患,一批批的先到者不时接到通知,为后来者"腾房子",然后被执法队在傍晚时分悄悄拉出去,从此便杳无音信了……

这回,该轮到方强"腾房子"了。

一名自称国家政治保卫营的干部,荷枪实弹来到"招待所",将方强"请"走了。不过,他的一颗头保住了。作为一名工人出身的年轻师政委,他被特许"戴罪"跟随中央红军转移,开始了艰苦卓绝的二万五千里长征。

1935 年 1 月,遵义会议的召开,确立了毛泽东在党内的领导地位,方强随之被平反昭雪,并出任红军干部团党总支书记。

"还有不愿当'大官'要做'小官'的人!"

1937 年 8 月 25 日,方强被中央军委任命为八路军 129 师 385 旅政治部主任。

9 月 6 日,方强在陕西镇源石桥镇参加 129 师的改编誓师大会。

"效命疆场,誓驱日寇!"但宣誓完,方强却没有捞着上前线。眼睁睁瞅着战友们跨过黄河,开赴山西抗日战场,方强心里痒痒的。

385 旅奉军委之命留守陕甘宁边区。在旅长王宏坤的率领下,他们开赴陇东地区,驻守根据地西南一线。

边区无战事。转眼已过 1938 年春节。此时,军委总政治部主任任弼时被派往莫斯科,任中共驻共产国际代表团负责人,总政主任一职由中央军委主席毛泽东兼任。

任弼时前脚走,总政副主任傅钟和谭政后脚就踏进毛泽东的办公室:总政组织部部长空缺,急需调人。

"你们考虑过人选吗?"毛泽东问。

"组织部部长岗位很重要,还是请主席定夺。"傅钟、谭政二人交换一下眼色,恭敬地回答。

毛泽东站起身来,一边踱步,一边在脑子里酝酿合适的组织部部长人选。

突然,一个熟悉的身影映现到他的脑海。

"方强。"毛泽东脱口道,"385旅的政治部主任。这位同志年轻、有文化,中央苏区时就是红军师政委,在几次路线斗争中表现都很好,原则性很强,干组织部部长比较合适。"

傅钟和谭政为毛泽东很快就为总政物色到一位组织部部长人选感到由衷的高兴,便不失时机地建议道:"主席,您看我们是否以总政的名义直接调他来工作?"

"哦,别慌。还是按照任免程序办。先交军委研究,通过后正式下命令调人。"

毛泽东点将,自然一路绿灯。

方强接到军委调令,立即赶到总政治部报到。直到傅钟与他谈过话,他才知道要他出任总政组织部部长,而且是毛泽东亲自点的将!

这个"官"太大了!方强不由得胆怯:主管全军的干部和党建工作,我是那块料吗?年纪轻轻的,能压得住阵吗?

一连几天,他诚惶诚恐,惴惴不安。"不行,这把交椅不是我能坐的。"方强自忖道,"与其力所不及给革命工作带来损失,不如自打退堂鼓另请高明。"

事不迟疑,方强连夜展纸提笔,给毛泽东写了一封言辞恳切的辞职信:

主席:

我来总政治部已有数日,多次聆听主席的教诲,深受教育。全军的组织干部工作,在当前来说十分重要。我长期在部队工作,自感马列主义理论根底不深,缺乏组织工作经验,尤其不熟悉全军高中级干部。因此,总政组织部部长一职深感难以胜任。特请求主席批准我在总政组织部担任科长,以便更好学习和工作。

此致
敬礼!

职:方强敬上

信发出去了。过了 4 天,方强接到通知,毛泽东约他去谈话。

总政机关位于延安城北郊,紧邻毛泽东的住所。怀着忐忑不安的心情,方强走近了这所既普通又特殊的窑洞。

机要科长叶子龙热情地迎出门来,小声地笑着对他说:"方部长,请进吧,主席正等着你哩!"

"是方强吧?"毛泽东闻声走到办公室门口,老远就将手伸了过来。方强急忙迎上前去,敬了一个军礼,激动地握住了巨人的那只大手。

"没想到还有不愿当'大官'要做'小官'的人哩!"毛泽东一见面就逗乐着说,"你的信我拜读了,理由还不少嘛!"

毛泽东兴致不错。落座后随即习惯性地拿起一根烟。方强马上走过去划燃火柴为毛泽东将烟点着。

"我年纪轻,缺乏经验,怕有负主席的栽培。"方强红着脸表明自己的心迹。

"哪个干部是具备了一切条件才开始工作的?"毛泽东朗声道,"我毛泽东也办不到。大家都是边做边学嘛!在战争口学习战争,从实践中增长才干,这就是我们共产党人的辩证法!"

是批评?是鞭策?是期望?是鼓励?兼而有之。方强心里热乎乎的。他两眼一眨不眨地盯着毛泽东,洗耳聆听着这难得的教诲。

"军委意见,还是你担任总政组织部部长。"毛泽东充满信任地说,"你还很年轻,一边工作,一边学习,抽空多读点马列的书,我相信你会不断总结提高,做好工作的!"

"请主席放心,我一定努力工作,不辜负主席的期望!"方强诚恳地表示。

"这就对了嘛!"毛泽东为自己的部属很快找回了自信而更为愉悦不已。

"方强啊方强,官运亨通,来日方长哩!"临别,毛泽东打着趣嘱咐道,"工作中有什么困难和问题,多向傅钟、谭政同志请教,也可直接来找我,我们也是老相识了嘛!"

告别毛泽东,回到总政机关,方强精神为之一振。他把与毛泽东的谈话全部追记在笔记本上,看了一遍又一遍,心里像灌了蜜一样甜滋滋的。

这是第几次单独和主席谈话了? 中央警卫营一次,长汀福音医院一次,筠门岭前线一次,那这是第4次? 不,还有一次!

那是任385旅政治部主任不久,他回延安办事。一天下午,路过毛泽东住地时,突然产生了要去看望毛泽东的冲动。说来也巧,正在他犹豫之中,毛泽东披着一件棉袄从窑洞里走了出来。

"主席好!"方强立即上前敬礼向毛泽东问好。

"啊! 这不是方强吗? 可是三四年没见到你了。"毛泽东以他那浓重的湘音道。

"长征到达懋功后我就再也没见到主席,大概两年半了吧。"方强回答。

"记得在傅连暲那儿分手后,在会昌时我给筠门岭打过一次电话,好像是你接的吧?"毛泽东略有所思地问。

"是的。"方强兴奋地说,"那时我是红22师政委,能在前线听到主席的教诲非常激动。"

"那以后呢? 你到了哪里?"

沐浴着灿烂的秋阳,毛泽东一边散步,一边饶有兴趣地和方强亲切交谈。当方强汇报说在筠门岭按主席的指示守卫筠门岭取得很大成功,却遭到博古主持下的军委革职,并被关进国家保卫局时,毛泽东大感愕然:"还有这等事?"

"遵义会议确立了主席的领导地位,我们被关押的同志也都解放了。"方强笑着说,"可是好景不长,南下期间,我又被关起来了。"

"那又是什么问题呀?"

"说我反张国焘呗!"

长征途中,红一、四方面军在懋功胜利会师后,方强因病住院与中央红军失去联系,辗转投奔在红四方面军的朱德总司令和刘伯承总参谋长,不料却被以"反对张国焘主席、反对南下决策"的罪名再次被关进国家保卫局。直到张国焘分裂路线惨遭失败,被迫重新北上,张国焘才不得已恢复了方强的人身自由。

"他另立中央,不反行吗?"毛泽东也乐了,"全党同志不反他的分裂主义路线,我毛泽东就被他永远开除出党啰!"

"从河西走廊回到陕北后,我们西路军的同志都认真组织学习了中央《关于张国焘的错误的决定》,联系亲身经历深入开展了揭批张国焘右倾机会主义的活动,受到了很大的教育。"

长征到达陕北后,方强被任命为红9军宣传部部长,随西路军渡过黄河。西路军血战河西走廊全军覆没,方强被俘。在狱中,他发起成立地下党支部,并被推举为党支部书记,与敌人进行了不屈不挠的英勇斗争,最后趁从兰州押解到西安之际,组织战友们一起脱逃归队。

"哦,张文彬同志向中央报告说,你们在兰州集中营和敌人斗争得很顽强嘛!"

"党中央和主席的亲切关怀,给了同志们斗争的勇气和胜利的信心。"

"大难不死,必有后福焉。共产党的牢你坐过了,国民党的牢你也蹲过了,就差再到太上老君的八卦炉中炼一遭啰!"毛泽东打趣道,"古人言:'天将降大任于斯人也,必先苦其心志,劳其筋骨,饿其体肤,空乏其身,行拂乱其所为也。'"

方强不忍更多打扰毛泽东,赶紧告辞了。

新任军委总政治部组织部部长方强正式走马上任。

军委总政治部是一个非常精干的机构。担负全军组织工作和干部工作的组织部要算总政的大部了,但也只有十几名干部。部长仅方强一人,未配副部长。部下面设有4个科,分别为组织科、干部科、青年科和统计科。

上任伊始,方强就投入到5500多名抗大第4期毕业学员的分配工作之中。这批学员少部分是从各部队抽调的红军干部,绝大多数则是来自全国各地的知识青年。他们怀着一腔爱国激情,冲破国民党的重重封锁与阻挠,奔向革命圣地延安,寻求救国救民的理想与道路。在抗大经过10个月的集中学习和教育,他们的思想理论水平得到了迅速提高,军政素质发生了很大变化,纷纷申请要求到抗日前线投入战斗。

方强亲自深入抗大,与广大学员实行"三同",广泛开展谈心活动,征求他们对工作分配的意见和建议。在抗大政治部的大力协助下,很快将5500多名学员分配到了各个部队和机关。

1938 年 8 月,王稼祥从苏联回到延安,出任中共中央军委副主席、总政治部主任,主持中央军委日常工作。从此,方强在王稼祥的直接领导下工作。

9 月 29 日至 11 月 6 日,中国共产党在延安召开了扩大的六届六中全会。会议确定,要不断巩固和扩大抗日民族统一战线,用长期合作支持长期抗战;重申全党独立自主地放手组织人民抗日武装斗争的方针;作出了大力巩固华北,发展华中,把党的主要工作方面放在敌后和战区的战略规划;号召全党都要注意研究军事问题。

六届六中全会后,为贯彻全会精神,加强党对抗日战争的领导,实现全会提出的战略任务,经中共中央书记处批准,成立由朱德、彭德怀、陈毅、滕代远、聂荣臻、罗荣桓、关向应、邓小平、林彪、贺龙、刘伯承等 26 名高级领导人组成的军委总政治部党务委员会。党务委员会主席由王稼祥担任,方强与谭政被任命为副主席。12 月 18 日,军委总政治部党务委员会组成人员报毛泽东同意后通告全军,并特别申明暂以在延安者为常委。

转眼到了 1939 年新春佳节。八路军驻陕甘宁边区办事处副官张令彬邀请毛泽东主席聚餐,并请总政副主任谭政和组织部长方强陪同前往。

这是一顿用现代的标准难以类比的"春宴",何况邀请的客人是中共的一号领袖!但在物质极端匮乏与生活崇尚俭朴的延安时期,在宾主眼里,已经是十分奢侈的了。

聚餐会在陕甘宁边区办事处举行。餐桌上摆上了四菜一汤:蒸腊肉、红烧鱼、油煎豆腐、清炒竹笋、鸡蛋汤,另外还有两瓶酒。

聚餐会在随和轻松的气氛中开始了。毛主席不愿就座,大家也都站着,边吃边聊,谈笑风生。

席间,毛泽东端起酒杯,笑着对方强道:"方部长荣任党务委员会副主席,是不是也该请请客呀?"

一桌人都笑着附和:"应该!应该!"

方强给闹了个大红脸,急着表明心迹:"主席的培养教育之恩我一辈子都难以报答。有心请主席的客,但一怕主席不给这个面子,二怕打扰主席的工作。"

"嗬!不愧是当组织部部长的,客未请,讲的理由还蛮充分。"毛泽东用手指指方强,"怎么样,现在没有什么想法了吧?"

"服从组织,好好工作,思想通了。"方强笑着回答。

"那就好!"毛泽东放下筷子,点上一支烟。

方强见毛泽东兴致不错,趁机请教道:"主席,您经常教育我们要结合实际多读些马列的书,提高理论水平,但在学习与工作的结合上我总感到不得要领,觉得收获不大。请主席给予指教。"

毛泽东点点头,略微思索后说:"过去有人挖苦我们,说'山沟里面出不了马列主义',其实他们本身就不懂马列主义,只知道照搬马列的词句搞教条主义。我们今天学习马列主义,就是要掌握马列主义的精髓,并结合实际把当前的抗战工作做好,把统一战线工作广泛地开展起来,团结一切力量,打败日本帝国主义。"

毛泽东停顿一会儿,吸口烟,目视方强,接着说:"你们要注意不断总结经验,边学习,边运用,边提高。要学会写文章。写不好不要紧,可以送给我帮你们批改嘛!别忘了,我毛泽东可是教书出身的哟!"

一席话,说得大家都哈哈笑了起来。方强更是将毛主席的教诲牢牢地刻在了心坎上。

春节很快就过去了。毛泽东决定成立"华北战地工作考察团",开赴抗战第一线。

毛泽东再次点将,任命方强为军委考察团团长。

为使方强集中精力筹组考察团的工作，胡耀邦调任军委总政治部组织部副部长，协助方强主抓干部工作。

胡耀邦此时刚满 23 周岁。长征前，他主要从事共青团工作，到达陕北后任共青团中央宣传部部长、组织部部长。方强与胡耀邦相识于 1938 年。为分配抗大毕业学员，方强多次向任抗大第一大队政委的胡耀邦了解情况，协商有关学员分配事宜。

方强牢记着毛泽东要他"注意总结经验，大胆写点文章"的嘱咐，1940 年 7 月，在完成了对华北抗日根据地为期一年又三个月的考察回到延安之后的半年内，除主持完成了洋洋 30 余万字的《军委考察团在华北北线部队考察工作的总结报告》和《军委考察团在冀中三纵队考察工作的总结报告》外，还根据毛泽东和军委领导人的指示精神，先后撰写并在中央军委主办的《军政杂志》上发表了《八路军在冀中的两年》《八路军冀中三纵队整军经验》《巩固部队党组织应注意的几个问题》《不同部队和不同时期的党建工作》等 4 篇署名文章。1941 年 3 月，方强调任中央军委秘书厅秘书长。遵照王稼祥主任嘱他"重点研究一下干部问题"的指示，他又遵照毛泽东主席的指示精神，先后撰写了《八路军干部问题在抗日战争中的特点》《八路军干部的使用与提拔问题》《略谈八路军干部培养问题》等研究报告，经王稼祥修改并报毛泽东等中央首长参阅后，很快在中共中央主办的《共产党人》杂志上发表，为中央制定干部政策，加强部队政治建设和组织建设，提供了很有价值的建议。

"打牌也像打仗一样，要赢就赢大的！"

1941 年仲夏，正值全党整风之际，方强接到中央军委命令，调任陕甘宁留守兵团副政委兼政治部主任，并补选为中共西北局候补委员。赴任之前，毛泽东专门约方强谈话。

"留守兵团担负着保卫边区的重任。在搞好整风的同时，要设置好几个战场,随时准备粉碎国民党20多个师的进攻。"

在枣园毛泽东的住处,方强全神贯注地聆听着毛泽东的指示。

在一幅作战地图前,毛泽东详细地分析了敌我态势,提出了战略方针和作战思想,规划了进攻的主要方向和战场。

"这些问题,在你之前我已同萧劲光、高岗谈过。你到任后,告他们再好好研究一下,再报给我。"末了,毛泽东问道,"对形势任务都清楚了吗?"

"清楚了!"方强起立答道,"主席的指示我都记下来了。到留守兵团后,立即向萧司令和高政委报告,坚决贯彻落实。"

根据毛泽东的指示,方强到任后,留守兵团司令员、中共西北局书记萧劲光和政治委员高岗很快召开了党委会,并组织团以上指挥员成立了一个战场侦察团,深入边区东南西北各战略要地实地考察,研究制定作战预案。

一份详细的作战文件并配制大幅作战地图,几经讨论修改,最后审定通过,由萧劲光、高岗和方强签字后,呈报给了毛泽东。

半个月后,毛泽东约见兵团负责人。萧劲光、方强和总政副主任谭政一同来到毛泽东的办公室。

萧劲光汇报作战预案后,毛泽东又就许多问题与之进行了深入的研究探讨。

"凡事预则立。有了这个预案,我们就争取了主动。"毛泽东进一步指示说,"这一仗打不打,什么时候打,要看国际国内形势的发展变化,关键是看蒋介石先生如何'表现'。你们可以根据作战预案抓紧军事、政治、后勤和地方工作,做好打仗的准备。"

汇报持续了3个多小时,保健医生建议主席休息一下。毛泽东欣然应纳:"好,休息一下,打几圈麻将。"

萧劲光、谭政、方强3人待毛泽东在会议桌上方落座后,便各就一方坐了下来。于是,4个湖南老乡忙里偷闲,按老家的规矩玩开了。

这是方强第一次陪毛泽东玩麻将。他对麻将没有研究,牌技一般。

第一牌还没等他把闲张出完，谭政就倒牌叫"和了"。毛泽东探头一看，连连笑着摆手道："两番你也好意思叫和？下盘开始，3番以上才能和牌。"

重新开牌，萧劲光和了个5番，接着毛泽东和了个8番。

"方强啊，就你没开和了哩！"毛泽东边洗牌边打趣道。

"有道是'赢家不和头三把'嘛！"方强回答道。

"哈哈哈哈……"方强的"牌经"逗得毛泽东等人哄然大笑。就在笑声中，方强突然轻轻倒牌："和了，5番！"

"嘿，突然袭击啊！"毛泽东两眼瞅着方强门前的牌笑着说，"好好看看，可别让他拿诈和来骗我们啊！"

轮着毛泽东做庄家，牌上得不错，一连抓了9块"筒子"。出牌3圈过后，又摸了两块"筒子"，坐在上手的萧劲光不知就里，打出一张筒子，毛泽东嵌心吃了一句，再有一块"筒子"，这牌就圆了。正企盼着，方强扔出一张筒子，毛泽东高叫一声："碰！"随即倒下两块筒子放在一旁。

谭政一看，赶紧提醒萧劲光和方强："要小心出牌啊，主席在整清一色哩！"

然而，晚了。几圈过后，毛泽东自摸了一张筒子。只见他腾地站起身来，重重地将手中的牌翻拍在桌子上，乐不可支地高声叫道："哈哈，满和——筒一色的一条龙！"

"打牌也像打仗一样，要赢就赢大的！"毛泽东兴致勃勃地说。

短暂的娱乐结束了，陕甘宁边区的大仗没有打起来。方强在留守兵团以主要精力协助萧劲光和高岗继续进行整风运动。

在全党进行整风的同时，中共中央政治局就党的若干历史问题进行了专题研究，并从1943年冬天开始，组织党的高级干部开展讨论。方强自始至终参与了这场深入持久的讨论活动。

1945年初，方强被选为党的七大代表。在参与讨论即将交由党的第六届七中全会审议通过的《关于若干历史问题的决议》中，方强对继续清算王明的"左"倾冒险主义路线错误提出了自己的意见，并建议不能让犯有严重教条主义和宗派主义错误的人进入新的中央委员会。他把自己的意见和建议整理成文,呈送给了毛泽东。

很快,毛泽东亲笔给他写了回信:

方强同志:

　　来信收到了。很愿同你一谈,因准备七大,近日抽不出时间,等一会再定时间约谈。病重望继续休养,好了再做工作。

　　同志的敬礼!

毛泽东

三月三日

短短 60 字的回信给予方强巨大的荣誉感,是局外人难以理解的。这件领袖的墨宝,伴随他走过了整整半个世纪的人生历程。在他自己或别人为他撰写出版的近 10 部纪实作品中,封面无一例外,全都精心影印着这封共和国的开国领袖在具有伟大转折意义的中共七大前夕写给他的亲笔信。

短短 60 字,忠实地记载着统帅与他的爱将之间一段令人难以忘怀的革命友情。

是时,方强正遭受坐骨神经炎的痛苦折磨。但他强忍着病痛,一边接受老中医的针灸治疗,一边坚持工作。毛泽东闻之,挂念在怀,嘱其"病重望继续休养,好了再做工作"。

此言,此情,怎不令方强刻骨铭心,感戴终身!

暮春四月,陕北的黄土高原挣脱严冬的桎梏,披上了绿色的新装。银灰色的宝塔山在群峰之巅更显得挺拔雄伟,蜿蜒曲折的延河流水潺潺奔向远方。在这万象更新的明媚春光里,中国共产党第七次全国代表大会在革命圣地延安胜利召开了。

方强,第一次荣幸地作为全国党代会正式代表,同军队代表团一起,出席了中共历史上这一空前的盛会。

"在毛泽东旗帜下胜利前进!"当方强按代表证上的编号就座于会场中间时,主席台顶端这条巨幅标语深深地印在了他的脑海里。

似乎有约。与此同时,国民党第六次全国代表大会也在重庆召开。但与中共的"团结的大会、胜利的大会"的热烈氛围和民主空气相比,国民党的大会则被乌烟瘴气所笼罩。

两个大会,决定着中国决然相反的两种前途、两种命运:

"一个要消灭共产党和中国民主势力,把中国引向黑暗;一个要打倒日本帝国主义和它的走狗中国封建势力,建设一个新民主主义的中国,把中国引向光明。"毛泽东如是说。

反法西斯战争的结束,并不意味着和平曙光的降临。在中华大地上,一场内战即将爆发。

方强,又将与他久违了的老对手们,在烽火硝烟中展开一场关乎中华民族的命运之战。

"此件写得很好!"

1976年9月9日,一代伟人毛泽东与世长辞。噩耗传来,方强肝胆欲裂,恸哭不止。

次日,机要人员送来一份特急件,方强拆阅,但见上面写着:

> 兹定于九月十一日至十七日,在人民大会堂为伟大领袖和导师毛泽东主席逝世举行吊唁,瞻仰遗容。你在九月十一、十四、十七日上午十二时至十三时守灵,提前半小时到达。
>
> 毛泽东主席治丧委员会
>
> 一九七六年九月十日

方强身着素服,臂戴黑纱,心情沉痛地走进人民大会堂,在毛泽东遗体前深深地三鞠躬。言未语,泪长流。几十年来,毛泽东生前对他的亲切教诲和无尽关怀又一幕幕回印在脑海里。

1945 年 10 月,方强受命与中共中央政治局委员张闻天一同奔赴东北。张闻天任合江省委书记兼合江军区政治委员,方强任合江军区司令员。为开辟和建立东北革命根据地,方强率领仅有的 800 将士,与已倒向国民党的 2 万匪军队伍展开殊死战斗。经过一年的全力进剿,危害三江平原的谢文东、李华堂、孙荣久、张雨新等"中央胡子"被一网打尽,使合江成为东北的战略大后方,为东北全境的解放写下浓墨重彩的一笔。

1949 年 3 月 31 日,率中共中央机关从西柏坡进入北京城不过一周的毛泽东,同刘少奇、朱德、周恩来、任弼时、林伯渠、董必武等中央领导人,在香山接见并宴请第四野战军师以上干部。在众多的战将中,毛泽东一眼认出了 4 天前刚刚升任第四野战军十五兵团 44 军军长的方强。

"方强啊,你这个剿匪司令在合江打得不错嘛!"毛泽东握着方强的手高兴地说。

还未待方强答话,陪同接见的四野司令员林彪马上接过话头向毛泽东介绍道:"方军长指挥灵活,英勇善战,在辽沈战役也打得很好。"

在宴会上,毛泽东祝酒时即兴发表了讲话。他说:"在两年半的解放战争过程中,我们消灭了国民党反动派的主要军事力量和一切精锐师团。国民党反动统治机构即将土崩瓦解,归于消灭了。我们三路大军浩浩荡荡就要下江南了,声势大得很,气魄大得很。同志们,下江南去! 我们一定要赢得全国的胜利!"

毛泽东主席的讲话和接见时的表扬更加激荡起方强"宜将剩勇追穷寇"的战斗豪情。5 月 9 日,他便挥师南下,直捣羊城广州。

1950 年 8 月,方强被中央军委任命为中南军区海军司令员兼政委,受命组建中南军区海军(后更名为南海舰队)。1953 年初,又擢升为军委海军副司令员,成为新中国人民海军的创始人之一。1955 年,我军实行军衔制,方强被授予海军中将军衔。

方强将军忘不了 1958 年的军委扩大会议。5 月 29 日,出席会议的方强致信会议主席团,就如何开好这次军委扩大会议谈了一些个人想法和意见。30 日,会议秘书处全文印发了这封信。

方强在信中说,这次军委扩大会议,确定了整风和整编两个内容,要解决军队建设中的思想问题,以求得认识上的统一。但这次会议整风的指导思想是什么,要解决哪些主要的思想问题,解决什么主要矛盾,还须有明确的必要,否则会议就开不好。

方强认为,这次军委扩大会议,应该解决我军当前建设中的主要矛盾:即一方面我们要建设一支现代化的优良的革命军队;另一方面在各项工作中还或多或少存在着教条主义和经验主义,阻碍我军的发展。为此他建议,这次军委扩大会议的指导思想,应当是认真贯彻党的八大二次会议精神,以反教条主义和经验主义为重点,检查军队各方面的工作。

始料未及的是,这封信不仅惊动了日理万机的毛泽东主席,而且引起了他的高度重视。中央文献出版社出版的《建国以来毛泽东文稿》(第七册)一书,收录了这篇珍贵的文献。

在铅印的《方强同志对会议开法的意见》简报上方的空白处,毛泽东以他那大气磅礴的狂草字体批示道:

> 此件写得很好,提出了问题,彭、黄、邓看后还我。我暂时不宜于讲话,先要让他们把问题都放出来。过几天,我准备找各小组长分别谈一下,调查一下情况,摸一下底。
>
> 毛泽东
>
> 六月五日

批示中所指的"彭、黄、邓"分别是中央军委委员、国务院副总理兼国防部长彭德怀,中央军委委员、中央军委秘书长黄克诚,中央军委委员、中共中央总书记邓小平。

在这篇不超过 1650 字的信中,毛泽东就在其中的 646 个字下分别画上了 154 条单横线、双横线、波浪线和圆圈。除开头第一句和文中一个长句没有留下笔迹,其余的每一个完整句都被各种不同的线条所圈点。

信中,毛泽东写下了 3 段重要批语。

方强在意见信中说:"在我看来,我们的建军方针、建军路线、战略方针都是正确的。几年来,在这些方针和路线的指引下,我军的建设,各个方面都取得了很大的成绩。在这些方面,是不存在什么根本性的问题的。"

在文中的"建军方针、建军路线、战略方针"和"是不存在什么根本性的问题的"几句下面,毛泽东分别画上横线和波浪线,在一旁批道:"不存在什么问题么?"

方强在意见信中列举军队建设中存在的问题时说:"我们的部队和学校,不主要去学习马列主义的普遍真理和中国革命实践相结合的毛主席的军事著作,不以今天活生生的马列主义理论——《毛泽东选集》为指南,而着重去学习外国的经验,以外国的东西为指南。"

毛泽东在"着重去学习外国的经验,以外国的东西为指南"一句下面画了横线,写下批语:"要学习外国的技术。"

在批评军队中存在的教条主义表现时,方强在意见信中写道:"我们军队曾有一个时期,有这样一种趋向,只强调正规化,不重视发扬我军的光荣传统;只强调业务技术,不强调政治;只讲集中,不重视民主;只讲学习苏联(这是必要的),不注意总结自己的经验;只强调首长教育部属,不走群众路线,不讲我军官兵互教的优良传统;只讲纪律服从,不讲政治自觉;只讲遵守规章制度,不注意发扬群众的创造精神和积极性;只讲军衔等级,不讲或少讲官兵政治平等……这种种,使我军的一些优良传统,在某个时期受到了一定程度的削弱,甚至使我军某些根本制度发生过摇摆。"

看到此处,毛泽东再次提笔批示道:"一方面有优良传统,另一方面,就整个历史来说不占全军统治地位的另一个恶劣传统是存在着,即非马克思主义的、有时是反马克思主义的传统,例如教条主义,军阀主义。"

写完这段批语,毛泽东意犹未尽,又在一旁画下两个十分醒目的圆圈,旨在提请传阅者注意与思考。

阅完全信,毛泽东再次就这次军委扩大会议的开法提出自己的意见——

彭黄阅后退小平:

　　有些同志对会议的开法感到不满。此事容易,调整一下就好了。振起生气,大有可为。请小平商彭黄召集七八个同志经常谈一下,似可不必开小型会,只开大会和小组会。如何,请酌定。

毛泽东

六月五日

1960年初,为加强国防工业建设,毛泽东主席决定成立国防工业委员会,由军委副主席贺龙元帅主管。方强先是被任命为国防工业委员会秘书长,不久又出任国防工委副主任兼秘书长,同时还兼任第一机械工业部副部长,协助贺龙元帅,为发展我国的国防事业作出了重大贡献。

1963年9月,经周恩来总理提议,方强出任国务院新组建的第六机械工业部首任部长兼党组书记,为贯彻落实毛泽东主席关于发展我国造船工业的战略部署,加速人民海军装备的现代化,先后组织了"两艇一雷""两艇一弹"的科研攻关,自行设计制造出了共和国第一代护卫艇、猎潜艇、护卫舰、常规潜艇、核潜艇和万吨巨轮。

1966年,红色风暴骤起,方强一夜之间被打成"六机部最大的走资派""彭、黄、贺、罗、苏的黑干将"而遭抄家、批斗、审查,关进"牛棚",强迫劳动。

1973年5月,周恩来总理向毛泽东主席写信,提出解放一批老干部。毛泽东立即批示:"既要坚持原则,又要有一定的灵活性,水清无鱼,什么事都搞得那么纯,也是不可能的。"并亲自圈阅同意了首批解放13名老干部的名单。方强便是这13名首批恢复名誉、重新起用的老干部之一。尔后,在毛泽东主席和周恩来总理的亲自安排下,方强出席了党的"十大",受命担任国务院国防工业办公室主任。

经过一段时间的考察论证,方强向党中央、国务院提交了关于我国国防工业今后三年、五年、十年发展规划和目标。毛泽东主席给予充分的肯定,作出了重要批示。

毛泽东主席和周恩来总理病重期间,江青反党集团加快了篡党夺权的反革命阴谋步伐。方强无所畏惧,与之进行了坚决的斗争。1975年10月,方强毅然给邓小平写信,揭露了江青一伙的篡权阴谋。事后,邓小平在一次会议上说:"类似的信,我收到过两封,其中一封就是方强的。"有资料表明,1973年至1976年的4年间,方强仅公开抵制王洪文的"批办件",就达10起之多。

巨星陨落,举国哀痛。抚今追昔,方强千言万语汇成一句话:没有毛泽东,就没有我方强的今天!天大地大不如毛泽东的恩泽大;河深海深,不如毛泽东的情义深!方强只有一个心愿:继承伟人遗志,完成伟人未竟事业!

1979年,经军委主席邓小平批准,同意方强的请求,重新调其回海军担任副司令员工作。

"为了反对帝国主义的侵略,我们一定要建立一支强大的海军!"这是共和国开国领袖毛泽东主席生前的宏愿,更是戎马一生的百战将星方强中将孜孜以求的夙愿。300万平方公里的蓝色国土,魂萦梦绕在方强的胸间,鼓荡起他那传奇人生的理想风帆,续写着一个红军老战士的无限忠诚……

（施昌学）

毛泽东与
刘道生中将

　　刘道生(1915—1995),湖南茶陵人。1930年加入中国共产主义青年团,同年转入中国共产党并参加工农红军。土地革命战争时期,任少共茶陵县区委书记,县游击队宣传队队长、政治指导员,红8军政治部青年部长,粤赣军区第22师政治部主任,军委直属队干部团营政治委员,红3军团政治部组织部部长,共青团中央局组织部部长,红6军团政治部主任,参加了长征。抗日战争时期,任八路军120师717团政治处主任、政治委员,晋察冀军区第4军分区政治委员,平西军分区政治委员兼中共地委书记,冀察军区政治委员。解放战争时期,任察哈尔军区政治委员兼中共察哈尔省委书记,冀热察军区政治委员,东北民主联军第8纵队政治委员,第四野战军13兵团政治部主任。中华人民共和国成立后,任12兵团副政治委员兼政治部主任,1950年4月,任海军副政治委员兼政治部主任。1953年赴苏联伏罗希洛夫海军学院学习。回国后任海军副司令员,海军副司令员兼海军军事学院院长、海军航空兵司令员,海军第一副司令员。是第十一届候补中央委员、中央顾问委员会委员。1955年被授予中将军衔。

1949 年 10 月中旬，新中国刚刚诞生，毛泽东主席在北京中南海召见中国人民解放军第 12 兵团兼湖南军区司令员萧劲光。毛泽东对萧劲光说，现在要着手筹建海军，我们想让你来当司令员，再给你配个得力助手，给你当副政委。毛泽东说的这个得力助手，就是指当时任 12 兵团副政委兼政治部主任的刘道生。

1950 年 4 月 8 日，在中国人民解放军海军领导机关成立前 6 天，毛泽东签发中央人民政府人民革命军事委员会命令，任命刚满 35 岁的刘道生为海军副政治委员兼政治部主任，作为当时我军最年轻的高级将领之一，刘道生在人民海军建设发展壮大的历程中，创下了许多众口皆碑的第一：他是人民海军第一任领导班子的主要成员；他是海军领导中在同一级职任职时间最长的干部（1950 年到 1982 年退出领导岗位，他从任副政委兼政治部主任到任海军第一副司令员长达 32 年）；他是我军组建外事机构后第一个率代表团出国访问的高级将领（1951 年 10 月率中国人民解放军代表团出访捷克和波兰）；他是第一位出国留学的海军领导；他是海军领导中第一位率中国第一支大型舰船编队执行远洋航行任务的海上编队指挥员……如果说在刘道生 65 年的革命生涯中，有大半生是与大海结下了情缘的话，那么他整个的革命生涯都是与中国人民的领袖、中国人民解放军的统帅毛泽东紧密联系在一起的。

"红军万岁！胜利万岁"

1927 年 11 月，湖南军阀唐生智与蒋介石、李宗仁的"西征军"正在为争夺武汉混战，乘茶陵城里空虚，毛泽东派秋收暴动后已上了井冈山的工农革命军攻打茶陵，一举占领了茶陵县城，建立了中国最早的县级人民政府——茶陵县工农兵政府，第一面苏维埃红旗在茶陵的崇山峻岭间高高飘扬。刘道生受从广州农民运动讲习所回茶陵宣传开展农民运动和国民革命的姑父周和生的影响，走上了革命的道路。1930 年 6 月，刘道生任茶陵严尧区委共青团团委书记，不久转为中国共产党党员，并担任了少年游击队队长兼政委。1931 年 1 月,刘道生担任了茶陵县少共儿童局书记、少共县委书记。1932 年 6 月,刘道生奉命调到少共湘赣省委任副秘书长兼巡视员,12 月调到红八军政治部任青年部部长,离开了自己的家乡。

1933 年 8 月,中央军委指示,为扩大红军,湘赣红军选调 20 名优秀的营以上军政干部去瑞金红军大学学习。虽然当时战斗频繁,干部伤亡较大,萧克、王震等领导从长远着想,还是下了最大的决心,选派了刘道生、刘转连、陈外欧、帅荣等 10 多名同志去学习。当刘道生得知自己将要去学习时,非常高兴,一是自参加革命后还没有专门进校学习过,二是知道毛泽东、朱德在中央苏区,对那里很向往。由于去中央苏区必须经过赣江敌封锁线,需要主力红军护送,所以直到 12 月中旬,刘道生等人才随赴瑞金出席中华苏维埃第二次代表大会的湘赣代表团,由红 17 师护送,到达了瑞金城东北 15 里处的红军大学驻地——大树下,开始了在红大的学习生活。

红军大学开学不久,正逢第二次全国苏维埃代表大会召开,在大会召开的前一天,将要举行阅兵仪式,上级确定红军大学的学员参加受阅,为此,红大的学员提前一个月开始训练步伐。在此之前,刘道生还没有见到过毛泽东,但当时红军部队中的干部战士对毛泽东非常敬佩,大家都说毛泽东是"孔明",他指挥打仗,没有不胜的。这次终于有机会可以亲眼见到毛泽东了,刘道生高兴得连觉都睡不着。

1934 年 1 月 22 日,阅兵典礼在中央所在地——瑞金东郊的叶树坪苏维埃中央政府阅兵场举行。因为国民党常派飞机来袭扰,阅兵仪式安排在拂晓 6 点钟进行,受检阅的有红军大学,第一、第二步兵学校,特科学校,中央警卫部队等。广场中央用木板搭的检阅台上,毛泽东、朱德、博古、周恩来、项英等中央首长并排就座,两旁的观礼台上站着参加会议的代表和中央政府各机关的代表。

阅兵典礼开始,放了三声土炮,作为礼炮。首先由中华苏维埃临时政府主席毛泽东宣布:"同志们! 现在我代表中华苏维埃共和国中央执行委员会宣布,第二次全国苏维埃代表大会开幕了!"接着,毛主席致开幕词。

刘道生在受阅队伍中睁大了眼睛盯着台上的毛泽东,毛泽东个子高高的,很瘦,显得比旁边几位首长高了一截。他用浓重的湖南乡音说:中国是一个被帝国主义压迫侵略的国家,是一个受地主资产阶级国民党政府屠杀、压迫、奴役的国家,全国广大的领土被国民党送给帝国主义者了,使全中国受着帝国主义瓜分共管的威胁,使中国快到了完全灭亡的地位,中国工农劳苦群众,在中国共产党的领导下团结起来,武装起来,创立了自己的政府与国家,从此,全中国就是两个政权的极端尖锐的对立了。接着毛泽东提高了嗓音说:我们打破了敌人的四次"围剿",在粉碎第五次"围剿"中间,我们已经得了第一步胜利,现在我们处在对第五次"围剿"的决战中,是处在最紧急的关头。第二次全国苏维埃代表大会的任务,是要彻底粉碎敌人的第五次"围剿",把苏维埃运动推到全国去,争取革命战争的最大的彻底胜利,争取革命在全中国的胜利。

毛泽东致辞后,阅兵代表向全体红军战士致慰问信,然后是朱德、蔡畅等发表演说,他们代表全苏区民众向红军战士致革命的敬礼。

分列式开始了,红军大学的学员走在最前面,穿着新咔叽布列宁服,红领章上缀着"红大"两个字,大家精神饱满步伐整齐地通过检阅台。

毛泽东等中央首长一边招手,一边对受阅部队说:"大家好!"

受阅部队便齐声回答:"主—席—好!"

检阅结束的时候,毛泽东亲自带领大家喊口号:"苏维埃万岁!""红军万岁!""胜利万岁!"

这次检阅,给刘道生烙下了很深的印象。新中国成立后,每当国庆节他站在天安门城楼上或是站在天安门前的观礼台上观礼时,总是情不自禁地回忆起第一次接受毛主席检阅的情景。

"把他们交给我们来处理吧"

1934 年,正当中央苏区第五次反"围剿"战斗最艰苦的时候,中央"左"倾路线的指导也愈来愈甚,在红军中,肃反扩大化的错误使部队很不稳定。

六、七月间,因筠门岭战斗失利,国家保卫局无故逮捕了坚守中央苏区南大门——会昌的红 22 师政委方强,还将一批团营干部撤职查办,有的被判处劳改,有的被错误地处决。这时,刘道生被任命为红 22 师政治部主任,限期从红军大学到前线报到,新任师长周子昆、政治委员黄开湘、参谋长孙毅也只刚到任几天。

由于"左"倾政策的影响,加上国民党以苏区奇缺的咸盐、布匹进行引诱、贿赂,胁迫了一部分群众反水,参加了"守望团""红枪会"等反共组织,根据地的一些群众对红军产生了疑惧,使红军的仗越来越难打,几乎寸步难行,尝够了脱离群众的苦头。这时,已被剥夺了对红军作战指挥权的毛泽东来到了红 22 师进行调查研究,毛泽东在红 22 师住了大约一个星期,终日找干部、战士谈话。

毛泽东同刘道生谈话时,见他非常年轻,就问他:"你今年多大了?"

刘道生回答:"18 岁。"

毛泽东笑了,对他说:"你这个小主任,要好好干。"在谈到作战的时候,毛泽东对刘道生说:不要死守在战壕里,要组织小部队主动出击,到敌人周围的圩镇活动,袭扰敌人,巩固我军的防线,确保会昌。在谈到"左"的错误政策影响时,毛泽东说:要协助地方政府纠正过火的行为,宣传群众,争取群众。接着,毛泽东分析了广东军队与蒋介石的矛盾,说:广东军阀害怕蒋介石嫡系部队长驱直入广东,我们红军可以利用这一心理,争取他们,暂时不与我们为敌。毛泽东还特意表扬了红 22 师在筠门岭战斗中打得积极,打得勇敢,打得好。

谈话结束后,毛泽东嘱咐师长、政委说:"不能总是让参谋长、主任带队伍去作战,你们要亲自出战,帮助小主任和参谋长。"

后来,红22师接受了迎接和护送广东军队代表来苏区谈判的任务,对广东军队谈判代表以礼相待,热情款待,让他们了解苏区,了解红军,保证了谈判的顺利进行,对稳定苏区南线以及后来长征经会昌转移,都发挥了一定的作用。

10月下旬,红军开始战略转移,离开了中央苏区。红22师从站塘出发,一路警戒前进,部队越过江西边上最后一个县城——大庚,渡过章水,进入黄龙、西华山地区。

这时,红9军团罗炳辉军团长来到红22师,命令说:"中央纵队还没有过完,你们师守在这里,顶住大庚、南雄方面来的敌人,保证中央纵队全部安全通过。"

红22师领受任务后,决定由师政委黄开湘带领65团在左面,师长周子昆和刘道生带领64、66团在右面,警戒大庚、南雄方面的敌人,完成掩护任务。第二天天一亮,敌人开始进攻了,先是飞机投弹轰炸,然后敌人兵分三路向西华山攻击。上午,红22师先后打退了敌人一个营和一个团规模的进攻。中午,敌人增派飞机和大炮不停地向红22师阵地倾泻炸弹、炮弹,接着两个团的敌人潮水般漫山遍野地向红军阵地猛冲,红22师打退了敌人一次又一次的进攻,红军战士同敌人展开了肉搏,有的红军战士冲进敌群,拉响了成串的手榴弹,与敌人同归于尽,敌人的进攻被止住了。

在战斗暂时沉静之时,师长周子昆与刘道生商量,为了保持同大部队联系,是否派66团先追大部队,刘道生考虑到同子昆的腿在南昌起义中负伤致残,行走不便,便同意由他率66团先走一步。

从下午到傍晚,64团又打退了敌人几次冲锋,军委纵队派出的联络参谋通知刘道生:"中央纵队已全部通过,你师胜利完成任务,命令你们撤出战斗。"

当刘道生回到军委总部时,见师长周子昆、政委黄开湘已被捆绑起来,共产国际派来的顾问李德指责他们临阵脱逃,执意要加以枪决。

刘道生赶快找到朱德总司令,向他详细汇报了战斗经过,然后说:"黄政委是在带领 65 团同敌人进行了战斗之后才撤出阵地的。周师长带队离开是同我商量过,我同意他带队先走一步。现在红 22 师完成了掩护军委纵队安全通过的任务,怎么可以说他们是临阵逃脱呢?不能杀他们!"

朱德听了点头说:"你把这些情况直接向周恩来同志详细汇报。"

周恩来听了汇报后,沉吟了一下说:"他们不是临阵逃脱。"说着立即命令,"松绑!"毛泽东见状,很策略地说:"把他们交给我们来处理吧。"毛泽东等中央领导出面,又一次避免了"左"倾路线对红军干部可能造成的伤害,保护了红军的高级将领。

"有一个重要任务交给你们"

1936 年 10 月,红军三大主力一、二、四方面军在将台堡胜利会师。红军长征到达陕北后,全国的政治形势正处于由国内革命战争向抗日民族革命战争的转变时期,毛泽东高瞻远瞩,及时把做好抗日民族统一战线的工作摆到了全党全军面前。

当时党中央驻在保安,一天,时任少共中央局组织部部长的刘道生接到通知,让他去见毛泽东,领受新的任务。

刘道生已经好久没有见到毛泽东了,他很快来到主席住的窑洞里,见到张浩和聂洪钧同志已经先来了。张浩同志原名林育英,刚从苏联回国,是驻共产国际代表团派回国内的代表,担任党中央白军工作部副书记、党中央东北军工作委员会副主任。聂洪钧同志是原中央苏区中华苏维埃政府中央执行委员,长征后任西北军事委员会主席、第一方面军总部副参谋长。刘道生向毛泽东敬礼后,毛主席连声说:"好,你们三人都到了,有一个重要任务交给你们。"

刘道生等三人齐声说:"请主席指示。"

毛泽东说:"为了帮助红二方面军开展对东北军的统战工作,中央决定派你们三位同志到红二方面军去,在张浩同志领导下协助他们做好东北军的统战工作。"说到这里,毛泽东停了停,看看他们三人的反应后继续说:"你们到红二方面军去,最要紧的一条就是要多讲人家的好处。过去,我们对待红四方面军有错误,错在有人讲他们的缺点多了。你们去了,不要讲人家的坏话,多看人家的长处!"

这时刘道生插话说:"我是从红6军团调入中央红军大学学习的,也算是红二方面军的。"毛泽东听了,笑着说:"你对红二方面军的同志熟悉,那就更好了。"接着,毛主席又嘱咐他们许多要注意的事情,并要他们去当时任中央东北军工作委员会主任的周恩来同志处领受具体工作指示。

当晚,周恩来同志向他们详细交代了开展东北军统战工作的任务,并提出了具体要求,还亲笔给红二方面军首长贺龙、任弼时、关向应、夏曦写信,交给刘道生说:"你同任弼时同志熟悉,把信亲手交给他。"

1936年11月上旬,刘道生等三人从保安出发,走了约半个月,到达了红二方面军指挥部驻地环县毛居井。刘道生先把信交给任弼时同志,然后由张浩向红二方面军首长传达了党中央的指示。

那时,贺龙还未见过毛泽东,晚上特意让刘道生睡在他与任弼时中间,一个劲儿地向刘道生详细询问毛泽东的长相、年龄、身体状况。当听刘道生说起毛泽东、周恩来长征中都生了病时,贺龙昂起半个身子关切地问:"什么病? 要紧不? 好了没有?"当听到遵义会议罢免了共产国际代表李德的指挥权,重新确立了毛泽东的领导地位时,贺龙说:"我们是在湘鄂川黔每天逐段收录遵义会议纪要的,也是在遵义会议精神指引下,湘鄂川黔的反'围剿'才打开新的局面的。"

后来,由于"西安事变"的爆发,对东北军、西北军的统战工作由中央直接负责,张浩、聂洪钧回到中央,刘道生被留在红6军团,任代理政治部主任。在此期间刘道生却受红二方面军政治部主任朱瑞同志的派遣,到国民党中央军周磊部和东北军缪澄流部做了一次统战联络工作,在周磊部与其军部政训处长进行了一场唇枪舌剑。

当这位政训处长颠倒黑白、污蔑红军的论调一一被刘道生驳斥，无法狡辩时，他突然转了话题，问刘道生："你认识毛泽东吗？"

刘道生说："认识，毛泽东是我们党的领袖。"

政训处长急忙问："你对毛泽东印象如何？"

刘道生说："毛主席平易近人，目光远大，威望很高，我对他印象很好。"说到这里，刘道生故作得意地刺激他说，"毛主席指挥我们打仗，神机妙算，就像孔明一样。"

这位政训处长一听就急了，说："你了解毛小时候的情况吗？你不了解吧！我是他的同学，我了解他，他小时候不好好读书，在学校专门捣乱。"

刘道生针锋相对地说："毛主席小时候酷爱读书，刻苦学习是人人皆知的，他现在读书也很刻苦。他从小就有一种反抗旧势力、旧社会、旧制度的精神。请问反抗清王朝、封建军阀割据不也是贵党当年的宗旨吗？"

这位政训处长见占不了便宜，就说："各抒己见，请不要见怪。"急忙收场。

没想到不打不成交，第二天早饭后，周磊客气地对刘道生说："请回去转告贺军长，今后我们不要再打了，一打仗双方都要受损失，大家都是国家的武装力量嘛！"刘道生圆满地完成了这次统战联络任务。

"希望你们把海军抓好"

1949年10月中旬，毛泽东在中南海召见了12兵团兼湖南军区司令员萧劲光，毛泽东对萧劲光说：现在要着手筹建海军，我们想让你来当司令员。今天先给你打个招呼，并听听你的意见。当萧劲光表示自己是个"旱鸭子"，不懂海军，且晕船挺厉害，担心不能当此重任时，毛泽东笑着说："我就是看上了你这个'旱鸭子'，让你去组织指挥，又不是让你成天出海！我给你配个得力助手，给你当副政委。"

12月中旬，刘道生在长沙接到中央军委电令："为统一管理指挥各地人民海军及现有舰艇,调 12 兵团兼湖南军区司令员萧劲光同志为中国人民解放军海军司令员、刘道生同志为海军副政委兼主任,并允许由原兵团直属队抽调部分机构与干部,以作为海军直属机构之基础。"看到中央军委的电报,刘道生感到有些意外,一来萧司令员事前并未打过招呼,刘道生并不知道毛泽东已点将准备让他到海军工作,思想上毫无准备;二来,不久前林彪路经长沙时曾对他讲:现在全国胜利了,建立各级人民政权,要实现主力部队地方化,准备让刘道生和黄永胜去野战兵团工作。加上刘道生连大海都没见过,连起码的海军知识都没有,心中不免有些茫然。面对中央军委的电令以及生疏而又艰巨的任务,虽然刘道生暂时还理不出头绪,但他有决心在实践中去了解、熟悉和努力完成新的工作任务。

1950 年 4 月,刘道生率 12 兵团直属队和第四野战军后勤第 2 分部共 1500 人,乘火车抵达北京。先期到达北京的萧劲光司令员与刘道生交换了他走后的情况和创建海军的意见。

作为海军首任领导班子的重要成员,刘道生牢记毛主席的指示,尽职尽责地给萧劲光司令员当好助手,为人民海军初建时期的各项工作,特别是政治工作作出了不懈的努力。1950 年 6 月,海军召开了组建后的第一次党委会议。会上,几位党委领导成员怀着把人民海军尽快建立起来的责任感和紧迫感,回顾了几个月的工作,交流了如何开展工作的意见。大家一致认为,海军初创时期工作千头万绪,最根本和首要的是做好打基础的工作,萧司令员将其形象地比喻为打好组织、政治思想和技术三个"桩子"。刘道生作为副政委兼政治部主任,对这三个"桩子"中的组织和政治思想工作极为重视,通过调查研究,在 1950 年 8 月海军召开的建军会议上,制定通过了人民海军的建军路线,即"在我党的绝对领导下,以工农为骨干,以解放军为基础,吸收大量的革命青年知识分子,争取团结和改造原海军人员,建设人民的海军"。在 1951 年召开的海军首届政治工作会议上,又确定把科学技术人员包括进去,将其中的一句改为"吸收大量的革命青年知识分子和科学技术人员"。在思想教育工作中,针对海军部队特点,提出了"守卫海洋国土是我们最神圣的任务";"要做海上主人，不做海洋奴隶"；"热爱海洋，征服海洋"；"以海洋为家，以舰艇为家，以海岸和岛屿为家"等口号，鼓舞海军广大官兵安心海军事业，热爱本职工作。

1953年2月19日至22日，毛泽东主席首次视察海军艇部队，从武汉乘坐"长江""洛阳"军舰航行了四天三夜。航行途中，毛泽东多次对海军官兵说：建设海军以陆军为基础，以工农为骨干，团结教育原海军人员，搞好海军建设。并嘱咐水兵们说：要像过去在陆地上爱山爱土一样，爱舰、爱岛、爱海洋。还特别对舰上的干部提出了要求：要注意政治教育，做好人的思想工作，提高大家的政治热情。对海军创建初期打好组织和政治思想"桩子"所提出的方针和口号给予了充分的肯定。

毛泽东对新中国人民海军始终给予了极大的关注和信任。1957年夏，毛泽东在青岛开会，适逢8月1日建军三十周年，中央军委决定海军在青岛举行海上阅兵，萧劲光司令员打电话给刘道生，让他赴青岛陪同毛主席。刘道生到青岛后经常陪毛主席去游泳、散步。

有一天，刘道生陪毛主席在萧劲光的住处吃饭，吃完饭下楼时，毛泽东对萧劲光和刘道生说："现在一些右派，想和共产党轮流执政，闹翻天……"

刘道生当即向毛主席表示说："我们海军是在党的绝对领导之下，以陆军为基础建立起来的。我们海军是人民的军队，是党的驯服工具。"

毛泽东点点头说："希望你们把海军抓好。军队要起无产阶级专政柱石的作用，军队是党领导的，靠得住。海军是好的。"

"我是始终主张建立一支强大的海军的"

人民海军从它创建的第一天起，就一直得到了毛泽东主席的亲切关怀和重视，特别是有关装备建设的重大决策，许多是毛泽东亲自拍板，甚至是亲自过问、亲自办理。如针对缴获和接收的国民党海军的舰艇装备性能落后，加之从1950年下半年起帝国主义国家对新中国实行禁运政策的严重局面,毛泽东在访问苏联期间,两次为海军签订订货协定,为海军购置的装备总金额达一亿五千多万元。毛泽东还就1951年海军的军事订货问题亲自给斯大林写信,列举了订货数字和顾问、教官的人数。

1952年初,由于抗美援朝战争消耗较大,加上当时国家财力有限,使海军的装备发展计划一再改变。为此,毛泽东于2月14日亲临海军机关驻地,与萧劲光、刘道生等海军领导商谈。为了解决抗美援朝的急需,准备将计划给海军购买驱逐舰、鱼雷快艇的钱先给空军买飞机。

刘道生与萧司令员当即表示:事关抗美援朝大局,坚决拥护毛主席和党中央的决定。

刘道生还表示说:"我们可以自己想想办法。江南厂,还有其他一些造船厂都可以造,先造几十吨的小艇。去年青岛造船厂就已造出了几条小艇,今年打算让江南造船厂再试造几条大一点儿的。"

毛泽东听后连声说:"很好,很好。造小艇,来得快,花钱也不多,还能起作用。可以积累经验,把我们自己的造船工业逐步搞起来。"

50年代初,我们党确立了向苏联学习的方针,毛泽东还向全军指出:"要把苏联红军的一切先进经验学到。"新组建的人民海军为落实毛主席的指示,首先聘请了大批苏联专家帮助我们建设海军,随着各项工作逐渐走上正轨,光聘请苏方人员来华已显得不够了,于是开始派留学生去苏联学习。海军首次向苏联派留学生是1951年,1952年又派了一批,这两批同志大部分进了苏联海军的工程院校,主要是学习工程技术。1953年,中苏双方商定派中国海军人员进入苏联海军最高学府伏洛希洛夫海军指挥学院深造。刘道生主动要求去苏联学习,经军委批准,这批去学习的共9人,他们是:刘道生、易耀彩、高希增、朱军、李力群、刘仲华、周洛亭、黄志才、赵汇川,另外配一名翻译。大约在1953年国庆节前几天,这批学员抵达莫斯科,第二天便到达了列宁格勒苏联海军指挥学院,开始了留学生活,作为1954年春季入学的本科第一班。以后从1954年至1957年,海军共派出了6批学员到这里学习。

毛泽东主席对出国留学的同志十分关心,1956年9月,刘道生从苏联临时回国，列席党的"八大"会议，会议期间，毛泽东在中南海怀仁堂后面的大草坪上，接见会议代表，并和大家照相。刘道生见到毛主席，立即上前向主席敬礼，毛泽东一边握着他的手，一边笑着对身边的同志说："这个小青年，现在也长大成人了，你在苏联学习怎么样？"

刘道生向毛主席简要地汇报了学习情况，毛泽东听后勉励他说："你们学习很艰苦，也很努力，要好好学习，回来建设我们的人民海军。"

1957 年 6 月，刘道生留学归来，改任海军副司令员，先后兼任海军学院院长和海军航空兵司令员，为人民海军的军事训练、院校建设和航空兵部队的发展贡献了自己的全部智慧和力量。

在 1958 年军委扩大会议上，海军与会的同志积极主张加快海军建设，刘道生作了一个发言，建议经过 10 年到 15 年的时间，建造 40 万吨战斗舰艇，其中导弹艇上百艘、鱼雷快艇上百艘，以及其他一些中小型舰艇。在反对外来侵略时，用海上力量阻止敌人，把敌人消灭在海岸、岛屿附近。但是，有的同志持有不同意见，甚至批评这是"大海军主义"。

几天后，毛泽东来到会议上讲话，针对刘道生的发言和海军情况说："我是始终主张建立一支强大的海军的，但要随着国民经济的发展而发展。刘道生的发言可能急了一点，但要保护他的积极性。他主张发展 40 万吨，这个数字并不大嘛。打个比方，蒋介石的海军像个蚊子，风一吹就把蚊子吹跑了。我们要建设强大海军。"接着毛主席又说，"我们除了继续加强陆军和空军的建设外，必须大搞造船工业，大量造船，建立'海上铁路'，以便在今后若干年内建立强大的海上战斗力量。"

毛泽东直到去世前一年的 1975 年初，还对海军领导同志说："海军要搞好，使敌人怕。"并伸出一个小指头说，"我们海军只有这样大。"为落实毛主席的指示，刘道生与萧劲光、苏振华等领导专门研究了海军发展规划，并以海军党委名义上报党中央和中央军委，同年 5 月，毛主席在海军党委的报告上批示："同意。努力奋斗，十年达到目标。"党的十一届三中全会之后，随着我国改革开放事业的不断深入，人民海军建设得到了较大发展。1980 年 4 月 28 日至 6 月 2 日，海军第一副司令员刘道生率领由

18 艘舰船组成的大型海上编队,远航南太平洋,完成了我国远程运载火箭的试验任务,实现了人民海军大型特混编队远洋航行零的突破。刘道生终于实现了自己的夙愿。

（赵小平）

毛泽东与
杜义德中将

　　杜义德(1912—2009),湖北黄陂人。1928年参加中国共产主义青年团,1929年参加中国工农红军,1930年转入中国共产党。土地革命战争时期,任红1军第1师3团班长、排长、连长、连政治指导员,红4军第10师30团营政治委员、29团政治委员,红30军第89师政治委员,红31军第91师政治委员,红四方面军总部直属纵队司令员、4局局长,骑兵师师长。参加了长征。抗日战争时期,任八路军第129师随营学校副校长,新编第4旅副旅长,冀南军区第2军区分区司令员、政治委员,冀南军区副司令员。解放战争时期,任晋冀鲁豫军区冀南军区司令员,晋冀鲁豫野战军第6纵队政治委员,第二野战军第3兵团副司令员兼第10军军长。中华人民共和国成立后,任西南军区川南军区司令员,中国人民志愿军第3兵团副政治委员、政治委员,旅大警备区政治委员,沈阳军区副政治委员兼旅大警备区政治委员,兰州军区司令员。是第十一届中共中央委员,十二大当选为中央顾问委员会委员。1960年至1980年任海军副政治委员、第二政治委员。1955年被授予中将军衔。

　　1961年10月,海军副政治委员杜义德参加了全军政治工作会议。

会议期间毛泽东主席接见了与会代表。那天,毛泽东等兴致勃勃地来到与会人员集合的地方,边走边同大家招手。当他走到杜义德面前时,停下了脚步,上下打量着穿着海军将官服的杜义德,一边握住杜义德的手一边大声说:"杜义德同志,你好哇! 到哪里工作了?"

杜义德赶忙回答:"主席好! 我刚从沈阳军区调到海军。"

毛主席小声问:"担任什么职务?"

杜义德回答:"还当副政委。"

毛泽东语重心长地对杜义德说:"海军的人来自五湖四海,搞好团结是关键。首先把领导班子团结搞好。团结才有力量。"说完,毛泽东紧紧地握了握杜义德的手,向别人走去。

望着毛主席高大的身影,杜义德心潮起伏,他想起了多年来毛主席对自己的谆谆教诲。

长征胜利后,毛泽东对杜义德说:不管到什么地方, 我们的原则永远是党指挥枪,而绝不容许枪指挥党

红军长征初期,杜义德先在红四方面军第八十九师和九十一师任政治委员,后来到方面军总部任徐向前总指挥的作战参谋。1935 年 6 月,红四方面军和中央红军在四川懋功会师,党中央决定两大红军主力混合编组分左、右两路北上,开辟川陕甘革命根据地。杜义德任红四方面军总部直属纵队司令员、四局局长。他带部队三过草地,历尽磨难。在战斗中与红军总司令朱德结下了深厚的情谊。

1936 年 10 月,四方面军到达陕北将台堡(今属宁夏)与一方面军胜利会师。几天后,朱德带杜义德去见毛泽东。

一见面,朱德就向毛泽东介绍:"主席,他叫杜义德,是四方面军直属纵队司令员。在长征中,我们相处得很好。"

毛泽东伸手示意杜义德坐下,递上一根卷烟,说:"我是不会忘记的! 我对四方面军的同志们是有感情的。无论是一方面军、二方面军,还是四

方面军,都是红军,都是党的队伍。你们南下以后,我说过,早晚我们还会走到一起的。这不已经走到一起了!"

杜义德不好意思地说:"主席,我们南下后走了一个大弯路,损失不小。"

毛泽东突然站起来,激动地说:"这都是张国焘造成的。你们是没有责任的。你们英勇苦战,不怕牺牲,还是打了不少好仗的,是可歌可泣的。特别是我们的朱老总,度量大如海,意志坚如钢。张国焘没办法,还是把队伍带到陕北来了。"

朱德说:"张国焘个人意见第一,不顾大局,给红军造成了重大损失。"

毛泽东气愤地说:"张国焘到毛尔盖后,要用枪杆子来审查党中央的路线,根本失去了组织原则。分裂红军、另立中央更是最大的污点。"

杜义德赶紧说:"主席,现在好了。你放心,今后我们不会离开党中央了,会坚决听从党中央指挥的!"

毛泽东摆摆手,口气稍为和缓地说:"实际上,部队不离开中央是不可能的。因为要打仗,要远行,将在外嘛! 但是,不管在什么地方,我们的原则永远是党指挥枪,而绝不容许枪指挥党!"

杜义德说:"主席,这一点,我们永远不会忘记。"

毛泽东的脸上露出了笑容。

分别时,毛泽东紧紧地握着杜义德的手说:"年轻人,我相信你!"

杜义德的脸上也露出了笑容。

1937 年 3 月,中共中央在延安召开政治局扩大会,揭发批判张国焘的严重错误,党指挥枪的原则进一步深入人心,全军紧紧团结在党中央、毛主席的周围,成为一支高度统一的坚不可摧的人民武装力量。

西路军失败后，毛泽东对杜义德说：
你才二十几岁，来日方长，要好好学习

1936年10月，中共中央和中央军委决定，提前执行《宁夏战役计划》。

下旬，红四方面军总部奉命率所属部队中的3个军西渡黄河。11月8日，中央决定河西部队称西路军，领导机构称西路军军政委员会，统一指挥部队西进作战。西路军面对的是马家军阀马步青、马步芳的骑兵、步兵等3万余人和青海、甘肃的保安民团9万余人的顽强抵抗。由于没有根据地依托和充足的给养，天寒地冻，孤军作战，敌不过兵强马壮的马家军，浴血奋战4个月，虽歼敌2万余，但全军2万将士绝大部分英勇牺牲，血染河西走廊。最后，只有李先念带领几百人突往新疆方向。时任骑兵师师长的杜义德收拢几个零散人员，悲愤欲绝、饥寒交加，经历千难万险，护送西路军副总指挥王树声回到延安。没想到又受到了严厉的政治审查。杜义德被关了一个多月，出来后，心情更加沉重，心灰意冷。

正在这时，有人通知杜义德，毛泽东召见他。杜义德忐忑不安地来到毛泽东的窑洞。

毛泽东放下手中的书，给杜义德递了一支卷烟，请杜义德坐下。毛泽东问了一些情况，杜义德简单作答。

毛泽东见杜义德情绪不高，就不再问了。

坐了一会儿，毛泽东站起来劝道："杜义德，你才二十几岁，来日方长，要好好学习。是不是去住一段学校？"

参加革命以后，杜义德几乎是一个劲地打仗，在枪林弹雨中出生入死，身上多处负伤，但他最喜欢的还是打仗。只是这次西路军的惨败，他心里总是堵得慌。于是就说："主席，我还是想带兵打仗。"

毛主席说："仗是有你打的。学习不是撤职，是为了更好地打仗。现在正在酝酿国共联合抗日，今后的对手是日本鬼子，会有你用武之

地的。"

杜义德一听，只好说："主席，听你的，让打仗就打仗，让学习就学习。"

毛泽东说："那好，我看你就去抗大住一段吧。"

几天后，由毛泽东介绍，杜义德进入抗大学习。

当时，红军抗大刚从保安迁到延安不久，改名为"中国人民抗日军事政治大学"。毛泽东是抗大教育委员会主席。他十分重视抗大的建设，亲自制定了"坚定正确的政治方向，艰苦朴素的工作作风，灵活机动的战略战术"的教育方针和"团结、紧张、严肃、活泼"的校风。他还多次到抗大作报告和讲课。

有一次，毛泽东在讲课中指出，无产阶级及其政党要正确地认识世界和改造世界。这个改造世界的斗争，包括改造客观世界，也改造自己的主观世界，即改造自己的主观能力。

课后，杜义德问毛泽东："主席，我们来抗大学习就是来改造自己的。对吗？"

毛泽东笑着说："你这样看是可以的。你有许多经验，经过学习、整理，上升到理论，你就更聪明了！这不是改造吗？当然，是越改造越聪明，越改造越能干了。"

杜义德说："看来，学习、改造也没有头。"

毛泽东说："说得对！我们就是要活到老，学到老，改造到老。"

杜义德如饥似渴地学习文化，学习政治、学习军事，进步很快。毕业后留在抗大，先任五大队一队队长，后又到抗大一分校任支队长。

这期间，国共达成协议，中国工农红军改编为国民革命军第八路军。原四方面军的部队编入了八路军第129师，于9月底东渡黄河，出师抗日。1938年10月，抗大一分校由延安迁到太行山区。1939年，杜义德到八路军129师，先任随营学校副校长，以后任旅、军分区和军区的领导，奋战在敌后抗日的前线。

重庆谈判归来,毛泽东多次谈到:上党这一仗打得好! 打得越大越胜利,谈判越有力量,我回来的希望越大

1945 年 8 月,日本法西斯投降后,为了和平建国,毛泽东亲自赴重庆同蒋介石进行国共谈判。蒋介石玩弄反革命两手.一面谈判,一面派国民党军进犯解放区。国民党军第二战区司令长官阎锡山按照蒋介石的密令,先后派出 13 个师的兵力进攻晋东南解放区,妄图一把刀子插入上党,割断太行、太岳两解放区的联系,然后把晋冀鲁豫军区主力逼到山区歼灭之。

当时,杜义德任冀南军区司令员。为了配合重庆谈判,保卫上党,冀南军区主力组成冀南纵队(陈再道从延安赶回任纵队司令员),与兄弟纵队一起奔赴上党作战。上党战役,歼灭侵入解放区的国民党军 11 个师 1 个挺进纵队共 3.5 万人,活捉了第十九军军长史泽波。冀南军区其他部队还解放了夏津、高唐、任县、南和、邢台、邯郸等地。前线作战胜利,加强了中国共产党在谈判中的地位,有力地配合了毛泽东在重庆与蒋介石的谈判。

10 月 10 日,国共签订会谈纪要。11 日,毛泽东从重庆胜利回到延安。17 日,延安召开干部大会,毛泽东在关于重庆谈判的报告中风趣地谈起上党战役。他说:"太行山、太岳山、中条山的中间,有一个脚盘,就是上党区。在那个脚盘里,有鱼有肉,阎锡山派了十三个师去抢。我们的方针也是老早就定了的,就是针锋相对,寸土必争。这一回,我们'对'了,也'争'了,而且'对'得很好,'争'得很好。就是说,把他们的十三个师全部消灭。他们进攻的军队共计三万八千人,我们出动三万一千人。他们的三万八被消灭了三万五千,逃掉两千,散掉一千。这样的仗还要打下去。""不给敢于进攻解放区的反动派很大的打击,和平是不会来的。"

后来,毛泽东又与刘伯承、邓小平谈起上党战役的事。毛泽东说:"我在重庆谈判,需要你们打几个大胜仗来支援。上党那一仗打得好!

打得越大越胜利,谈判越有力量,我回来的希望越大。"杜义德听了刘邓传达毛泽东的话,深受鼓舞。他深知,毛主席和党中央关注着自己的战绩,前线的每一仗,连着全局。前线越打胜仗,党中央、毛主席在延安越安全。以后杜义德指挥的部队越战越勇,仗越打越好,胜利一个接着一个。

毛泽东教导杜义德:要做一个有心人,
善于总结经验,自己有用,别人也能学

在抗大学习时,毛泽东曾对杜义德说:"你们仗打得不错,应该注意总结经验,搞一点材料。"

杜义德回答说:"主席,我的那一点事,大家都知道,有什么好写呢?"

毛泽东说:"知道是一回事,写出材料来宣传又是一回事。仗打得好,为什么打得好,要做有心人,善于总结经验,不但自己能用,别人也能学习。"

杜义德记住了毛泽东的话。在以后的革命战争实践中,他善于思考,善于总结推广各方面的经验,有力地指导部队的建设。

解放战争,杜义德在晋冀鲁豫野战军(后称中原野战军、第二野战军)第六纵队任政治委员,纵队司令员是有名的"虎将"王近山。他们率领纵队参加了定陶、巨野、鄄城、滑县、巨金鱼等一系列战役和豫北攻势,在运动中大量歼灭国民党军有生力量。在人民解放军发动战略进攻时,在刘伯承司令员、邓小平政委率领下,一马当先,南渡黄河,在鲁西南战役、千里跃进大别山的作战中建立了首功。以后逐鹿中原、决战淮海、进军西南,第六纵队始终是一支英勇善战的部队,打了许多硬仗,取得了骄人的战绩。杜义德注意推广总结部队建设的经验,取得了丰硕的成果。在政治工作方面也有许多创新。其中,全军轰轰烈烈广泛开展的"王克勤运动",就发源于杜义德的第六纵队。

王克勤是六纵十八旅五十二团一连的一名解放战士,经过阶级教育,由过去国民党军一个愚昧的"兵"转变成了人民军队一名具有高度政治

觉悟、英勇善战的优秀战士,多次立功,被评为"一级杀敌英雄""模范共产党员"。他当了班长后,组织老战士、解放区入伍的新战士和解放战士开展互助活动,全班战士政治觉悟、组织纪律、战术技术各方面得到很大提高。在 1946 年 10 月的巨野战役中,王克勤班在防御阵地坚守一天,消灭进攻的敌人 123 名,全班无一伤亡。战后,全班立了一等功,出了 4 个战斗英雄,被十八旅命名为"王克勤班"。杜义德和纵队政治部及时总结并推广了这个先进典型,并得到了刘伯承司令员、邓小平政委和张际春副政委等领导的高度重视与支持,晋冀鲁豫军区部队迅速推广和开展了以思想、技术、生活"三合一"互助活动为特点的王克勤运动,有力地促进了部队的团结,调动了全体战士的积极性,提高了部队战斗力。12 月 6 日,中共中央机关报《解放日报》刊载新华社电讯称:"晋冀鲁豫前线屡次大捷,部队中开展的'王克勤运动',起了很大作用。"10 日该报在《普遍开展王克勤运动》的社论中,又称赞王克勤运动为"中国人民解放事业创造了新的光荣的范例"。王克勤运动的兴起,在整个解放战争中发挥了巨大作用。

1947 年 1 月 7 日,晋冀鲁豫军区《人民日报》发表了题为《第六纵队执行群众路线和古田会议精神的成就》的社论,肯定、称赞、推广第六纵队强有力的政治工作。

第六纵队多次受到军区的嘉奖。在成绩面前,杜义德深有体会地说:"这都是部队的干部战士创造的,我只是参与发现和总结推广他们的经验。毛主席教导我要做一个有心人,我还要继续努力。"

汇报抗美援朝战争情况时,毛泽东对杜义德说:
上甘岭战役打得好! 这是关系全局的胜利!

抗美援朝战争开始后,1951 年 3 月,以十二军、十二军、六十军组成了中国人民志愿军第三兵团,为赴朝作战第二梯队。陈赓为司令员兼政治委员,王近山为副司令员,杜义德为副政治委员。在接见志愿军部分领导人时,毛主席说:"朝鲜的战火已经烧起来了,我们有责任,无论如何要把朝鲜保住,不让美国人占去。如果整个朝鲜被美国占去了,朝鲜的革命受到根本的失败。这样一来,我们没有尽到国际主义的义务,美国也就更猖獗。你们的任务就是要保住朝鲜。"

大家都向毛泽东表了态,杜义德也说:"主席放心,我们能够保住朝鲜。"

毛泽东说:"今天要的就是这句话。有这句话,我才放心!"

毛泽东接着说:"我们是大国,人多。一定要尊重朝鲜的同志。对金日成同志,我们一定要尊重他,千万不能骄傲,千万不能有大国沙文主义。要教育部队爱护朝鲜的一山一水一草一木。"

王近山等率三兵团入朝后,杜义德准备结束军事学院学习,随后赴朝,他日日关心着抗美援朝前线形势。三兵团参加了第五次战役,志愿军以大兵团作战,歼敌8万余人,各部队打得相当出色。但由于志愿军对敌大兵团突然采取快速进退战术缺乏对策、指挥联络等原因,三兵团第六十军之一八〇师在担任"殿后"掩护主力北移和转运大量伤员任务时不幸陷入敌后,受到了重大损失。当时,三兵团司令员兼政治委员陈赓正因病在国内,指挥员兵团副司令员王近山压力很大。毛泽东十分关切一八〇师的情况。中央军委指示杜义德立即停止学业赴朝。他赶到部队后,在志愿军司令部、兵团和军的关怀下,调查研究,总结教训,调整了该师班子,稳定指战员的情绪,部队迅速走出阴影,很快就打了翻身仗。

在著名的上甘岭战役中,三兵团指战员更是打出了中国人民志愿军的威风。当时,三兵团所属第十五军、第十二军部队在空前残酷的防御作战中,由战斗发展了战役规模,在不足四平方公里的狭小地区,进行了持久、反复、激烈的拼杀,利用坑道防御体系,顽强作战43天,顶住了"联合国军"6万兵力、170余辆坦克和3000多架次飞机配合下的600余次疯狂进攻,歼敌2.5万人,击落击伤敌机270余架,三兵团指战员显示了革命英雄主义本色,涌现出了黄继光、孙占元、胡修道等一大批著名的战斗英雄。

上甘岭战役的胜利,在抗美援朝战争中具有重要的意义。毛泽东对此十分欣慰。

杜义德回国汇报抗美援朝作战情况时,对毛泽东说:"主席,第五次战役中一八〇师损失重大,至今我们仍十分痛心。"

毛泽东摆摆手说:"一八〇师的问题,情况比较复杂,主要责任不在你们。你们的上甘岭战役打得好！这是关系全局的胜利！"

谈话结束后,毛泽东留杜义德等吃饭。席间,毛泽东向杜义德等举起酒杯说:"我要感谢你们！感谢志愿军！感谢志愿军的英雄们！"

杜义德等激动地说:"感谢主席！"举杯一饮而尽。

几十年过去了,杜义德常能闻到当年毛泽东斟杯加饭酒的芬芳醇香。

以后,杜义德参加党政军重要活动时又多次聆听过毛泽东讲话。

晚年,杜义德的耳边经常回响起毛泽东一次次深入人心的教诲。

（唐关虎）

毛泽东与
吴瑞林中将

　　吴瑞林(1915—1995),四川巴中人。1928年加入中国共产主义青年团,1932年参加中国工农红军,同年转入中国共产党。土地革命战争时期,任川陕甘少年先锋营营长,少年先锋团政治委员,红四方面军政治部共青团团委副书记,共青团通江县县委书记,少共川东北特委书记,大金省委组织部部长兼少共大金省委书记,大金省干部大队大队长兼政治委员,参加了长征。抗日战争时期,任中共鲁东南临时特委书记,八路军山东纵队第2支队政治委员,中共泰山地委军事部长,鲁中军区第1、第2军分区司令员,山东军区警备第2旅旅长兼政治委员,第2军分区司令员兼政治委员,解放战争时期,任辽东军区参谋处处长,东北民主联军安东军区司令员,辽南军区司令员兼独立师师长,东北野战军第5纵队副司令员,第四野战军第42军军长。中华人民共和国成立后,任中国人民志愿军第42军军长,海南军区司令员。1960年任海军南海舰队司令员,广州军区副司令员兼南海舰队司令员,海军常务副司令员。1955年被授予中将军衔。

　　吴瑞林是我军著名战将之一。60年代,外界对中国人民解放军海军三大舰队司令,就有"南瘸子""北拐子""东海卧着一只虎"的誉称。"南瘸子"就是当时南海舰队司令员吴瑞林("北拐子"指北海舰队司令员刘昌毅,"一只虎"指东海舰队司令员陶勇)。

　　吴瑞林将军的一生充满了传奇色彩,他1915年出生在四川省巴中县一个贫苦农民家庭,原名吴尚德,在兄弟姐妹四人中排行老三,两岁时父亲因积劳成疾去世,一家老小的生活重担全部落在了性格倔强、善良能干的母亲一人身上,为了减轻母亲的生活重担,吴瑞林6岁时便到一家私塾给教书先生扫地、看门、烧水、做饭、干杂活。由于勤快,又聪明,赶上在院子里干杂活时,就偷偷地跟着教室里的先生学几句唐诗。恰巧有一天先生在教室里叫学生背唐诗,却没有一个背得出来,吴瑞林就在院子里背诵起来,老师把他叫到教室里,把那些富家子弟指责了一番,这样他就有了机会边干杂活,边跟着先生学一些字,背熟了一些诗文。但只有一年多时间就因为被先生误认为偷了他家的盐巴而不甘受辱,一气之下砸烂了煮菜的砂锅,跑出了私塾的大门。回到家后,又不忍心拖累家里,便下狠心,只穿着一件缺一只袖子的褂子和一条半条腿的裤子,沿路讨饭到了通江砖瓦厂当了一名童工,当时只有10岁。后来在工友们的带动下,参加了秘密工会和工会组织的三次罢工,并在党的地下工作者吕子谦、齐应元的帮助教育下,13岁时参加了中国共产主义青年团,从此离开了砖瓦厂,当上了地下党的交通员,成为一名职业革命工作者。1932年,17岁的吴瑞林参加了中国工农红军,同年加入了中国共产党。在几十年革命战争的烽火中,他身经百战、智勇双全、出生入死、屡建奇功。18岁时,受红四方面军总指挥徐向前的派遣,参加了与四川军阀杨森的谈判,是以傅钟同志为首的四名谈判代表中年纪最小的;1935年6月,他带领红四方面军总部和川陕省委工作团,随红30军在川西懋功迎接刚刚翻过大雪山后北上的中央红军;长征到达陕甘宁边区后,在中央党校学习时,他第一个报名要求奔赴抗日前线,受到中央领导的表扬;他受党中央派遣率队赴苏联学习飞行未果,转赴山东抗日战场,浴血奋战,在反日寇"七路围攻"时一次战斗中连续两次负伤,浑身上下留下9处伤口,经抢救死中重生;解放战争坚持辽南,他率领东北野战军第5纵队南攻北击驰骋辽西,围歼廖耀湘兵团;带着辽沈战役的硝烟他率队入关,长途奔袭,横扫平北、平西,提前52个小时抢占丰台,堵住傅作义突围的通道,顶住了国民党军六个师的轮番进攻,一次缴获敌人106辆坦克;他率领42军一夜之间第一批秘密跨过鸭绿江抗美援朝,阻止了以美国为首的联合国军和南朝鲜伪军的进攻,并第一个突破了被吹嘘为铜墙铁壁的三八线。就像众多具有传奇色彩的将帅一样,吴瑞林将军战斗的一生,与中国共产党的领袖、中国人民解放军的统帅毛泽东始终有着不解的情缘。

长征途中川西初识,
毛泽东说:"你是会搞调查研究的"

1935年初,党中央和红一方面军经过艰苦转战到达了川黔边境,准备北渡长江进入四川,并电示红四方面军全力西渡嘉陵江,机动作战,策应红一方面军从泸州上游渡江入川。为了迎接中央红军入川,川陕省委和红四方面军总部组成了由川陕省巴中道苏维埃主席谢富治任团长、大金川省委组织部部长兼少共书记吴瑞林任副团长的工作团,随李先念率领的红三十军行动。1935年3月红四方面军离开川陕根据地渡江(嘉陵江)西进。5月上旬,党中央率红一方面军已进入川西彝族居住区,准备经冕宁北上,于是红四方面军继续向岷江地区进发,向红一方面军靠拢,并攻占了茂县(今茂汶羌族自治县)、汶川和理番(今理县)。5月中旬,红四方面军总部在茂县召开了各军领导同志会议,研究布置迎接党中央和红一方面军的各项准备工作,决定由李先念率部开往金川地区去迎接党中央和红一方面军。5月底,工作团随李先念的红三十军出发,翻过4000多米的红桥雪山,先后攻占了西河口和懋功。为了迎接和接待好党中央和红一方面军,工作团在沿途设了四个接待站,负责筹措粮食物资、宣传动员群众、接待过往的中央红军。吴瑞林担任第二接待站的站长,接待站设在抚边。接待站的全体工作人员为了表达对中央红军的欢迎,除了千方百计筹措粮食物资外,还自己动手制作各种慰问品,作为站长的吴瑞林,除了亲自打了 4 双草鞋、与川陕苏区妇委书记吴朝祥(女)换工织了 4 双毛袜子外,还针对抚边系藏、苗、彝少数民族聚居的实际,利用宣传动员群众的机会,召开各民族群众座谈会,对当地的政治、经济、风俗、民情及各少数民族的具体情况,进行了翔实的调查研究,并写出了一份调查报告。

6 月 12 日,红四方面军的先头部队与红一方面军的先头部队在达维会师,接待站的同志们听说后群情振奋,大家都盼着早一点见到中央的领导同志和红一方面军的战友们。

一天,大家接到通知,说第二天党中央的领导和红一方面军的战友要到接待站,同志们激动异常,忘记了连日的疲劳,连夜准备各种物资。第二天,天还未亮,吴瑞林就早早地起床,组织各族群众列队,亲自带领接待站的同志们把各种慰问品准备好,搭起了宣传鼓动棚,张贴欢迎标语,还提前烧好了开水,煮好了米汤。太阳升起不久,只见一个通讯员老远地边跑边喊:"中央红军来了!"顿时,鞭炮齐鸣,锣鼓喧天,大家看到远远地走过来一群人,同志们边鼓掌边欢呼,当人群走近时,红 30 军的一位同志抢先一步指着走在最前面的一位领导告诉正带领大家喊口号的吴瑞林说:"这是周恩来副主席。"接着转身向周副主席介绍说:"这是大金川省委组织部部长兼少共书记吴尚德(吴瑞林),也是我们四方面军政治部团委副书记。"周副主席握着吴瑞林的手说:"同志们辛苦了!"接着就一一介绍到来的党中央领导同志毛泽东、朱德、刘少奇、徐特立、谢觉哉等,吴瑞林第一个与毛泽东握手,看到毛泽东高高的个头,人很瘦,虽然显得疲惫,但两只眼睛却炯炯有神。因为他第一次见到毛泽东,激动得只说了一句话:"毛主席好!"

把中央领导同志让到屋子里以后,大家纷纷拿出自己准备的慰问品送给中央领导同志,堆了一桌子。趁此时,吴瑞林把自己写好的调查报告交给周恩来副主席,说:"这也算是我的一份礼物。"周恩来同志当场就翻阅起来,并不住地点头,看完后就转交给了毛泽东。毛泽东看后问吴瑞林:"你是做什么工作的?"吴瑞林说:"我是搞群众工作和青年工作的,也管了些军事工作。"毛泽东拿着报告说:"这个材料好,这个材料有用。"这时朱总司令插话说:"你是哪里人?"吴瑞林回答说:"我是巴中人,在仪陇当过县委书记。"朱总司令高兴地说:"你是我的小老乡啊!"这之后,朱总司令先后三次找吴瑞林谈话,了解四方面军和家乡的情况。当中央领导同志要离开接待站的时候,毛泽东对吴瑞林说:"你们的慰问品我们收下分给部队了,你的那个'礼物'(指调查报告)我拿走了,你搞的这个材料很好,你是会搞调查研究的。"

在中央党校提了两条建议,
毛泽东说:"这个意见好,让他们都进党校"

1936 年 7 月,红二、四方面军在甘孜会师后,随即穿越罕有人烟、气候恶劣、泥潭遍布的草地,于 10 月 9 日到达甘肃会宁,与前来接应的红一方面军胜利会师。至此,举世震惊的红军两万五千里长征胜利结束。红军长征抵达陕甘宁边区后,中共中央为了培养和训练经过长征考验而保存下来的红军干部,将红四方面军党校与中共中央党校合并,并从红四方面军中选调一批干部进中央党校学习,吴瑞林作为红四方面军的一名年轻干部(时任红四方面军政治部团委副书记)被选调入中央党校学习。当时中央党校驻在陕北定边,1937 年 1 月,中央党校从定边迁至延安桥儿沟,吴瑞林一直在党校学文化、学政治、学理论。当时中央党校的校长是董必武同志,党校搬到延安后,中央的许多领导同志经常给党校的学员讲课。

毛泽东对中央党校的教学十分重视,常常亲自到党校讲课。当时党内风气很好,中央领导同志的民主作风也很好,毛泽东时常参加学员班的讨论。讨论中大家畅所欲言,谁也没有什么顾虑,有想法有意见都是直接说直接提。有一次毛泽东参加一个班的讨论,大家纷纷反映,在中央党校学习收获很大。有的同志说,我们这些经过长征幸存下来的干部,大都是穷苦人家出身,参加红军前都没有上过学,没有文化,当了师团干部还看不懂电报和命令,入党校学习才半年就有了很大的进步,这样的机会真应该好好珍惜。这时吴瑞林要求发言,他说:"我想给毛主席提个意见。"全班同学的目光一下子都集中到吴瑞林的身上,显出惊讶的样子。毛主席也看着吴瑞林问:"好哇! 你提个什么意见啊?"吴瑞林咳了一下说:"我们这些到党校学习的同志都是红军的中高级干部,大家来上学都是带了警卫员和马夫的,我们上课学习,这些警卫员和马夫就没有多少事可做,是不是可以把他们组织起来,也叫他们去学习,他们也是经过长征考验的红军战士,经过培养,将来都会成为党的干部。我们的战马也不经常用,是不是可以集中起来搞些运输或派别的用场,这样也不浪费。"毛泽东说:"好嘛! 你提的意见可以考虑,我们研究一下,做个安排,我们现在缺少的就是干部嘛。"全班同志都鼓掌表示同意吴瑞林的意见。

又过了几天的一个下午,也是在班里的讨论会上,大家议论起党的团结问题,许多同志对张国焘在四方面军搞的分裂活动表示愤慨,这时吴瑞林站起来说:"上次我给毛主席提意见,其实话也没讲完,我就觉得我们四方面军有不少干部受张国焘的打击迫害和排挤,挨了整,连党籍都没了,可他们始终跟着红军爬雪山、过草地,对革命不动摇。比如陈文高同志(新中国成立后曾任广东省农垦局局长)和徐斌洲同志(新中国成立后曾任国务院第八机械工业部副部长),挨了整,开除了党籍,他们一直扛着米袋子长征过来了,到现在组织还没有解决他们的问题,应该也让他们到党校来学习嘛!"恰在这时,毛泽东推门而入,说:"我在窗外就听见有人在提意见喽,是谁啊?"看到吴瑞林还没有坐下,就指着他说:"啊! 是你啊,你是吴瑞林,上次你提了个好意见,这次又提了一条好意见。"然后毛主席坐下来对大家说:"现在形势发展很快,我们的党和红军、中国革命需要许许多多的干部,你们的警卫员、公务员、马夫,都把他们组织起来,就是一个很好的干部学校啊。还有四方面军和陕北的一些干部,受到过打击排挤,甚至错误的处理,以后都给他们恢复党籍,让他们都进住党校。"毛泽东的话很快就变成了现实,这些同志经过党校学习后,分配到了全国各个根据地和战场,以后大部分成为党的高级干部。

第一个报名要求到敌后抗日战场,毛泽东称赞说:
"你在山东坚持沂蒙区,克服困难的办法多"

1937 年 7 月 7 日,卢沟桥的炮声震撼了神州大地,更震撼了中共中央所在地延安。卢沟桥事变的第二天,中共中央即发布通电,号召全国同胞、政府和军队团结起来,筑成中华民族统一战线的坚固长城,抵抗日寇的侵略,驱逐日寇出中国。党中央向红军全体指战员吹响了奔赴抗日战场的号角,在中央党校学习的学员们纷纷写决心书,请缨杀敌,誓与日寇决一死战。"到敌人后方去!"成了党校学员当时最响亮的口号和最坚定的愿望。在小组讨论会上,吴瑞林第一个举手发言,报名坚决要求到敌人后方去,到抗日前线去。会后,吴瑞林找到党校教务部主任成仿吾同志,郑重地向党组织提出了这一要求。第二天,董必武校长见到他时说:"小吴,第一个响应党中央号召坚决要求到抗日前线去的是不是你呀?"吴瑞林回答说:"是啊! 组织上什么时候能批准呀?"董必武说:"你带了一个好头。第二个报名的是陈庆先同志(后到新四军任团长、旅长兼军分区司令,新中国成立后曾任军事学院副院长、济南军区副司令员兼参谋长,1955 年被授予中将军衔),其他同志也都报了名。你们高涨的爱国热情和坚定的抗日决心,值得称赞。我准备把你们的情况报告党中央和毛主席,你们等着组织的安排吧。"接着他又严肃地嘱咐吴瑞林说:"在组织未做出具体安排前,还要继续安心学习,认真理解、掌握党的抗日民族统一战线的理论和政策,充分做好到全国去开创新局面的思想准备,要服从组织决定,听从党中央的统一指挥。"后来,1938 年 12 月,吴瑞林调到新建立的中共山东泰山特委任军事部长(特委军事部对内为军分区)。中共山东分局委员、山东纵队政委黎玉同志与其谈话时还特意提到,他这次去延安路经武汉时见到了周恩来同志和董必武同志,董必武同志专门对黎玉讲:"你们山东敌后有个年轻的四川同志吴瑞林,红军长征时曾担任过党的大金川省委组织部部长兼大金川少共书记,是红四方面军的干部,挨过张国焘的整,后来在中央党校第一个报名坚决要求到敌后,曾受到毛主席的表扬。"

"七七"事变不久,华北的抗战局面发生了重大变化。在正面战场,虽然国民党军队的广大爱国将士对日军的进攻进行了英勇的抗击,但由于蒋介石奉行片面抗战路线和消极防御的方针而节节败退。在不到4个月的时间内,在华北以国民党军为主体的正规战争就结束了,而以共产党为主体的游击战争进入主要地位。在党校学员即将毕业奔赴敌后抗日战场前夕,毛泽东同志专门给大家讲了一次话。毛主席说:"我们这支队伍,经过二万五千里长征,爬雪山,过草地,是大浪淘沙淘出来的,是千锤百炼炼出来的,一、二、四方面军的广大干部都是这样出来的。我必须告诉同志们,四方面军的广大干部都是好同志,党中央是信任他们的。对三个方面军的干部,都要一视同仁,"毛主席接着讲,"现在我们这支队伍只有四五万人,数量上比过去是减少了,但可以以一当十、十当百、百当千、千当万。目前的形势要求我们担负更重大的责任,我们这几万人的队伍,在抗战中要超过几十万几百万人的作用。我说这个话,有的同志现在也可能不相信,我们能起这样大的作用吗?同志们,只要我们坚持统一战线中的独立自主原则,打到敌人的侧翼和后方去,放手动员和组织千百万群众起来抗日,独立自主地实行游击战争,发展和巩固抗日根据地,事实就会出来作证,你们就会看到这种作用的。"毛主席又讲道:"但我们若是老在延安这个山沟沟里,革命事业是得不到大发展的,同志们也是得不到大发展的。现在,我们的八路军打出去了,还打了胜仗,同志们也要跟着打出去。你们一旦打到敌人的侧翼和后方去了,就会看到事情的真相,看到群众是多么盼望你们。只要同志们说声'我当过红军,爬过雪山,过过草地',就会有人跟你们一道当红军,领导水平高些的同志就会拉起几千人的队伍,水平低些的同志也会拉起几百人的队伍,不愿当亡国奴的人民就会学着你们的样子干,跟着你们一道抗日。你们看,我们这个队伍不就成了几十万几百万几千万的浩浩荡荡的大军了吗?"毛主席还风趣地说:

"你们许多同志现在还是单身汉吧？不要紧,敌后有的是漂亮的女学生,你们去了,只要干得好,你们每个人都可以在那里找到你们称心如意的伴侣嘛!"大家一听,都禁不住乐了起来,一齐报以热烈的掌声,个个兴高采烈,信心十足。吴瑞林认为,自己一定会被批准第一批奔赴敌后抗日前线的。没想到几天以后,中共中央组织部挑选了一批同志作为飞行员派到苏联去学习航空技术,陈云同志根据董必武曾经提出的名单,决定由吴瑞林带队前往。当吴瑞林带着这批同志抵达甘肃兰州准备继续西进时,控制着新疆军政大权的盛世才正在制造捕杀异己的暴力事件,形势紧张,交通被阻,他们只得又返回延安。恰逢此时郭洪涛同志要带一批干部去山东敌后,吴瑞林听到后立即向中央组织部提出随郭洪涛同志去山东,得到了批准。1938 年 3 月 8 日,正值国际劳动妇女节这天,吴瑞林等一百余名干部乘坐三辆大卡车踏上了赴山东敌后的征途。从此,在长达 7 年多的艰苦岁月中,吴瑞林与山东抗日军民同呼吸,共命运,开辟鲁东南,北上泰山区,转战沂蒙山,驰骋齐鲁大地,为创建、巩固和发展山东抗日根据地,为山东人民抗日武装的建设和发展,为建立和发展抗日民族统一战线,为消灭入侵山东的日寇,出生入死,屡建奇功,创造性地进行战斗和工作。

他初进山东,按照毛主席的红军建军原则,将一支由群众抗日武装发展起来的游击大队,建设和扩大成为拥有近千人兵力、军政素质优良的山东人民抗日游击队第二支队。依靠这支武装,建立了鲁中第一个抗日民主政权——沂水县抗日民主政府。接着挺进鲁东南,与高树勋部建立了团结合作,共同抗战的统战关系;挤走了国民党顽固派部队骑兵第 13 旅;收编改造了主张抗日的地方性群众武装;指挥了入鲁后的第一次战斗——侯疃战斗,摧毁了由降日派土匪盘踞的匪巢,打击了日伪的气焰;开辟了方圆 100 多平方公里的抗日根据地。

1938 年底,吴瑞林受命北上担任泰山特委军事部长,指挥部队在泰山脚下两出奇兵,首次奇袭日寇,仅用 5 分钟,就取得了毙敌 16 人、伤敌 11 人、摧毁汽车 3 辆的胜利。接着配合主力部队粉碎了日寇的"九路围攻"扫荡,建立起泰山区抗日根据地,打通了连接山东——新四军和山东——鲁西——八路军总部——延安的战略通道。在重伤未愈的情况下,拄双拐受命担任主力部队团长,在不到两年的时间里,他先后指挥大小战斗近 20 次,两次身负重伤,死中重生,腿落残疾,打出了"吴瘸子"的威风,连日本鬼子都怕他三分。在此期间,吴瑞林首创攻坚战中使用炸药连续爆破炸碉堡的战术,并发挥部队中矿工战士的特长,第一个在部队中建立了工兵分队。

1941 年 9 月,吴瑞林奉命率团赴沂蒙山区,粉碎了由日寇中国派遣军总司令官畑俊六指挥的,对沂蒙山区"铁壁合围"式的大扫荡。接着升任沂蒙军分区司令员,争取伪军来时岑部反正,开展对国民党苏鲁战区总司令、第 51 军军长于学忠的统战工作;指挥"岱崮保卫战",涌现出我军著名英雄连队"岱崮连";三次讨伐吴化文,逼其部队撤离山东;解放临沂城,工兵爆破大显身手,首创我军 3 昼夜挖地道 310 米,用 1650 公斤炸药,将墙高城厚的临沂城炸开了一个 120 米的大缺口,一举攻克临沂,声震齐鲁。就连苏联二战时期的著名将领马林诺夫斯基元帅,在看了吴瑞林身上的十几处伤疤,听了他的作战经历后,都竖起大拇指连声夸奖道:"毛泽东的'捎达子乌拉'(俄语'士兵万岁')。"毛泽东在一次与吴瑞林谈话时,曾称赞说:"你在山东坚持沂蒙区,克服困难的办法多。"

进入北平前夜,毛泽东说:
"要发扬光荣传统,艰巨的任务还在等着你们哩"

1948 年 11 月,辽沈战役结束后,仅在辽宁义县休整 10 天的东北野战军第 5 纵队,接"林罗刘"(即林彪、罗荣桓、刘亚楼)首长电令,作为东北野战军入关部队右路纵队的先头部队,隐蔽入关,向北平以东的三河地区开进。时任第五纵队副司令员的吴瑞林,率队兵分两路,沿热河至喜峰口之间的丛山密林间,夜行昼宿,于 12 月 10 日到达三河地区。急行千里,原计划在三河地区休整三天,但是,东野总部突然命令五纵即向平北沙河地区挺进,切断平绥路,堵住傅作义部队南逃北援的必经之路。第二天,即 12 月 11 日,5 纵从冀东三河出发,两天一夜行军 220 里,抢占了北平城北的敌屏障据点南口、沙河和昌平。13 日,吴瑞林率 5 纵先头师进抵圆明园以北、红山口以东傅作义保护北平的重要防线。当晚,先头师 372 团在猛烈炮火和夜色的掩护下,一举突破红山口,在青龙桥与玉泉山之间向南席卷而去,直插丰台。半夜 1 点,前卫部队到达了北平通往石景山的田村车站,俘虏了路经此站的一列车 1000 多敌人;接着又生俘从香山溃逃路经田村,在黑灯瞎火中与我军并行的国民党保 2 旅 16 团残部 500 余人。后半夜,前卫营攻进到"新北京"(即北京西郊万寿路、翠微路一带),通过村民了解到傅作义的临时指挥所就设在附近的铁家坟一个大院内,当我军一个排迅速攻进到大院附近时,遇到敌一队坦克和装甲车,战士们用炸药包和集束手榴弹一气炸毁 11 辆。从俘获的敌营长口中了解到,这是傅作义的战车营,负责警戒敌指挥所的,傅作义刚刚离开指挥所十几分钟,大家遗憾地说:差点网住了一条"大鱼"。14 日拂晓,五纵一个师占领丰台北面岳各庄,一个师控制了北至八宝庄,南至公主坟、什坊院、莲花池西沿、财神庙一线,对北平城西形成正面包围。当天下午 3 点,5 纵五个团在炮火掩护下,向守敌 101 军一个旅发起攻击,一举抢占了战略要地丰台,切断了傅作义沿铁路线突逃的咽喉要道。从凌晨 3 点到下午 3 点,5 纵连续击退了傅作义 6 个师以装甲列车为前导,上百门榴弹炮火力掩护下的三次猛攻,终于守住了丰台,并缴获敌坦克 106 辆。

战后,华北前指、华北军区司令员聂荣臻同志到五纵看望部队时,对吴瑞林说:"中央军委对你们军(当时部队已决定改编为第四野战军 42 军)进关以来行动迅速,主动抢占丰台,并守住了丰台,对你们的作战行动,表示满意。中央、中央军委、毛主席嘉奖了你们。"聂荣臻接着说:"中央还没有下令要你们攻占丰台,你们就主动地抢占了丰台;中央下令要不惜一切代价守住丰台,你们就打退了敌人三次进攻,守住了丰台;敌人集中了他所有坦克车、装甲车、铁甲列车向你们进攻,被你们统统缴获了,迫使傅作义不得不向我们低头。"又说,"你们攻占了丰台,就是扼住了傅作义的脖子,控制了他的咽喉,切断了他的补给线,使他断粮断草、断弹药油料,处于弹尽粮绝状态,致使他的部队起了内讧,乱了起来,失去了作用。"丰台之战三个月后,党中央和毛主席从西柏坡进驻北平路经河北涿县时,毛主席和党中央领导同志听取了吴瑞林关于平津战役中42军作战情况的汇报后,周恩来副主席曾代表中央说:"吴瑞林同志,你们一个军完成了中央军委原先给两个军的任务,还提前50多个小时,截断了平绥、平汉、平津的铁路和公路线,抢占了重要战略要地丰台车站。你们军做到了兵贵神速,进攻打得很好,防御也打得不错,敌人在飞机、坦克、装甲车、大炮的掩护下,一天之内三次反扑丰台,最多用了6个师的兵力,你们都顶住了,不简单啊!你们一个军就缴获了敌人105辆坦克,到目前为止,在全军来说也是少有的呀!"两年以后,当吴瑞林从抗美援朝战场奉召回国向毛主席汇报作战情况时,毛泽东还记忆犹新地对吴瑞林说:"你们军不是在丰台作战中打过傅作义的坦克吗?那时我们没有飞机和坦克,大炮也不多,我们就用炸药,这不是很好吗?天无绝人之路嘛!我军主要是运用这些传统战法,以土对洋,敌人很怕我们的炸药哟!"

平津战役结束后,全军统一编制,东北野战军第5纵队正式改编为第四野战军14兵团42军,吴瑞林任军长,军部驻河北涿县。1949年3月,中央在河北平山西柏坡召开了七届二中全会后,决定中央机关由西柏坡迁往北平。3月22日早晨8点,吴瑞林军长从涿县赶到北平北京饭店304房间,四野政委罗荣桓和参谋长刘亚楼正在等他。罗荣桓政委递给吴瑞林一支烟,吸了一口说:"前委昨晚讨论了,交给你一个极其严肃的政治任务。"吴瑞林急切地问道:"什么任务?"罗政委说:"党中央、毛主席、朱总司令、周恩来同志、少奇同志等要从平山移往北平,你们军曾提出'打下北平城,迎接党中央、毛主席、朱总司令到北平来'的口号,如今这个口号就要实现了,现在把迎接党中央、毛主席这样一个严肃的政治任务就交给你们了。你们要有高度的使命感和高度的责任精神,也就是说要以向全党、全军和全国人民负责的精神、圆满完成这个任务,任何人都不能有任何差错,否则就无法向全党、全军和全国人民交代。"吴瑞林一听,高兴地说："太好啦！我们保证坚决完成任务，不出任何差错。""别急"，罗荣桓政委接着说，"党中央和毛主席、朱总司令、恩来、少奇、弼时等首长，还有董老、林老、徐老、吴老、谢老等同志，以及中央机关、军委机关的同志们要在你们军部住一夜。从高碑店到长辛店这一段安全由你们军负责，要做到万无一失。沿途所有的山头、山沟都要控制，一切大小路口届时要加强警戒。总之，要做到绝对保密！绝对安全！"刘亚楼参谋长递给吴瑞林一杯咖啡说："我就讲两句。第一，这是个极其严肃的政治任务，对你们军来说，又是一个极其庄严而光荣的任务，将来要载入史册的。党中央和毛主席、朱总司令、恩来、少奇、弼时等这么多的中央领导同志，在一个军部住一夜，是史无前例的，你们要高度负责，中央办公厅杨尚昆主任还要提前检查安排的情况。第二，执行这个任务不准打电话，联络可用车辆和骑兵。时间紧迫，你回去布置好后，再报告。"吴瑞林坚定地说："请两位首长放心，我们保证完成任务！"返回涿县后，吴瑞林立即与几位军领导刘兴元、赵东寰、郭成柱一起进行了具体研究，然后分头下到各师进行准备工作。

三月的华北大地，春寒料峭，冰河还未解冻，战士们在冰上铺上了沙子。沿途公路上厚厚的浮土都被刮掉，填平坑坑洼洼，喷上水，撒上一层薄沙。经过两天两夜的奋战，一切准备就绪。24日黄昏，载着中央机关的70辆汽车，浩浩荡荡来到了涿县42军驻地。军管理科从北平城里专门买了些新鲜的豌豆尖，用鸡蛋下挂面，招待毛主席、朱总司令等中央领导同志，朱总司令看到热气腾腾的挂面，高兴地对毛主席说："多少年没吃过这东西了。"毛主席说："20年没吃了！"中央首长边吃边谈，十分高兴，饭后，中央领导简要地听了吴瑞林关于平津战役作战情况的汇报后，周恩来同志问："这次接待任务，你们用了多少时间啊？"吴瑞林从口袋中拿出怀表看了一下说："从布置任务到现在，已经61个小时了。"毛主席听后称赞道："61个小时，你们动作好快呀！"刘少奇同志问道："你们是不是事前早已经知道了？"吴瑞林回答说："事前不知道。进关时，我们军就提出打好进关第一仗，迎接党中央和毛主席、朱总司令进北平！""这个口号提得好!"中央领导异口同声称赞道。吴瑞林接着说:"罗荣桓政委把接待任务交给我们后,军里几位领导都分头下去组织部队抓落实。这不,他们几位还在各个点上忙呢。"周恩来接过话荏儿说:"军队就要这样嘛!"这时,毛主席说:"中央未料到你们提前52个小时占领丰台,中央向你们全体指战员表示慰问。我们很快就要推翻蒋介石反动政府的统治,你们要发扬光荣传统,艰巨的任务还等着你们哩!"吴瑞林向毛主席表示:"我们一定把中央首长的指示向全军指战员传达,完成党中央、中央军委交给我们的一切任务。"

中南海谈兵论战,毛泽东说:"是你们军第一个突破敌人号称'铜墙铁壁防线'的'三八线'的"

1950年6月25日,朝鲜内战爆发。27日,美国宣布干涉朝鲜内政。为了保卫我国东北地区的安全和在必要时支援朝鲜人民的反侵略战争,7月13日,中央军委作出《关于保卫东北边防的决定》,并抽调13兵团38、39、40、42军等部队组成东北边防军。10月7日,美军越过"三八"线继续北犯,企图占领朝鲜全境,并向我鸭绿江侵犯。10月8日,毛泽东主席发布命令,将东北边防军组成为中国人民志愿军,援助朝鲜反击侵略者,保家卫国。10月19日晚,志愿军4个军分别从安东(今丹东)、宽甸河口、辑安等处跨过鸭绿江,开始抗美援朝作战,吴瑞林军长率领刚刚放下手中的锄头的42军,解除屯垦任务,由生产队转为战斗队,经过短短三个月参战训练,从辑安隐蔽神速地跨过鸭绿江后,连续参加了第一至第四次战役和横城反击战,歼敌2万多人,打败了美2师、美5师,有效地阻击了美陆战1师。接着转入阵地防御作战。

1951年5月下旬,志愿军司令员兼政治委员彭德怀,奉党中央、中央军委和毛主席的指示,指定志愿军副司令员邓华同志率第一批出国赴朝作战的4位军长(39军军长吴信泉、40军军长温玉成、42军军长吴瑞林、38军军长梁兴初因病由政委刘西元参加),回国向毛泽东主席汇报朝鲜战场的情况。回到北京后,大家抓紧时间看材料,准备向毛主席汇报。乘此时机,刘西元、吴信泉和温玉成三人赴天津参观并介绍抗美援朝情况,吴瑞林因检查身体未去。5月底的一天,吴瑞林刚吃完晚饭,聂荣臻总参谋长办公室主任安东同志来饭店接吴瑞林,他以为聂总长要找他谈话,拿上文件包准备走,安东主任说:"这些就不要带了,带上钢笔和笔记本就行了。"直到上了车,安主任才告诉吴瑞林:"是毛主席要接见你呀。"吴瑞林一听心里既兴奋又紧张。

汽车经新华门进中南海,直驶到毛泽东主席的住房外停下来,吴瑞林一下车就看到毛主席站在门口迎候,他赶紧上前两步向毛主席敬礼,毛主席握住吴瑞林的手说:"你太瘦了!我听说你在战场上累得吐了血,是怎么回事呀?"吴瑞林告诉毛主席:"那是内伤,过去的伤口破裂而出血。经治疗现在已经很好了。"毛主席又问:"你是突破三八线时伤口破裂的吧?能坚持吗?"吴瑞林说:"是的,当时我虽然吐了血,但对群众采取保密,下面干部都不知道。当时彭总都把他的药送给我了,以后军委和东北军区专门送药给我。突破三八线时,我坐着担架,指挥战斗。"毛主席感慨地说:"正是有了你们这些同志坚持指挥战斗,我们什么也不怕了。"进屋以后,毛主席请吴瑞林坐下来,让他脱下上衣,又递给他一把芭蕉扇,然后点了一支烟,深深地吸了一口,对吴瑞林说:"现在言归正传吧,我要问你几个问题。"……吴瑞林首先向毛主席汇报了对抗美援朝战争的认识,接着就讲起了入朝作战在军事方面做了哪些准备工作。他谈了对付敌人空中优势,志愿军采取夜战、近战、不良气候条件下作战;对付敌人坦克、装甲车,采取依靠地形地势,利用爆破箱、小包炸药等我军传统战法;当谈到对付敌整体装备优势的炮兵,采取集中火力重点使用,在一点上将劣势变成优势时,毛主席说:"好呀!你们抓住了要害,解决问题具体,方法对头,这是我们的优势嘛!"当吴瑞林说到在国外作战,首先教育部队要尊重朝鲜人民的风俗习惯,要尊重朝鲜的领导,团结朝鲜人民军队,才能取得胜利时,毛主席又说:"这又是你们抓住了更重要的要害呀!只要坚决地坚持下去,就能打败美帝国主义及其帮凶军呀!"吴瑞林又谈到对付敌人的毒气战,采取每人准备一块手巾大的纱布或白布,用水浸湿捂在口鼻和眼睛上;在山上如无水可取,则可用尿代替,亦可预防。并讲起在抗日战争中,遇到这种情况就曾用尿当水来防毒气时,毛主席称赞说:"我们的老同志有经验嘛,这种办法要及时往下传达,这很好嘛。土办法对付洋东西这是我军的光荣传统嘛!"

毛主席问吴瑞林:"过鸭绿江,你们军在一夜之间,3个步兵师、1个炮兵师和运输车辆都过去了,远的过江后还前进了六七十里,近的也走了三十里,你们是怎么这样快过桥的呢?"吴瑞林说:"过江前,我和副军长看了三天地形,了解到步兵从火车道上走障碍多.步伐很慢,我们就设法把木板搭在枕木上,与铁轨镶平,用爪钉钉住,火车通过没有问题,步兵4路纵队通过也没有问题,一个团40分钟就过完了。另外,我们还在江水浅的地段用石条铺水下桥,桥头两面修急造公路,修一段伪装一段,车辆马匹从水下桥通过,可以防空袭,万一桥被炸,就从水下桥上通过,做了两手准备。"毛主席听后大笑道:"好呀! 好呀! 北朝鲜江河多,均可采用。这个办法现在可用,将来也可以用,这就叫天无绝人之路嘛!"接着,毛主席很有兴趣地说:"我从电讯上看到吴瑞林在公路上炸石头,炸毁、炸伤敌人的坦克车十余辆,你说说,是怎么回事啊?"吴瑞林说:"第一次在黄草岭作战,敌人出动坦克沿着山边的公路向我们进攻。我想起在抗日战争期间,看见过日本鬼子修公路炸石头。我就采用了这个办法,叫工兵在山缝中塞上小包炸药,扩大口子,再装上200公斤炸药,电发火,用电话机起爆,一下子炸毁敌人坦克车5辆,炸伤8辆,敌人不知道我用的什么战术和新式武器,地面部队五六天不敢行动。第4次战役在三个不同的方向(龙头里、元宝山、中元山)都使用这种方法,炸坏了敌人大批坦克。"毛主席点点头说:"美帝国主义有飞机、大炮、坦克的优势,我们有山头,有石头嘛!"说完用手指着吴瑞林的头继续说道"还有这几千、几万、几十万的头脑嘛,这就是我们强大的优势。"说着毛主席拿起吴瑞林递给他的两份表格说:"我看了这两份表,你们打了近三个月的防御战役,还有两万九千人啊,还有一个两千人的完整团呀。"吴瑞林说:"这是主席的中国革命战争战略问题的教导嘛。"毛主席问:"你保持一个两千人的完整团的意义是什么?"吴瑞林回答说:"我当时考虑留这个团的作用有三:一是防止敌人空降。二是防止敌人从海上偷袭登陆,保证侧翼安全。三是万一哪个地方出了漏洞,就用来补漏。"毛主席说:"好嘛,打仗要有预备队,以防万一嘛。你考虑得很细、很好呀! 高级指挥员要有各种应变能力,这是非常必要的。"

毛主席喝了几口茶,又问吴瑞林:"你军单独在东线执行任务,而且任务很重,你们建议,留后梯队师守熙川以南的妙香山,你是怎么考虑的?"吴瑞林回答:"熙川是个战略要地,是三条铁路交叉的交通枢纽,其中两条直通我国边界,另外一条通元山、咸兴到清津,也与我国边界有联系。若敌人的机械化部队占领了熙川,则直接威胁我东西两线作战,也威胁到我国辑安、临江两条战略运输线。因此,我建议留后尾师守住妙香山,同时建议预备军开上去接替,我后梯队师直接控制这一战略要地,将使敌人无法破坏我东西两线联系。我正面虽然少了一个师,但地形对我有利,我既可节节抗击敌人,又可保证两条铁路供应线的安全。"毛主席听了高兴地说:"高级指挥员在现场了解情况,若遇威胁全局的问题,就应当机立断,这是非常重要的,我立即批准了你的建议。兵法曰'将在外,君命有所不受'哟。这是个带有全局性威胁的问题,又是个有战略意义的大问题。你这次一面执行,一面报告,不是等批了再执行,这样做是对的,不然就会耽误了大事呀。""还有",毛主席接着说,"我要你军派一个营,控制小白山制高点,你们也执行得很好。控制要点,是兵家常识。战争中,敌人控制了战略性的制高点,对我们则十分不利呀。对了,你向彭老总建议,要9兵团留一个团控制协汗岭,作用是什么?"吴瑞林说:"协汗岭比小白山还重要,小白山离作战区远,对9兵团执行任务影响不大,协汗岭是在总司令部署范围之中,利于守而不利于攻。假若敌人占领,用一个营加榴弹炮控制,9兵团很难执行围歼敌人的任务。而且此处又是东西南北公路的交叉点,也威胁熙川铁路,控制它,既可保护战略要点,有利于9兵团在协汗岭以东的长津作战,还有利于我东西线的联络。"毛主席说:"你是在实地看到的,我们是在地图上才看得清楚,彭老总立即采纳了你的意见,9兵团也执行了,很好哇!"说着,毛主席站起身来,在屋中边踱着步边说道:"一个高级指挥员,既要坚决执行命令,又要根据当时当地的实际情况善于提出改进部署的建议,这才是很好地执行命令呀!这是我们高级指挥员必须注意的重要问题嘛!我从来就主张,指挥员依据实际情况,作出切实可行的决定。"

这时,毛主席扭转身子,面对吴瑞林问道:"我听说从敌占区找回来的朝鲜人民军部队指挥员,都想找吴瑞林军长谈谈,是怎么回事呢?"吴瑞林挺直了身子回答说:"那是因为我熟悉他们的干部比较多,时间也长些,他们想找我了解我们志愿军的情况。他们想知道,我们支援他们参战,是长期的还是短期的,对此,他们心中没数。我是根据彭总的指示,和他们30多个师团级干部、4个军级干部谈了话。这些人中,有我在三个不同时期认识的三批人,他们都认识我或者知道我。""噢,你说在三个不同时期,是怎么回事呀?"主席问道。吴瑞林回答说:"第一批是在1945年,我们刚从山东到东北的安东时,在那里招收学生办军队的学校,萧华同志叫我兼任校长,一下子就招收了1600多人,其中有朝鲜的学生600多人。我一个星期抽时间去讲一两次话。金日成同志回国路经安东时,我根据中央指示曾向他汇报过,后来他派崔镛健副总司令来看望这些朝鲜族学生,他们感到很好,就把这批人要回去了。第二批是我们到东北后,组建了一支朝鲜族的队伍,支队长是李红光,有6000多人。这支部队全副武装,很能打仗,后来金日成同志将该部队要去改编成为5军团。第三批是中央军委曾把各野战军的朝鲜族同志集中起来整编成立了一个加强师。我军那时驻河南郑州,因为其中朝鲜族人原属四野的最多,四野首长把此任务交给我军担任,这个师共编了4个步兵团,1个炮兵团,1个技术营。我给他们讲过几次话,所以认识我的各级干部都有。"毛主席说:"这很好嘛!这对朝鲜人民军的建设是起到了一定的作用嘛。""可是就因为我去执行这项任务,却耽误了直接指挥在新仓里消灭美骑1师一个团的穿插任务。"吴瑞林说。"一个团是战术问题嘛,而与人民军干部谈话,要他们回去找部队,这是个战略性的任务哇! 你执行彭总的指示是对的,是有重要意义的。"毛主席严肃地说。接着,毛主席又语重心长地对吴瑞林说:"我们中朝人民是一家,中朝军队也是一家。我们战争时期,他们与我们一起战斗,包括金日成同志不也是在东北参加战斗的吗? 所以说中朝人民是一家人,这是群众的称呼,群众的语言,是有根据的。以后你不是派了一个副师长去当顾问吗? 中央感到很好,你们今后要坚持下去。"

接着,毛主席和吴瑞林讨论起抗美援朝作战的艰难程度,吴瑞林讲到有时弹药供不上,有时衣服穿不上,有时粮食吃不上,就发动群众自己打草鞋,自己做棉袜子,打垮了敌人,用缴获补充自己,保持战斗力。毛主席感叹地说。"是啊,抗日战争时期不是有个歌,'没有吃,没有穿,敌人给我们送上前'吗? 这在红军时期是如此,抗日战争也是如此,解放战争还是如此,抗美援朝也是这样嘛!"当吴瑞林谈到穿插成川,是不得已被迫走的一着险棋时,毛主席说:"当时感到有点冒险,但亦考虑到,这一行动,不仅使清川江敌人动摇,而且把平壤的敌人也动摇了。果然未出所料,使敌人全线崩溃,向三八线溃逃,故而彻底打败了麦克阿瑟的圣诞节在鸭绿江饮马的梦想。所以说,有条件时,冒险也可起到决定性的作用。当年我在陕北,全党全军都很担心,打电报问,我回电说:'稳如泰山,放心好了!'"吴瑞林又讲到42军和66军突破三八线,把主攻方向放在天险道城岘,也是做了两手准备的。当时主要突击部队由42军的两个师和66军的一个师组成,主要突破点——天险道城岘是个强点,也是个弱点。所谓强点就是一条羊肠小道,上下都是陡岩,三个师和军指挥部都要从这一条小道通过,而且要从冰上爬上去,难度极大。但此处敌人的工事薄弱,无铁丝网地雷,无防御工事,只在山口修了一个炮楼,又是敌人两个师防御的结合部,敌人很麻痹,抓了很多北部的妇女在那里寻欢作乐。我们的侦察员曾两次在敌人的炮楼下观察了两个多小时,敌人未曾发现。战前,突击部队在冰路上搞爬雪山冰坡的训练,准备了谷糠,每人带一包,边走边洒,以起到铺路防滑作用。万一道城岘突破不成,在主攻点15华里的地段，还有三个师可以打进去。毛主席听后，微笑着说："好呀！你的准备工作做得细致。敌人认为我无飞机，吹不可能突破的'牛皮'，被你们给彻底粉碎了。俗话说'世上无难事，只怕有心人'，我们长征时，过大渡河、腊子口时，蒋介石就说我们会步石达开的后尘，但也被我们红军突破了。是你们军首先突破敌人号称铜墙铁壁防线的三八线，你们突破三八线，再一次证明，任何天险，只要认真对待，就能克服。以后你们要好好总结经验，教育部队。"接着，当毛主席讲到如何理解和贯彻积极防御的战略思想，在今后的抗美援朝战场上采用"零敲牛皮糖"的方针，进行杀伤战、消耗战时，吴瑞林说："抗美援朝战争在战略上看，我们是防御的，战役、战术指导思想是积极防御，而不是消极防御。我们在出国作战集结准备时，就组织各级干部学习，强调在敌强我弱的情况下，如何贯彻执行对杀伤敌人的战术。第一次战役就采取正面守侧面攻，以后的战役运用得更多些，在第四次战役中，致使敌人的进攻每天只能前进 0.75 公里。再就是打反击杀伤敌人，大的反击，如反击横城、砥平里、原州，小的反击，在我军近 70 华里的正面防线中，差不多天天有。我们吃掉敌人一口就走，一夜之间，就在好几个地方袭击敌人，这是我们杀伤敌人的战术。采取积极防御杀伤战术，我军伤亡一人，敌人就要付出三至四人的代价。"毛主席说："好呀，我想的就是杀伤、消耗敌人的战术嘛。"当吴瑞林讲"这也是被敌人逼出来的"时，毛主席说："逼出来的也好嘛，我敢与蒋介石作战，敢与日本人作战，都是被逼出来的。我们的所有对策都是被逼出来的，我们干革命也是逼出来的，中国人民头上有三座大山压顶，因为压迫得没有办法生存，就得闹革命，逼迫人民闹翻身，逼迫人民起来推倒三座大山。我去重庆，不是被逼迫的吗？抗美援朝战争，是美国人逼出来的哟！"

一个晚上，最高统帅与他麾下一位驰骋沙场的战将，就抗美援朝的战略、战役、战斗以及战术，谈兵论战，畅所欲言。正如毛泽东后来谈到的："我与吴瑞林谈了三个多小时，他讲得实在、具体、生动，符合我军历来的'伤其十指，不如断其一指'的方针。"能有机会与毛泽东谈兵论战三个多小时,这在全军野战军的军长中是少有的。

吴瑞林将军在朝鲜战场的卓越战绩,至今仍给西方的军界留下了深刻的印象。20世纪90年代一位在美国一所著名的军事学府深造的中国留学生,曾被校方的一位三星将军叫住问道:"你知道中共的吴瑞林将军吗?"当留学生茫然时,这位将军说:"吴瑞林是位了不起的将军,我十分敬佩他,你回国之后,在战术、战略上要好好向他学习。"原来,他曾是吴瑞林的俘虏兵,吴瑞林亲自审问过他。

毛泽东点将,吴瑞林披肝沥胆
十五年守卫祖国南大门

1953年1月,42军在朝鲜战场西线完成设防任务后,中央军委和志愿军党委决定该军回国。在此之前,中央和军委决定第一批入朝作战部队即将回国前夕,毛泽东曾问彭德怀总司令:"在第一批出国作战的几个军中,哪个军对美帝国主义军队吃得透?"彭德怀回答说:"要说与美军作战,还是42军吃得透些,美国投入朝鲜战场的八个师,他们都打过了。不论是防是攻,他们都是成功的。"毛泽东对彭德怀说:"好嘛! 就拿他们去守南大门去。"

42军归国后,吴瑞林军长和郭成柱政委路经北京,专门向彭德怀总司令汇报了朝鲜西海岸设防情况,以及应朝鲜金日成主席的要求,参加人民军师以上干部训练班座谈交流在朝作战经验的情况后,彭总对他俩说:"你军回国后的任务是防守祖国的南大门,是经中央、中央军委讨论,毛主席、周总理决定的,部队到驻地后,首先要执行进行改装试点和修建营房试点的任务,一定要把这两个任务完成好。"临告别时,彭总亲切地对吴瑞林说:"完成了上述任务后,你可以去学学文化,提高科学知识,要不断进步。"

第二天,朱德总司令和周恩来总理专门接见了吴瑞林和郭成柱,周总理对他们说:"你们回国后的任务也不轻,彭老总向中央、中央军委、毛主席汇报时,我们都听了。毛主席决定:你们这个军到南方——广东去,防守祖国的南大门。你们去后应当注意首先熟悉广东的情况和广东光荣的革命历史,要用革命的历史来教育我们的干部和部队。美帝国主义是不会甘心在朝鲜的失败的,还可能支持蒋介石在南方搞,同时它正在支持南越的吴庭艳,再次与我们较量。所以要你们回来第一个改装,目的就是为了准备打仗,准备战场。"朱总司令说:"希望你们还是和在朝鲜一样,要从严治军,千万不能松劲。要尊重地方党政领导,一定要严格要求部队,这是毛主席历来对军队的要求。"

42军归国后,首先进行了改装试点,成为一支拥有现代化装备的野战部队。接着进行了修筑营房试点和改装后的训练,并进行了一次成功的汇报性演习,使部队步入了正规化现代化国防军的行列。

1954年8月,吴瑞林军长终于实现了自己的夙愿——到武汉中南军区文化速成中学高级干部班学习文化,当时吴瑞林39岁,他的大儿子已经14岁,用他自己的话讲:"我在高级干部班学习的还是小学课程,真是:儿子上中学,老子才上小学。"正当吴瑞林如饥似渴地投入学习文化知识刚一年的时候,他不得不终止学业,奉命离开了学校。1955年9月末,吴瑞林接到通知,回广州参加广州军区组织的军以上干部授衔仪式,当吴瑞林在授衔仪式上听见叶剑英元帅在台上宣布:授予中国人民解放军海南军区司令员吴瑞林中将军衔时,他怀疑是自己听错了,因为这是他第一次听到自己被任命为海南军区司令员,当他从广州军区司令员黄永胜、政治委员陶铸处得到证实,并要求他立即回武汉办理手续时,他的回答只有两个字:遵命。十天后,吴瑞林正式到军区报到,走马上任。

吴瑞林刚一到任,恰逢朱德总司令受党中央、中央军委的委托到广州军区处理海南军区工作中发生的两个问题,一是关于海南军区在海南岛战备工作中出现失误,造成极大的损失;二是对琼崖纵队红军老战士的处理安置失误,造成了很坏的影响。

吴瑞林到职后,一反前任历届领导将家眷留在广州,只身上任,且不常住海南的惯例,将家属和子女全部带到海南岛,以岛为家,全心全意地投入海南的国防建设,他走遍了海南岛的村村寨寨,察看了海南边防的每个哨所、阵地,勘察了每一处可能的未来战场,修订了海南战备的指导方针,改变和落实了海南阵地设防和作战兵力配备,亲自制订了海南岛防御作战方案,得到了到海南岛视察的朱德总司令的肯定,中央军委批准了这一方案。为了纠正以前对琼崖纵队一些红军老战士安置处理工作中政策上出现的失误,挽回社会上不良的影响,吴瑞林专程看望了琼崖纵队和红色娘子军的一些红军老战士,并由部队出面帮助流散在海南岛的老红军老战士建住房,使流离失所的复员军人及家属子女有了安居乐业的基本条件,受到了海南许多老同志的称赞。1956 年 3 月朱德元帅受中央、中央军委委托,到广州军区处理琼崖纵队老战士的安置善后问题,专程到海南岛视察时,曾对吴瑞林说:抓复员老战士的善后安置处理,稳定军心,这也是战备工作的重要任务,把这个问题处理好了,军心、民心就安定了。在这个工作的基础上,进行部队整训和战备教育,就可以畅通无阻了。在解决了海南战备方针和琼崖老战士善后安置的基础上,吴瑞林按照党中央和中央军委的战略方针,全力以赴抓好海南的战备建设,狠抓部队的战备训练,担负起保卫祖国战略要地海南岛,防卫祖国南大门的任务,时刻准备迎击美帝国主义支持蒋介石的反攻和入侵。朱德元帅在海南军区排以上干部大会上讲道:"党中央、中央军委、毛主席决定,下命令吴瑞林任你们军区司令员,你们这位司令员,是第一批出国到朝鲜作战的军长之一,他们打败了以美帝国主义为首的侵略军及帮凶。他对美帝作战是有经验的,他来领导你们继续战备,是非常有利的。"

1960 年,正在军事学院学习的吴瑞林,又一次尚未完成学业,而被党中央、中央军委任命为海军南海舰队司令员。从陆军到海军对吴瑞林来讲是一个很大的转变,他下定决心尽快缩短这种转变。上任伊始,通过调查研究,他首先抓了舰队的装备建设、阵地建设和作风纪律建设,接着就扑下身子,以甘当小学生的精神,住到舰艇上,边学习、边熟悉、边调研、边抓训练,很快熟悉了海军舰艇部队的生活、训练和战备等工作的规律。1962 年初,一举打掉了蒋介石派遣的小股蒋匪特务船,受到了中央军委的嘉奖。

1964 年 3 月,海军司令员萧劲光在北京向东海舰队司令员陶勇、南海舰队司令员吴瑞林传达了毛泽东主席春节期间对海军的指示,指示说:"蒋介石匪帮可能在东南沿海对我搞些骚扰破坏活动,海军要引起足够的重视和经常的注意。"在准备回广州的前一天晚上,国务院办公厅副主任罗青长专门到招待所,向吴瑞林交代了一项重要任务——周恩来总理准备视察珠江口。吴瑞林回到舰队后,一面向舰队传达毛主席的重要指示,一面抓紧做好周总理视察的接待准备工作。过了几天,周总理在陶铸同志的陪同下,与陈毅、张治中等来到南海舰队视察。当周总理一行瞻仰孙中山塑像时,接待人员把早已准备好的三束鲜花递给周总理、陈毅和张治中,他们把鲜花献给了孙中山先生的塑像,然后三鞠躬、围绕塑像绕一周。陶铸说:"老吴,你对这个工作准备得特别周到呀。"张治中先生特别高兴地说:"你这个年轻的司令,想得很细、很周到。使我想到的是,共产党就是有人才。国民党没有人才。"陈毅副总理对吴瑞林说:"你可以做外交工作了。"周总理马上说:"那不行,他是毛主席指定来守南大门的。"

接着,周总理一行登上军舰,码头上舰艇以隆重的礼节欢迎他们,张治中先生不由得说了句趣话:"我与蒋介石在一起坐过军舰,但是没有今天这个场面。"陈老总说:"这是人民的军队么!这是人民的海军啊!是海军指战员对毛主席、对周总理的热爱之情么!"航行中开饭了,当总理发现有"霉干菜烧肘子"这道菜时,便问童小鹏和罗青长:"这是你们事先告诉他们准备的吧?"吴瑞林忙说:"不是他们讲的,是我到总理住过的招待所了解到的。"总理说:"啊,你还进行调查研究呢!"

航行途中,吴瑞林陪周总理回到舰长室,总理一边喝茶一边对吴瑞林讲:"我来时毛主席要我向你传达一个任务,就是要你们准备执行'抗美援越'的任务。""毛主席指出,方向有两个:一个方向是海南岛西部和北部湾;另一个方向,是范围大的,美国对我国再来一次局部战争。""毛主席指示:南海舰队要进入全面的战备。"接着,总理问吴瑞林:"你们南海舰队有哪几位领导干部参加过抗美援朝的? 你是第一批出国作战的军长,我知道,另外还有谁呀?"吴瑞林回答说:"还有个副司令叫王政柱,是志愿军的副参谋长。"总理说:"我认识他,是个老参谋工作者。"吴瑞林又补充说:"还有一个是汕头水警区的政委李学楠。就是这三个人。"总理说:"这也好嘛,还有三个人,都是与美帝国主义交过手的,你们是一员战将,一员谋士,很好嘛!王政柱做你的助手很适宜,他有相当长的时间做这一工作了。"最后,总理指示说:"你可带机关干部到汕头地区去狠狠地打击美蒋对我们搞的'心战活动'和骚扰破坏活动,打下他们的气焰,杀杀他们的威风。"30多年后的1995年,罗青长同志才向吴瑞林披露,当年周恩来总理是为了祖国统一大业,与国民党当局进行了秘密会晤。

1965年8月6日,吴瑞林指挥我南海舰队舰艇部队一举击沉企图袭扰我东南沿海的国民党海军"剑门"号小型猎潜舰和"章江"号大型猎潜舰,击毙蒋介石海军第二巡防舰队司令海军少将胡嘉恒,活捉"剑门"号舰长王韫山。

1964年以后,美国侵越战争升级,美机多次侵入我南海上空,并向我巡逻飞机发射空对空导弹,毛泽东指示:"美机昨天是试探,今天又是试探,真的来挑衅啦,既来就应该坚决打!"从1965年2月到1968年2月,吴瑞林指挥我海军航空兵部队,在南海地区上空先后击落美国无人驾驶高空侦察机2架,F—104c、F—4c(鬼怪式)战斗机各1架,A—1舰载攻击机1架,俘美飞行员1名。国防部通令嘉奖了"八六"海战和历次空战的参战部队和作战有功人员,毛泽东等党和国家领导人分别接见了作战有功人员的代表。1971年7月上旬,美国总统尼克松的特使基辛格密访中国,向周恩来总理提出要求,释放美国飞行员菲利普·史密斯,周恩来请示毛泽东,应基辛格的要求,时任海军常务副司令员的吴瑞林与外交部部长乔冠华,在人民大会堂福建厅和基辛格秘密相见,基辛格握着吴瑞林的手说:"美国对吴将军并不陌生……"谈话中,基辛格还友好风趣地说:"吴将军还有一个别号。"吴瑞林心想:"吴瘸子!"基辛格、吴瑞林、乔冠华都会心地笑了。

1968年5月,吴瑞林被任命为海军常务副司令员。10月1日国庆节那天,吴瑞林在天安门城楼参加观礼,毛泽东派人找来吴瑞林,对他说:"你是战争的幸存者,你在南海工作做得好,所以调你到海军来。"至此,吴瑞林完成了守卫祖国南大门的光荣使命。

吴瑞林生前曾满怀深情地对亲属说:"毛泽东是中国的一代伟人,我从一名士兵成长为一名将军,是党和毛主席培养的结果;仗打得好,是因为有毛主席的军事思想作指导。没有毛主席,就没有中国的今天,没有毛主席,就没有我吴瑞林的今天。"

（赵小平）

毛泽东与
罗舜初中将

　　罗舜初（1914—1981），福建上杭人。1929 年参加闽西农民武装暴动。同年加入中国共产主义青年团。1931 年参加中国工农红军。次年加入中国共产党。土地革命战争时期，曾任红一方面军司令部参谋，红四方面军司令部 2 局科长，中革军委 2 局副局长等。参加了长征。抗日战争时期，任八路军总部作战科长，八路军第 1 纵队参谋处长，山东纵队参谋长，鲁中军区司令员兼政治委员，中共鲁中区委书记。解放战争时期，任辽东军区副司令员兼参谋长，东北民主联军第 3 纵队政治委员，第四野战军第 40 军政治委员、军长。中华人民共和国成立后，曾任国防部第 10 研究院院长，国防工业办公室副主任兼国防科委副主任，沈阳军区副司令员、顾问等职。是第五届全国政协委员。1950 年 6 月至 1960 年 8 月，任海军参谋长、副司令员。1955 年被授予中将军衔。

　　罗舜初，50 年戎马生涯，可谓军政兼备、文武双全。他与毛泽东有着多次密切交往，亲身受到毛泽东的教诲和关怀。每当讲起与毛泽东相处的往事，他总是激情难抑。

罗舜初刚当参谋不久，

毛泽东却对他说："咱们是老相识啦"

1933 年春，已有三年军龄的罗舜初，以优异成绩从"红校"毕业，分配到红军总司令部一局任作战参谋。他由衷地高兴。是时，和他一起当参谋的还有孔石泉、黄鹄显、曾美、黄有凤、吕黎平等人。

在红军时期，党中央和中革军委掌握了解有关军事方面的情况、实施决策，一般都是通过总部一局来实现的。一局的作战室，也是军委和总司令部的值班室，重要的敌情通报和有关作战部署、命令、指示的电文，都由一局承办。因此，一局是军委实施作战指挥的一个重要部门。罗舜初作为在一局工作的人员，与毛泽东和中央其他领导见面、打交道是很多的。

作战参谋人员中，罗舜初年纪最小，但他善于学习，肯于钻研，又天资聪颖，工作细致，办事稳重，还能写一手好字，与同志们相处非常好。因此，深受总部首长和同志们的喜爱。大家都亲切地叫他"小罗"。

罗舜初到机关后首次见到毛泽东是在瑞金街上。那天，他外出办事，在街上遇到一个身材高大、面孔熟悉的人迎面走来，定睛一看，原来是盼望已久的毛泽东。罗舜初情不自禁地走上前去，立定、敬礼："毛主席，您好！"毛泽东停下脚步，高兴地问罗舜初姓什么？叫什么？是什么地方人？罗舜初都简明地做了回答。

当毛泽东得知罗舜初是福建上杭大洋坝人时，说："我到过你们大洋坝！你们那个闽西啊，特别好，老百姓也特别好！我在闽西期间非常安全，从没发生过危险。每天早晨老百姓把新鲜的鸡蛋煮好，送给我们吃。"

听着毛泽东亲切的话语，罗舜初一点儿也不觉得拘束，两人便在一旁交谈起来。

毛泽东愉快地谈起他 1929 年 7 月在上杭一带指导土地革命的情形。接着，他又谈到中共闽西第一次代表大会，总结闽西土地斗争经验，通过

《土地问题决议案》，使闽西在 600 多个乡进行土地改革，贫苦农民分得了土地的情况。

罗舜初听着毛泽东讲他家乡的事，感到特别亲切。于是，他也向毛泽东说了一段难忘的往事。他说："我 15 岁那年，一天，村支部一位伯伯把我们七八个少先队员找来，说要执行重要任务。傍晚，我们早早到指定地点放哨。是在一间房子周围。天黑了，我们悄悄从窗口边往屋里看，屋子里点着灯，见到一个留长头发，身着浅灰色旧布长袍的大个子，长时间地坐在那里看书。过了一会儿，趴在桌上写东西。又过了一会儿，他站起来，在屋内走来走去。到天快亮，他才熄灯。我们几个轮流放哨，远处还有大人们流动站岗。"

毛泽东微笑着点头，一直在认真地听罗舜初讲。罗舜初继续说："第二天，那个人离开大洋坝后，我们才知道，头天晚上见到的大个子是毛委员，真是高兴极了。"说着说着，罗舜初忽然觉得，话匣子一打开，就忘记了自己的身份，耽误了主席的时间。于是，他把话打住了。而毛泽东却没有在意，说："这么说，咱们还是老相识啦！哈哈！"接着，毛泽东亲切地勉励罗舜初，好好工作。罗舜初端详着毛泽东慈祥的面容，听着毛泽东亲切的教导，心情非常激动。他暗下决心，一定跟着毛主席好好干革命。

由于工作关系，罗舜初经常给毛泽东送电报、文件。他们越来越熟悉了。毛泽东记住了这位福建籍的年轻人。

长征路上，毛泽东问朱德："'小毛分子'怎么样啊"

1934 年 10 月，罗舜初随红一方面军总司令部参加长征。开始，由于"左"倾路线采取搬家、逃跑主义的方针，突破湘江时损失惨重。遵义会议时，红军已经减员很多了。但由于毛泽东重新回到红军的领导岗位，红军很快扭转了长征开始那种打又打不好、走又走不动的被动局面。罗舜初和大多数同志一样，对革命胜利更加充满了信心。

行军是艰苦的，白天工作，晚上赶路，休息时间很少。在长征中，每到一宿营地,罗舜初便和其他几位作战参谋通过打电话、电报,甚至骑马、徒步等办法,到部队中去了解情况,报告军委首长。罗舜初在几位参谋中虽然年龄最小,但从没叫过苦。在紧张的战斗中,他经常不分白天、黑夜跟随毛泽东、周恩来等领导人深入前线,帮助首长处理事情。从1935年1月29日至3月22日,罗舜初跟随红军总部经历了四渡赤水,亲身体验了毛泽东高超的军事指挥艺术。他从内心钦佩和崇敬毛泽东。

1935年6月,红一方面军与红四方面军在四川懋功胜利会师。8月,红军总部决定把一、四方面军混编分左右两路军北上。中共中央机关和前敌总指挥部随右路军行动。红军总司令朱德、总政委张国焘、总参谋长刘伯承随左路军行动。其时,罗舜初在芦花(今黑水县)患病,军委首长为了照顾他的身体,决定让他留下来,同朱总司令随左路军一起前进。

1935年9月,张国焘拒绝执行中央北上方针,擅自电令右路军南下,在错误道路上越走越远,最后发展到在四川理番县卓木碉另立"中共中央"。还在四方面军中开展所谓反"毛、周、张、博"的斗争。面对这种情况,朱德及时教育身边的人员:"现在的环境既然如此,应该埋头工作,一切听党中央的指示,按中央确定的方针办,有些问题要忍耐。"罗舜初一切按朱德的指示办,立场坚定,旗帜鲜明地与张国焘的反党分裂行为作斗争。就这样,给自己引来了麻烦。

一次支部会上,有人提议斗争罗舜初,说他是右倾机会主义的忠实信徒,是"小毛分子",是反革命。要他表态反对毛、周。罗舜初愤怒地说:"你杀我的头,我也不接受!"后来,罗舜初的行动受到了监视。

在那种环境里,罗舜初心情极其苦闷,一度想约一批人脱离四方面军,到陕北找一方面军去。朱德知道后,对罗舜初说:"这种做法不仅自己性命有危险,而且会给工作增加麻烦,要老老实实埋头工作,坚持下去,事情总会弄清楚。"在朱德的耐心引导下,罗舜初在残酷复杂的斗争中,锻炼得越来越精干、越沉着。不管张国焘怎样排挤朱德,罗舜初总是紧紧跟在朱德的周围,完成好自己的工作任务。

后来,毛泽东与朱德说起罗舜初时,问朱德:"跟你走的那个'小毛分子'怎么样啊?"

朱德回答说:"他表现很好,跟张国焘的错误行为斗争很坚决呢!"

1936 年 1 月,罗舜初被调红军总司令部二局三科任科长。由于罗舜初对业务苦心钻研,很快就能单独工作了。9 月,他被提升为二局副局长。

毛泽东批准罗舜初上"抗大",罗瑞卿说:
"小罗,你在主席面前'告我状'啊"

1937 年 1 月 13 日,中革军委由保安迁至延安,正值西安事变不久,革命斗争形势紧张。时任中革军委二局副局长的罗舜初,深感自己理论水平和文化知识不适应工作,产生了进校学习的念头。

此时,"红大"也随党中央迁至延安,并改名为"中国人民抗日军事政治大学",简称"抗大"。中革军委主席毛泽东兼任抗大教育委员会主席,校长是林彪,副校长是刘伯承,罗瑞卿任教育长。

一天,罗舜初怀着按捺不住要求上学的心情,去见毛泽东,提出了自己的请求。毛泽东听了,欣然同意,并亲笔给他写了介绍信。

罗舜初精神振奋,他离开毛泽东住处后,立即带着书信找到了罗瑞卿。这时,抗大第二期已经开课。罗瑞卿只能作为特殊情况,先安排他一面工作,一面在校选科旁听。

后来,罗舜初又参加了毛泽东亲自主办的研究班学习。

其间,毛泽东多次在抗大讲授马克思主义哲学,作时事政治报告。罗舜初每次都到场听课。尤其是他聆听毛泽东讲授的《辩证法唯物论》,受益匪浅。毛泽东讲课前把要点发给大家,授课时,以通俗易懂的语言,结合中国革命实际,系统阐明辩证唯物主义的世界观和方法论,引导大家树立实事求是、一切从实际出发的思想,掌握具体问题具体分析的工作方法,提高对主观主义、教条主义的辨别能力。毛泽东讲稿的主要部分,就是后来编入《毛泽东选集》的《实践论》和《矛盾论》。

抗大第二期于 8 月初结业,同时第三期开学。因为罗舜初原是插班学员,所以经批准留下继续学习,成为第三期正式学员。这一期共有学员 1200 多人。同期的有王树声、李先念、许世友、洪学智等。从此,罗舜初开始了系统的政治理论、战略战术以及文化基础知识学习。

一个星期日,大多数学员放假离校,他们有的会战友,有的处理个人事情,大都回部队去了。罗舜初回到军委机关看望首长和战友们,在驻处门前遇见了毛泽东。

毛泽东关切地问罗舜初:"你在那里学习怎么样? 有什么困难?"

罗舜初回答说:"学习收获很大,就是课程太多,有点跟不上。有的教员讲得太快,听不懂,特别是工农出身的同志,文化水平低,听起来很吃力。"

后来,毛泽东将罗舜初的意见转给了已升任抗大副校长的罗瑞卿,并强调,讲课要看对象,讲究实际,要用启发式、研究式、实验式的方法。对于抗大教学方向、教学原则、教学活动等问题,毛泽东也提出了一些改进意见。

一天,罗瑞卿见到罗舜初,开玩笑地对他说:"小罗,你在主席面前'告我状'啊!"

"是主席问我的。"罗舜初低着头不好意思地解释道。

"你的意见很好,是正确的,在教学方法上正要听听大家的反映。"罗瑞卿诚恳地说。

事实上,身为抗大负责人的罗瑞卿,经常深入教学第一线,十分重视教学水平和教学质量问题。他按照毛泽东的指示,多次召集有关部门领导和教员进行研究讨论,在实践中创造出了一套崭新的教学原则,即:理论联系实际的原则,"少而精"的原则,教育与生产劳动相结合的原则。在这些原则指导下,抗大发扬了马克思主义学风,先后培养出了数十万革命干部,为党和军队的建设及民族解放事业,作出了巨大的贡献。

罗舜初在抗大学习前后约 10 个月。他的政治理论、军事知识、思想觉悟都有了很大提高。后来他在自传中这样写道:"经过抗大学习,对党的基本原则、思想方法、革命方向有了系统的了解,使我更加明确了革命的人生观,更清楚地认识了革命的任务和最终目的;学习马列主义为我学会全面考虑问题奠定了基础;系统地学习革命理论及党的路线和政策,这是成为我后来发展、提高和进步的关键。"

罗舜初离开军委总部,毛泽东勉励他:
"到敌后要好好锻炼,努力提高自己"

1938 年 5 月,罗舜初调任八路军总部作战科科长。接到调离军委总部通知,罗舜初心里很不平静。他为能够亲身参加前线战斗而兴奋不已。但想到就要离开多年来培养教育他的毛泽东等军委首长时,心里又有深深的失落感。

临行前,罗舜初去毛泽东那里告别。他走近毛泽东住的窑洞,见门虚掩着,透过门缝看到主席正在聚精会神地翻阅文件。平时一向办事干练、敏捷的罗舜初,却在门前忐忑不安,犹像起来。他不愿意打搅主席,更不知道和主席说什么好。此时,毛泽东眼睛的余光已经看见了罗舜初。

"小罗吗,有啥事?"毛泽东用温和的话语把罗舜初叫进了屋内,看到罗舜初的神态与往常不一样,毛泽东已经猜出他的心思。

"主席,我向您辞行来了。"罗舜初低声说。

毛泽东面对这位跟随自己多年的部下,也有些难以割舍。他仔细地打量罗舜初好一会儿,说:"好啊,是好事啊!"说着便把文件推到一边,和罗舜初交谈起来。他们谈打仗,谈学习,谈抗日战争的形势和前途。

这时,罗舜初显得平静多了,也充满着信心。

最后,毛泽东对罗舜初在军委机关担任参谋、科长期间的表现,给予了肯定,并勉励他"到敌后要好好锻炼,努力提高自己"。

罗舜初把毛泽东的教诲,牢牢记在心里。

1942 年 8 月,罗舜初任鲁中军区司令员兼政治委员。而后,山东抗日根据地实行党的一元化领导,他又任中共鲁中区委书记兼军区政治委员。当时,为进一步发展山东抗日根据地,夺取战略反攻的有利阵地,鲁中军区根据党中央、毛泽东制定的战略方针和山东军区的战略意图,罗舜初和司令员王建安一道在鲁中地区部署和指挥了讨伐吴化文部战役。他们把军事指挥和前后方的力量组织起来,经过几个月的浴血奋战,歼灭吴部 6400 余人,缴获大批武器弹药,解放村镇千余个,抗日根据地面积增加1000 多平方公里,控制了战略要地沂鲁山区的大部,打通了沂、鲁、泰、蒙四大山区的联系,大大改善了鲁中抗日根据地的形势。延安《解放日报》为此发表社论,指出:"这次战役的胜利,山东战场开始转入局部反攻,为全面反攻创建了巩固的阵地。"

1944 年 9 月 2 日,伪军一部约 2500 余人又向滨海区"扫荡",当时,鲁中军区的团以上军事干部都在山东军区开会,在家主持工作的罗舜初亲自指挥歼敌战役。他组织第一、第二团和第十二团进至葛庄及金牛富地区,第四团和鲁中军区特务营进至沂水河南岸陶沟地区,待机歼敌。9月 3 日,日伪军分两路沿沂河北窜,被埋伏在葛庄一带的罗舜初部队袭击,毙伤、俘虏日军和伪军共 1500 余人。这是鲁中八路军在运动中又一次歼灭日军一个大队的模范战例,山东军区驰电嘉勉参战部队。

罗舜初没有辜负毛泽东的嘱托,他为执行毛泽东提出的"扩大解放区,缩小沦陷区"的战略任务,经过无数次的战斗,取得了一个又一个的胜利,为抗日战争的全面胜利作出了贡献。

授勋典礼上,毛泽东问罗舜初:
"你的耳膜伤,好了没有"

1955 年 9 月 27 日。北京。秋高气爽。中华人民共和国授衔授勋典礼在中南海怀仁堂举行。容光焕发的毛泽东和其他党和国家领导人刘少奇、周恩来、宋庆龄等缓步进入主席台,出席这一盛典。元帅和将军们,还有在京军官代表 1000 余人,身穿崭新的军装整整齐齐地坐在台下。

授衔授勋仪式在庄严而隆重的气氛中开始。

全国人民代表大会常务委员会副委员长兼秘书长彭真,首先宣读了中华人民共和国主席授予中华人民共和国元帅军衔的命令。接着,朱德、彭德怀、贺龙等数位元帅在如雷的掌声中依次走上台来,毛泽东主席亲自为他们颁发元帅军衔的命令状,并亲切地与他们一一握手,表示祝贺。授衔后,彭真又宣读了授勋命令,毛泽东又将一级八一勋章、一级独立自由勋章、一级解放勋章分别授予朱德等参加中国革命战争有功人员和在解放战争时期国民党军队起义的有功人员以及对和平解放西藏地区有功人员。

是时,罗舜初被授予海军中将军衔。当毛泽东看到多年没见面的罗舜初时,非常高兴。随即将一级独立自由勋章和一级解放勋章递到罗舜初的手里,又与他紧紧握手。

"现在全国解放啦,当官了,还这么瘦!是不是没有吃肉呢?"毛泽东风趣地说。

一句话让罗舜初一时不知该怎么回话好。

"你的耳膜伤,好了没有?听力怎么样?"毛泽东又关切地问。

"好了,感谢主席的关心。"罗舜初急忙回答。

授衔授勋典礼结束了。回到住处后,罗舜初与身边工作人员兴奋地讲述起毛泽东在授勋时跟自己讲话的情景,又深情地说:"没想到,我在辽沈战役受伤的事,主席还记得那么清楚。"

毛泽东问罗舜初耳膜伤,是有背景的。

1948年9月,东北野战军根据中央军委的指示,发起辽沈战役。

打下锦州后,罗舜初指挥三纵参加了辽西会战,砸烂了国民党军的指挥中枢——胡家窝棚,活捉东北"剿总"中将副总司令兼第九兵团司令廖耀湘。战斗中敌机轰炸,罗舜初负了重伤,满脸都是炮灰和泥血,窒息昏迷,送沈阳抢救。待他苏醒过来,沈阳已经解放,罗舜初就地治疗。至此,在辽沈战役中牺牲的最高领导是炮兵司令员朱瑞,负伤的最高领导就是罗舜初。

东北野战军政治委员罗荣桓在召开的全军政治工作会议上,进行入关紧急动员时,针对有的东北籍战士"怕远离家乡"和少数干部要求休息或到地方工作的思想,强调各部队一定要做好攻治思想工作,并号召:"所有的干部都要学习第三纵队罗舜初政委革命到底的精神。他在辽西战役时被飞机轰炸震伤了耳膜,正在沈阳休息,运要沙克副司令员回去告诉部队,他不久就回去,一定要进关去,走不动爬也要爬进关去。就要有这股劲头。"后来,这事传到了毛泽东耳朵里。

自辽沈战役到授勋,已隔了整整 7 年,毛泽东还记着这件事。听了毛泽东的问话,罗舜初久久不能平静。

毛泽东亲自签发电令,任命罗舜初为海军参谋长

1950 年 6 月 2 日,毛泽东签发电令,任命罗舜初为海军参谋长,与先期几个月内中央军委任命的萧劲光司令员、王宏坤副司令员和刘道生副政治委员兼政治部主任一起,成为海军早期领导班子中的成员。此后,这 4 位领导在新中国海军初创时期为海军建设作出了一系列重大决策。

到职后,罗舜初身为海军参谋长,既对建设海军充满信心,更感到责任重大。他不负厚望和重托,全身心地投入到这一全新的事业中。

1949 年到 1950 年,毛泽东等军委首长对建立人民海军做过很多指示。1949 年 9 月 21 日,毛泽东在中国人民政治协商会议上郑重宣告:"我们的国防将获得巩固,不允许任何帝国主义者再来侵略我们的国土。在英勇的经过了考验的人民解放军的基础上,我们的人民武装力量必须保存和发展起来。我们将不但有一个强大的陆军,而且有一个强大的空军和一个强大的海军。"接着,毛泽东在给初建的华东军区海军所作的题词中,指出:"我们一定要建设一支海军,这支海军要能保卫我们的海防,有效地防御帝国主义的可能的侵略。"

罗舜初为了实现毛泽东关于建设强大海军的指示,日夜兼程,不辞辛劳,多次下舰艇、上海岛,深入部队调查研究。还经常翻阅和学习大量中外参考资料,刻苦钻研,掌握第一手材料。他为人民海军的建设,操劳着,

思索着……

1950 年 8 月 11 日至 30 日,在北京召开了海军会议,这是海军临时党委为共商海军建设大计召开的一次重要会议,主要是讨论海军建设三年计划。参加会议的有各级领导 20 余人。

会议听取了华东军区海军和有关单位工作进展情况的汇报,研究了形势、任务和发展前景,制定了海军建设的具体方针和组织路线。萧劲光、王宏坤、刘道生、罗舜初和华东军区海军、广东江防部队、华东海校、大连海校等单位的领导先后发了言。

会上,罗舜初就舰队建设、基地建设和院校工作做了重点发言。

他指出:"我们是建设大型舰队,还是建立轻型舰队,根据是坚持和平、反对侵略总的国策。因此我们在战略上是防御的,但在战术上要做积极进攻的准备。同时国家工业水平很低,财政经济上有很多困难。基于上述情况,我们在一定时间内要采取建立轻型舰队的方针,主要是组织驱逐舰、鱼雷快艇、水鱼雷航空部队,加上海岸炮兵。为了掩护自己舰队安全,防潜防水雷,必须有一定的防潜艇和扫雷艇。根据中国海洋形势和巩固国防的需要,以及准备解放台湾之作战,建设三个联合舰队和一个空军,分散可以巩固国防,集中可以解放台湾。"

罗舜初的讲话铿锵有力,明确而坚定,吸引了会场上的同志。大家有的目不转睛地望着他,有的认真地做笔记。

罗舜初呷一口茶水后,接着说:

"培养干部,训练水兵,是建设海军的根本环节,因此学校任务很繁重,须动员全体教职学员,完成这一光荣任务。为适应这一新的要求,加速建设海军,采取短期专科训练为主,与正规训练相结合,以训练工农干部战士为主,并吸收一定数量的革命知识青年,作为学校工作的任务。海校仅是初创,科学的工作方法和海军各种制度,老的没有,新的不会,因此除政治工作、建军思想原则外,其他应向苏联学习,才能学好完整的近代海军知识,并打下良好作风。"

罗舜初的主张和思想得到了与会同志的认同,很多建议被采纳,并体现在这次会议的文件里。

是时,罗舜初分管海军装备、舰船修造和科学技术研究等项工作。在分管的各项工作中,他都做到了尽心尽职。

罗舜初深知,要实现毛泽东提出的建设强大海军的目标,关键是解决武器装备现代化。然而,当时海军舰艇主要是缴获和接收国民党的各种旧装备,以及接纳地方可改装为军舰用的部分船只,总共舰船有300余艘。要说数量和吨位尚还可观,但性能落后、质量陈旧,令人一筹莫展。靠这样的装备是难以承担海上攻防任务的。因此,尽快更新海军的武器装备,加速装备建设,是迫在眉睫的事了。在毛泽东主席、周恩来总理的支持下,除了调动国内工业力量对已有舰船进行修复、改装外,积极争取向国外购买,特别是向苏联购买舰艇装备,有其特殊意义。

1953年至1957年,我国实行第一个五年经济建设计划,也正是国家财力主要集中用于建设重工业和缩减军队特种兵建设的时期。尽管如此,党中央对海军建设依然十分重视,多次专门研究海军建设计划,经毛泽东、刘少奇、周恩来批准,逐年给海军划拨了大笔资金,以保证当时中苏签订的三年海军订货协定作为海军五年建设计划的实施。

这期间,为解决海军武器装备问题,时任海军副司令员的罗舜初先后三次赴莫斯科。一次是与萧劲光一起进行的工作访问。那次中苏举行的会谈是富有成效的:确定了当年订货计划,对海军五年建设计划需要购置和要求转让的各种装备、技术,进行了初步磋商,了解到了苏方对我国海军建设提出的一些值得重视的建议。回国后,罗舜初亲自主持,以萧劲光和他本人名义向毛主席、党中央写了文字报告。

第二次是罗舜初带队赴莫斯科,同苏联海军部进行会谈,督促他们尽快落实1952年和1953年的订货。

1953年初,罗舜初率领海军代表团第三次赴苏谈判。起初,会谈遇到了困难,在得到国内多次指示后,罗舜初与苏方进行了反复谈判,终于在1953年6月4日,由李富春代表中方签署了中苏两国政府关于海军交货和在建造军舰方面给予中国以技术援助的协定。后被称之为"六四"

协定。

这项协定确定:苏联政府保证在 1953 至 1955 年内向中华人民共和国交付成品舰艇、武器和其他物资,苏方转让制造舰艇的技术资料,并派遣专家来华以及代为培训中方实习生等。

罗舜初在积极争取外援的同时,更坚持立足于国内生产的长远观点。他在视察部队时,对东海舰队负责人说,舰艇的转让设计,要有中国自己的设计,不能跟别人爬行。为了解决造船钢板,他亲自到鞍山钢铁厂找领导说:光依靠进口,不仅要花费大量的外汇,也不能保证造船的需要,应自力更生,立足于国内。1956 年,国家生产潜艇、鱼雷艇主机和鱼雷工厂,因建设资金不足准备下马。罗舜初与海军其他领导同志经过反复研究,决定向国外少买材料、设备,节省经费,支援地方两个主机厂尽快建成,以早日为海军提供制造舰艇用的主机。海军还从自己的造船费中,抽出9000 万元支援工厂的基本建设,同时又抽调了工程部队 900 人,协助该厂施工建设。在海军的大力支持下,两个主机厂胜利建成。为海军舰艇成批生产打下了基础。

罗舜初在海军初创时期的工作,正像他在自传中写到的:在党中央和毛主席的正确领导下,我是萧司令有力助手之一。到目前为止,海军已完成了准备阶段并已初具规模,奠定了比较巩固的基础,逐渐争取了工作的主动,为今后有计划有步骤发展人民海军创造了有利条件。

（袁永安）

毛泽东与
顿星云中将

顿星云（1912—1985），湖北石首人。1930年参加中国工农红军，同年加入中国共产党。土地革命战争时期，任红6军第46团班长，红3军第23团排长、连长，第7师19团连长，红2军团总指挥部作战科科长，第4师12团营长，红2军第6师16团团长。抗日战争时期，任八路军第120师358旅715团副团长、714团团长，延安军政学院学员兼区队长。解放战争时期，任晋绥军区独立第4旅旅长，西北野战军第2纵队独立第4旅旅长，第一野战军第2军副军长。中华人民共和国成立后，曾任第1兵团第5军政治委员，装甲兵副司令员、顾问。1952年任海军航空兵部司令员。1955年被授予中将军衔。

1957年金秋时节，北京中南海怀仁堂，人民解放军的高级干部济济一堂。

中华人民共和国国防委员会主席、中共中央军事委员会主席毛泽东，亲自为在北京的部分将军授勋。

顿星云来到毛泽东面前，毛泽东上下打量他好一阵子，说道："哦，你是顿星云，瘦了嘛。"

毛泽东看了看授予他的肩章，不同于其他海军将军的黑底肩章，而是与空军相同的蓝底金板，说道："哦，你当了海军航空兵司令员。"

顿星云立正答道："是。"接着问候道，"主席，您好！"虽然知道在这种场合，不宜多话，但他忍不住要向毛泽东问候。

毛泽东高兴地连声答道："好，好！"

一刹那间，两人都忆起了转战陕北的岁月。

毛泽东问道："从陕北出来，你到哪里去了？"

顿星云回答道："新疆。"

毛泽东点点头称赞说："海军航空兵打了不少好仗，很好。"

顿星云感激毛泽东对海军航空兵的鼓励，感激毛泽东记挂着他，顿星云回想起 1930 年从洪湖参加红军到今天的历程，心中感慨道：我们这一代中国人的命运，无不和毛泽东相连！特别是自己从保卫延安以来，有幸在毛泽东直接指挥下作战，真是无往不胜！他怀着和大家一样崇敬的心情，仰望毛泽东。

翻过"山坳"

1947 年，春寒料峭，黄河浮冰。对岸陕北塬上，黄尘滚滚，风沙蔽日。顿星云带领晋绥军区独立第 4 旅赶渡黄河，奔赴保卫延安的战场。3 月 19 日傍晚，赶到甘谷驿以西，消息传来：我军放弃延安，胡宗南匪军进了延安城。尽管早在四个月以前的 1946 年 11 月 18 日，当胡宗南调兵准备偷袭延安的时候，毛泽东就曾指出："敌人即使用突袭方法占领延安，亦无损于人民解放战争，挽救不了蒋介石灭亡的前途。"现在，当部队赶来保卫延安，延安却丢了，心里仍然很不是滋味。顿星云在心里发誓，一定要消灭胡宗南，收复延安。

我军主动撤出延安后第六天，3 月 25 日，顿星云按照西北野战兵团司令员彭德怀的统一部署，带领部队埋伏在惠家砭，同兄弟部队一起，一战青化砭，打了保卫延安第一个大胜仗。毛泽东亲拟电报表扬："庆祝你们歼灭 31 旅主力之胜利,此战意义甚大,望对全体指战员传令嘉奖。"4月 14 日,西北野战兵团二战羊马河,全歼敌 135 旅。5 月 1 日又三战蟠龙镇,顿星云带领独 4 旅担任攻坚任务,总结战士们创造的经验,迫近敌人阵地对壕作业,实行坑道爆破,夺取了积玉峁制高点,保证全军攻占蟠龙,全歼守敌近 7000 人。毛泽东充分肯定战士们的创造,在 6 月 6 日的电报中号召:要"学会近迫作业,善于攻坚"。

三战三捷,打得敌人晕头转向。顿星云带领的独 4 旅,刚从地方部队整编为野战主力部队,在短时间得到了前所未有的锻炼,打了前所未有的胜仗,这是只有在毛泽东和彭德怀等直接指挥下才能取得的。

8 月 19 日,彭德怀指挥西北野战军在沙家店腰斩胡宗南主力第 36 师,毛泽东在离沙家店不足 30 里的梁家岔指挥作战,不用化名,直接用毛泽东的名字发出命令,给了部队极大鼓舞,毛泽东还特别嘱咐参战部队说:侧水侧敌,大意不得,要挖壕,修好工事。这一仗,我军歼灭敌第 36 师师部和 165 旅、123 旅共 6000 多人,实现了西北战场由战略防御向战略进攻的转变。

8 月 21 日中午,毛泽东、周恩来、任弼时骑马来到西北野战军指挥部,巡视战场。毛泽东特别问道:"哪位是独立 4 旅的旅长呀?"王震把顿星云推到毛泽东跟前,毛泽东高兴地同他握手。毛泽东兴奋地对大家说:"沙家店这一仗打得好。侧水侧敌,本是兵家大忌,但是,彭老总指挥得好,同志们英勇善战,打得好!这是西北战场的转折点,打个比方,打了这一仗,我们就翻过山坳了,前面的路就好走了。"毛泽东幽默地说:"胡宗南打到我们这里来,打烂我们的'坛坛罐罐',我们也要打到他们那里,打烂他的'坛坛罐罐',还要吃他们的粮食!"

不久,顿星云就带领部队,按照毛泽东的部署,直捣黄龙,插向关中,直到解放整个大西北。

直上云天

1952年国庆前夕,中央军委电令顿星云为新组建的海军航空部司令员。

海军航空兵还没有诞生,便有一个争论:海军有无必要建立航空兵?似乎有了空军,海军便无须建立航空兵了。海军在1952年1月8日向中央军委上报了《一九五二年海军空军建设问题》的报告,周恩来经过反复调查和考虑,终于下决心于8月24日在海军的报告上批示:"拟同意海军所提出的海军的空军建设方针。"毛泽东作出决断,当天批示:"照周批办。"

顿星云原本担任中共新疆伊犁、阿尔泰、塔山三区党委书记和由新疆民族军改编的第5军政治委员,在这个时候被选调来组建人民海军中最新的兵种。在中国近代海军历史中,从来没有过海军航空兵,这时,当然不会有一支可以作战的海军航空兵部队。而逃到台湾的国民党空军,在解放战争中侥幸没有遭到打击,在美帝国主义指使下,频繁地在东南沿海骚扰。1953年2月4日,毛泽东指示聂荣臻、黄克诚:"为了防御台匪空军向上海一带的可能攻击,上海空军及防空两方面均须提高警惕,加紧整顿,准备随时可以对敌作战,确保上海一带的安全。"虽然主要是对空军和防空军的指示,顿星云仍然感到一种紧迫感,他一方面感到形势严峻,一方面觉得这是一个难得的机会,正可以促进海军航空兵建设,使部队迅速成军!

顿星云认真学习和领会毛泽东的指示,一种历史使命感在他胸中涌动:首先把东南沿海制空权夺回来,像过去战争年代那样,带领部队边打边建,建立"拳头"部队,在实战中锻炼出一支海上空中战斗力量。

1953年4月,顿星云主持召开海军航空部党委第一次全会,组织同志们反复讨论,统一认识,遵照毛泽东的一贯思想,确定了海军航空兵建设方针:海军航空兵必须坚定不移地贯彻人民军队的建军宗旨、建军思想和建军路线,根据部队实际情况,大力训练技术人才,培养干部,为部队的建设与发展创造条件;加强部队的战斗训练,把战斗训练和实战锻炼结合起来,边打边建,迅速提高部队战斗力;各级领寻机关和干部要明确树立为飞行服务的思想,大力加强思想建设和优良作风的培养。

1954 年 2 月,按照毛泽东批准的计划,空军第 17 师 51 团调拨海军,在浙江宁波编成海军航空兵第 2 师第 6 团,这是海军航空兵第一个歼击机团,主要装备苏制米格—15 比斯喷气式飞机。海军航空兵党委决定:积极主动同国民党空军作战,边打边建。3 月 18 日上午,国民党军 3 艘"太"字号护卫舰、1 艘"永"字号扫雷舰和"江"字号炮舰袭扰舟山渔场,被我"延安""兴国"号军舰击伤,向大陈岛方向逃逸。国民党空军出动美制 F—47 型战斗轰炸机 6 架,轰炸、扫射我舰艇。

以舰队的胜利为胜利,以舰队的安全为安全,海军航空兵迅速出击。

作战海区远在苏联教范规定的米格—15 飞机作战距离以外,顿星云和其他领导同志根据实际情况,坚决支持突破教范规定,远出作战。6 团大队长崔巍、中队长姜凯坚决执行命令,在南田岛上空,一举击落国民党空军 F—47 型战斗轰炸机 2 架,保障了舰队顶空的安全,首开海军航空兵作战胜利纪录。

部队积极求战,在万里海空战场上运用毛泽东关于集中优势兵力打歼灭战的思想,精心组织战斗,从 3 月 18 日到 5 月 19 日的两个月内,共击落国民党飞机 8 架,击伤 2 架,引起美国不安。5 月 20 日,美国空军 P2V—7 电子侦察机从日本冲绳起飞窜入我国浙江海门侦察。为保卫我国神圣主权,6 团副大队长胡德堂、飞行员陈寿清起飞拦截,绕到美机后面,连续开炮,将美机驱逐出境。

海军航空兵没有辜负毛泽东的厚望,首战告捷,显示出是海军不可或缺的战斗力量,原来不主张海军建立航空兵的议论少了,但是,仍然有不同意见。按照周恩来的要求,顿星云和苏联首席顾问牟兴中将向他做了详细的专题汇报,再次得到毛泽东、周恩来的肯定。中央军委决定将空军第 17 师师部和第 49 团调归海军,继续加强海军航空兵。海军航空兵发展扩大成两个歼击机师，逐步形成作战的拳头飞行团队。海军航空兵第1师轰炸机部队和第2师、第4师歼击机部队参加解放一江山岛的战斗，取得胜利。按照中央军委部署，战线南伸，部队推向更加靠近福建的机场，不断击落国民党空军飞机。虽然美国陆续用新式的F—84型、F—86型喷气式飞机武装国民党空军，还是被海军航空兵打得退出浙江一带天空。4师10团、2师6团逐步锻炼成一支能打善攻的"拳头"部队。特别是涌现出以王昆为代表的一批优秀的空中指挥员、战斗员。新的海军航空兵部队和学校陆续建立起来。

1956年，毛泽东来到宁波，他乘坐的专列停在海军航空兵机场的专用铁道上。毛泽东预定要看看宁波，看看海军航空兵部队，他知道他们从这个机场升上天空，打了胜仗。他还打算去舟山群岛视察。对海军航空兵来说，这是喜事，是殊荣！顿星云直接部署有关部队必须确保这一带天空的绝对安全，不允许任何敌机闯入这一地区。顿星云要部队做好接待准备，不要求另搞一套，但要把部队唯一的一座两层楼房（原为苏联专家修建的住房）——当时部队最好的房子打扫干净，保证安全、清洁和清静，以便毛泽东下榻休息。

战斗值班的飞行员在飞机座舱里待命，随时准备起飞出击，部队选派干部加强机场和铁路专线警戒，热切等待毛泽东下车来到部队。

但是，党中央不同意毛泽东在那个时候去舟山前线海岛，要求他立即返回杭州接待外宾。毛泽东只得住在火车专列上，但他还是抓紧时间驱车到宁波城里的"天一阁"参观。"天一阁"是全国著名的四大藏书处所之一，毛泽东一生嗜书如命，早就想领略这里宝贵的藏书。毛泽东匆匆看过"天一阁"，回到停在机场的专列上，火车便徐徐开动了。毛泽东撩开窗帘，看看机场跑道头上整齐排列严阵以待的歼击机群，他满意地点了点头。

海军航空兵指战员没能如愿见毛泽东一面，一个干部叹息说："我把地板擦一遍，又擦一遍，希望毛主席哪怕在上面踩一个脚印，也是尽了我们对毛主席的一片心哪！"虽然如此，毛泽东来到前线机场本身，就给了海军航空兵以巨大鼓舞。

"务歼入侵之敌"

国民党空军迭遭打击,改以美国提供的 RB—57 型、RF—101 型、P2V—7 型等高性能电子侦察机,高空高速窜扰沿海,或利用暗夜低空入窜大陆,潜入内地纵深进行战略性、战术性侦察、骚扰。一段时间以来,空军和海军航空兵都没有能够打下入窜的国民党军飞机。1957 年 12 月 18 日,毛泽东在副总参谋长陈赓给彭德怀关于防空作战的报告上批示:"退彭德怀同志:非常必要。请你督促空军全力以赴,务歼入侵之敌。请考虑我空军一九五八年进入福建的问题。"

顿星云一直为多时没有打下国民党飞机而心焦,当看到毛泽东上述指示后,他和同志们更加殚精竭虑,谋划作战。为了落实毛泽东的指示,促使部队加强战备,多方研究敌情,提高作战积极性,同时也调动国民党空军,增加我军作战机会。经上级批准,海军航空兵党委决定:歼击机部队调换防区,4 师由浙江路桥调驻青岛流亭;2 师由宁波调驻路桥;6 师由流亭调驻宁波。果然,国民党空军被调动了,1958 年 1 月 18 日,2 架国民党空军 F—84 型飞机沿着美国空军在公海上经常活动的航线北上,想利用美军常用航线作掩护,麻痹我军,以便突然入窜。6 师姜培玉大队 4 架歼击机升空待战,在朱家尖岛的上空,利用阳光掩护,击伤 2 架敌机。

顿星云通报海军航空兵所有部队,加强战备,抓住战机,实现毛泽东"全力以赴,务歼入侵之敌"的要求。特别要求转至青岛流亭的 4 师说:"航空兵作战,不同于过去陆地作战,是没有前方和后方界限的,转防是为了制造战机,创造作战机会。山东半岛是首都门户,绝不容许丝毫松懈,要按照军委要求,争取打下一两架敌机!"

2 月 18 日,农历大年初一。人民过节,正是战士戒备之时。上午 11 时 19 分,国民党空军 1 架 RB—57 型高空侦察机在临沂以东 90 公里窜入大陆,高度 15000 米,因为他们从未受过打击,以为大陆没有可以飞至 15000 米以上高空作战的飞机,有恃无恐,如入无人之境,继续深入窜犯。

海军航空兵 4 师 10 团早已做好准备,以 RB—57 为打击目标研究了战法,苦练了突破我机理论升限的技术,反复试验了跃升开炮对飞机的影响,解决了一系列难题。10 团大队长胡春生带领僚机舒积成奉命起飞截击,他们按照地面引导,在诸城附近上空,切半径飞向敌机前置点,等待敌机前来就范。胡春生首先发现敌机,一次跃升开炮,再次跃升开炮,从距离 433 米直打到 75 米。打得敌机严重负伤,往下跌落。胡春生命令舒积成继续攻击,舒积成第一次攻击没有命中,他再次攻击,直到打得敌机拖着浓烟坠落入海。

快艇赶到敌机坠落海区,查明被击落的是获得过国民党空军"飞虎奖章"的上校赵广华。

春节打胜仗,大年初一传捷报,喜上加喜,人人欢笑。这一仗,开创了世界空战史上同温层作战先例,打破了一个时期以来没有击落敌机的沉闷,首先实现了毛泽东"务歼入侵之敌"的要求。顿星云当即乘飞机赶至流亭,向部队祝贺,总结作战经验。又连夜返回北京,立即组织新闻报道,不打哑巴仗,向全世界发布消息,及时揭露美国和国民党的勾结。面对事实和新华社及时的报道,国民党无法抵赖和掩饰,不得不承认有一架KB—57"迷航失事"。

随后,顿星云又和同志们组织专门分队,以打击国民党 P2V—7 型侦察机为作战目标,经过反复研究,不断改进打法,终于击落了国民党空军窜入大陆内地收集我原子弹试验情报的 P2V—7 型飞机 1 架。

毛泽东点将

20 世纪 50 年代末,从地球上清除殖民主义的潮流不可阻挡,狂飙席卷阿拉伯和整个非洲。但是,美国总统艾森豪威尔和英国首相艾登,这两个历史的盲人却逆历史潮流而动,在 1958 年 7 月 15 日先后派兵公然侵入黎巴嫩、约旦等中东地区。在美国指挥下，台湾国民党军队策应美、英在中东的军事入侵，叫喊"加速反攻大陆"，频繁炮击我厦门地区，7月18日深夜，毛泽东召集彭德怀等开会，指示："对中东人民斗争不能仅限于道义的支援，而且要有实际的支援，要牵制英美军事力量，决定打击金门、马祖的国民党军队。以地面炮兵实施主要打击，准备打它两三个月。"

中央军委决定按毛泽东部署，派歼击机部队进驻新建的福州机场。彭德怀向毛泽东提议派海军航空兵第10团首先进驻福州，毛泽东欣然同意。

8月8日，美国入侵黎巴嫩的军队急剧增加到14000人，中东告急，中东人民需要紧急支援！

8月9日下午，按照上级指示，顿星云要4师李文模师长驾驶米格飞机紧急飞来北京接受命令，告诉他说："兵贵神速，令行禁止，连夜准备，明早转场，尽快进入福州机场，进去后的第一分钟就要准备打仗，甚至在转场过程中，都可能发生战斗，要做好充分准备。要在全师动员，说明这是毛主席点将，是4师的光荣，是海军航空兵的光荣，不要辜负党中央和毛主席的信任！"

顿星云还特意打电话给10团团长王昆，嘱咐他带队从空中转进福州，要努力完成战斗任务。随后，他也赶到福州，帮助部队按照毛泽东部署，做好打击国民党军的准备。8月13日进驻福州机场几小时后，便击伤前来侦察的2架敌机，取得空战的胜利。

8月23日开始，我军开始大规模炮击。万炮轰金门，打在国民党身上，痛在美国心里。新到任的美军驻台湾协防司令斯奈德后来回忆说："炮战一开始，美国也如同身受。"

美国人被调动了，从美国本土和中东抽调兵力赶往亚洲。美国海军、空军20万人被吸引过来。

炮击金门，打乱了美国侵略部署，支援了中东人民反对帝国主义、殖民主义的斗争。

顿星云努力贯彻落实毛泽东的指示，没有辜负毛主席对海军航空兵的信任和厚望，为海军航空兵部队的建设打下了坚实基础，保证了他在战斗中不断成长，从胜利走向胜利。

（杨肇林）

毛泽东与
陶勇中将

陶勇(1912—1967),安徽霍丘人。1929年加入中国共产主义青年团,同年参加中国工农红军,1931年转入中国共产党。土地革命战争时期,任红军游击队排长、副连长、连长,中共鄂豫皖边区分局保卫队队长,4军12师35团连长,第10师28团营长、副团长、团长,红9军第27师81团团长。参加了长征。抗日战争时期,新四军第二支队副参谋长,苏皖支队司令员兼政治委员,新四军苏北指挥部第3纵队司令员兼政治委员,1师3旅旅长兼苏中军区第4军分区副司令员,中共华东党校大队长,苏浙军区第3纵队司令员兼政治委员。解放战争时期,任华中野战军第8纵队司令员兼政治委员,新四军第1师副师长,华东野战军第4纵队司令员,第三野战军第23军军长。中华人民共和国成立后,任第9兵团副司令员,中国人民志愿军第9兵团代司令员兼政治委员,华东军区海军司令员,海军东海舰队司令员,海军副司令员兼东海舰队司令员,南京军区副司令员兼东海舰队司令员。1955年被授予中将军衔。

"中国的领土主权,中国人民必须保卫,
绝对不允许外国政府来侵犯"

1953 年的春天,万物复苏,阳光明媚。2 月 24 日,南京下关码头洋溢着节日的喜庆气氛。毛泽东主席要亲临江面视察华东海军了! 作为华东海军司令员的陶勇,抑制不住内心的激动。多少年来渴望见到毛主席的愿望,今天终于要实现了。

长期以来,陶勇与毛泽东交往甚少,但他们之间那一段鲜为人知的"奇缘"竟至震惊世界。

这确实是一个震撼世界的事件。1949 年 4 月,中国共产党的代表团和南京国民党政府的代表团,经过长时间谈判所拟定的和平协定,共产党中央已经批准,国民党政府却迟迟不予签字。无奈,共产党中央限定国民党政府于 4 月 20 日签字。否则,将命令解放军打过长江去,解放全中国。

历史的脚步是缓慢而沉重的。随着签字期限的临近,形势越来越紧张。人民解放军百万大军步步向长江北岸进逼。国民党军队在长江南岸加快设防速度,美国海军第七舰队和英国皇家海军远东舰队的数十艘舰艇,应国民党政府的要求迅速聚集到上海黄浦江边,4 月 20 日,最后期限到了。美国第七舰队仍在静观战局变化,英国皇家海军远东舰队却忍耐不住开始行动了……

这一天,陶勇率领的第 23 军奉命作为东线集团的先锋部队展开了沿江第一线。就在官兵严阵以待等候渡江战役开始的时刻,突然,宁静的渡江出发阵地上传来猛烈的炮击声……

"发生了什么事?"

人们的脸色骤然一变,争相询问。

电话铃急促地响起来,陶勇霍然跳起抓过话机,方知万恶的英帝国主义军舰对我 68 师主攻团悍然开炮,当即炸死主攻团团长邓若波,炸伤团政委等 40 多人。69 师主攻团阵地也遭受炮击,造成伤亡。

陶勇一听,怒火满腔。两天来,江面上时有英帝国主义的军舰同国民党军舰相伴相随,几次侵入我解放军的防区,往返游弋,停泊窥测,企图阻止人民解放军渡江。

这些英国军舰中有"紫石英"号、"黑天鹅"号、"伴侣"号、"伦敦"号等。陶勇曾几次命令前沿观察所发出信号,警告其迅速离开我军防区,表明:长江已经不再是蒋家王朝可以由外国兵舰随意出入的长江了,中国也不再是帝国主义的殖民地。但是,一色"米"字旗号的英舰置若罔闻,炮口依然指向我人民解放军阵地,公开挑衅,继续在我防区内耀武扬威,干涉人民解放军渡江。

前沿观察所再次升起警告信号,可是"紫石英"竟"轰轰"发出一阵排炮!

"怎么办?"指挥所里,人们的目光在注视着陶勇。有人急切地提出要为死难的战友报仇,伸张正义!

"听我的命令,坚决还击!"请示上级已经来不及了,陶勇当机立断,作出大胆决策。

"军长,怕不行!"一位干部急忙上前阻拦,说,"这样打,会不会引起国际纠纷?"

"怎么不行!"陶勇剑眉一挑,措辞严厉,"他们这是侵略! 必须坚决还击! 出了问题,由我承担!"

众人肃然起敬。

"我们支持!"大家激动地赞同。

陶勇一面命令电报员迅速发报向上级报告情况,一面果断下令:"目标:英舰——开炮!"

"轰——轰轰!"正义的炮声响彻云霄,呼啸而去。

阵地上,23军官兵欢呼雀跃,他们挥动双臂,为炮兵呐喊助威:"打! 狠狠地打!"

炮兵以猛烈、准确的火力射击,成串的炮弹倾泻在英舰炮台和甲板四周。

长江,水柱突起,烟卷波涛。顷刻之间,两艘英舰陷入人民解放军强大的炮击火网之中,冒起浓烟,燃起大火。破裂的"米"字旗,飘落在长江之中,同泥沙一起被巨浪卷走了。

"好,打中了!"

"纸老虎显原形了!"

前沿阵地上,指战员们一片欢呼,陶勇刚毅的脸上,正气浩然,威风凛凛。

惊慌失措的"紫石英"号,多处中弹起火,狼狈地挂起三面白旗,从扩音器里发出哀鸣:"我们不是你们的敌人! 我们不是你们的敌人!"

"大英帝国皇家海军"以往那种不可一世的气焰,扫地殆尽,在求饶声中各自夺路逃窜。"紫石英"号巡洋舰因中弹最多,被迫停于镇江附近江面,被人民解放军渡江部队俘获。

这一事件壮了军威、国威,震动了世界。国际舆论大哗,各国纷纷谴责英国这一无理行径。路透社 4 月 24 日报道,共军在扬子江炮轰四艘英国军舰,在美国引起轰动。美国权威人士对英国海军死亡伤重感到惊讶,纽约各报均以最大字号发表这一新闻。

英国皇家海军远东舰队非但没有能阻拦我军横渡长江,反而遭受痛打。亲临旗舰"伦敦"号上指挥的英国皇家海军远东舰队副总司令梅登中将眼看大势已去,又怕我军再行炮击,只好丢下"紫石英"号,率领还能机动的 3 艘舰,灰溜溜地向长江下游驶去。英国 3 舰出了长江口,梅登立即向英国政府报告了战况。明明是英国舰队侵犯了中国领土,并首先向我军开炮,可是英国当局却反诬我军挑衅。

4 月 26 日,英国保守党头目丘吉尔在下院发言,诬蔑我解放军反击英舰的正义行为是所谓"暴行",并且要求英国政府"派一两艘航空母舰到中国海去……实行武力的报复"。同一天,英国首相艾德礼在议会中宣称:"英国军舰有合法权利在长江行驶,执行和平使命,因为他们得到国民党政府的许可。"这是典型的强盗逻辑。

就在英国当局发出战争叫嚣之际,毛泽东主席充分肯定了 23 军自卫反击的正义行动。毛泽东于 4 月 30 日亲自草拟的《中国人民解放军总部发言人为英国军舰暴行发表的声明》中指出："丘吉尔先生,你'报复'什么? 英国的军舰和国民党的军舰一道闯入中国人民解放军的防区,并向人民解放军开炮,使人民解放军的忠勇战士伤亡 252 人之多。英国人跑进中国境内做出这样大的犯罪行为,中国人民解放军有理由要求英国政府承认错误,并执行道歉和赔偿。难道你们今后应当做的不是这些,反而是开动军队到中国来向中国人民解放军进行'报复'么?"这个声明还驳斥了英国首相艾德礼的讲话:"长江是中国的内河,你们英国人有什么权利将军舰开进来? 没有这种权利。中国的领土主权,中国人民必须保卫,绝对不允许外国政府来侵犯!"

针对艾德礼所谓人民解放军"准备让英国'紫石英'号开往南京,但要有一个条件,就是该舰要协助人民解放军渡江"的谣言,毛泽东在声明中指出:"艾德礼是在撒谎,人民解放军并没有允许'紫石英'号开往南京。人民解放军不希望任何外国武装力量帮助渡江,或做任何别的什么事情。相反,人民解放军要求英国、美国、法国在长江黄浦江和在中国其他各处的军舰、军用飞机、陆战队等项武装力量,迅速撤离中国的领水、领海、领土、领空,不要帮助中国人民的敌人打内战。"

这个声明把丘吉尔和艾德礼驳斥得体无完肤,英国当局再也不敢放肆了。

但是,英国当局又开始了紧张的救助"紫石英"号的活动,同时指示其远东舰队总司令布朗特上将与我方进行谈判。布朗特任命"紫石英"号舰长克仁斯海军少校为英方谈判代表,克仁斯向我"三野"第 8 兵团政委袁仲贤递交了布朗特的信函。5 月 18 日,我三野特纵榴炮第 3 团政委康矛召以上校身份与克仁斯会晤。

谈判一开始,英方代表克仁斯就要求我方将"紫石英"号放行。我方代表康矛召则明确表示:只要英舰承认错误,就可以讨论"紫石英"号的驶离问题。可是,英方代表却拒不承认侵略暴行,谈判一直拖到 7 月 29 日。

7月30日21时许,黑暗笼罩着江面。"紫石英"号突然离开泊位向长江下游潜逃。原来,克仁斯在谈判桌上百般狡赖罪行,拖延时间,暗地里却做着潜逃准备。他们偷偷地抢修了损坏的机器和仪器,几天前还通过英方代办秘密补充了60吨油料,同时通知长江口外的英国军舰随时准备接应。这天,舰长克仁斯从谈判地点回到舰上,首先向我军看押军舰的步兵排下手。这个步兵排由于不懂海军舰艇的特点,没有封锁它的航海室、轮机舱、无线电室等要害部门,让其失去机动能力和射击能力。克仁斯突然袭击地解除了这个步兵排的武装。紧接着,指挥"紫石英"号向长江下游逃去。

陶勇获悉"紫石英"号逃跑的消息,立即向沿江炮兵部队下达了"坚决打击,迫使其驶回原停泊处"的命令。就在此刻,一艘名叫"江陵解放"的长江客轮正驶经"紫石英"号附近。克仁斯狡猾地指挥"紫石英"号尾随上去。是夜21时50分,陶勇命令驻大港炮兵阵地向"紫石英"号发炮警告。炮弹再次命中"紫石英"号。克仁斯一面命令军舰向我炮阵地进行还击,一面指挥军舰强行靠近"江陵解放"号,并与之并行。我炮兵担心伤害"江陵解放"号的旅客,不得不停止炮击。克仁斯则利用这一时机,强迫客轮全速航行,"紫石英"号则紧随下驶,还开炮击沉我多只木船。"紫石英"号于黎明前出长江口北航道驶入东海,后进入香港船坞进行大修。

英国皇家海军远东舰队逃走了,它的"紫石英"号驱逐舰也修好了。但是,英帝国主义侵犯中国领土主权、炮击人民解放军的罪行,却永远记在了历史的账上。而陶勇这一为维护祖国尊严,炮击"紫石英"号的壮举,受到广大官兵和后人的敬仰。

"你就是陶勇同志,我久仰你的大名,你仗打得好啊"

江风阵阵吹。陶勇凝视着水天相连的远方,深为自己作为人民海军的一员将领而自豪。1952年深秋,陶勇率领中国人民志愿军第9兵团从炮火纷飞的朝鲜战场凯旋。征尘犹存,硝烟未散,他就接受了新的任命——华东军区海军司令员。自从在苏北创建第一支海上武装力量——新四军海防团起,陶勇就一直渴望着亲率人民自己的舰艇,在辽阔无垠的海疆纵横驰骋。随着新中国的诞生,这一切都实现了。今天,历史庄严地宣告:中国人民有海无防的时代一去不复返了!那些挂着星条旗、米字旗的帝国主义炮舰,在中国领海上耀武扬威、横行霸道的日子已经结束了。陶勇正是怀着在万里海疆建功立业的勃勃雄心来到华东海军的。

中午 12 点刚过,毛泽东一行来到了码头。

"来了,毛主席来了!"挂满旗的军舰沸腾起来了。

毛泽东在陈毅、罗瑞卿等军地领导同志的陪同下,满面春风健步向"南昌"舰走来。

陶勇抑制住自己的激动,快步迎上前去,立正敬礼:"报告主席,我率领舰队到南京,接受您的检阅,华东海军司令员陶勇。"

"你就是陶勇同志,我久仰你的大名,你仗打得好啊!"毛泽东紧紧握住陶勇的手,高兴地说。陶勇坦荡直爽的性格和有勇有谋的指挥才能,毛泽东早有所闻,并非常欣赏他那敢于和帝国主义的挑衅行为奋起抗争的大无畏精神。

四目相对,情感的波涛如大海般汹涌澎湃。

陶勇激动地回答:"都是党的培养和教育。"

毛泽东对陶勇一见如故。他兴致勃勃地在陶勇等同志的陪同下检阅视察了"南昌""广州""黄河"等军舰。又同陶勇拉家常,鼓励他努力学习,精通海军业务。

难忘的会见,毛泽东留下了亲笔题词:"为了反对帝国主义的侵略,我们一定要建立强大的海军。"

此后多少年里,陶勇一直把毛泽东的题词牢牢记在心里。为了实现建设强大海军的目标,他刻苦钻研,不耻下问,向苏联专家学,向原国民党海军人员学,向所有懂得业务技术的人员学,很快成长为一位"难得的精通海军业务的领导人"。令人痛惜的是,"文化大革命"中,陶勇这位在百万军中威震敌胆的虎将被林彪集团迫害致死。当毛泽东得知这一消息后，无比愤怒和惋惜。他怀着歉疚的心情，指示以中央军委名义起草下发了稳定部队、保护领导干部的《八条命令》。

1971年秋，林彪反党集团被粉碎了。这时，陶勇已去世四年多。在此期间，毛泽东一直没有忘记陶勇。他亲自指示："三军的积案要重新调查，空军的刘善本、海军的陶勇……"

1977年夏，按照毛泽东的遗愿，中央军委郑重作出决定，为陶勇同志英魂昭雪。

（崔向华）

毛泽东与
康志强中将

康志强（1912—1986），江西兴国人。1930年参加中国工农红军。1931年加入中国共产主义青年团，1932年转入中国共产党。土地革命战争时期，任红1军团第4军12师35团排长、连长，军委干部团政治教员兼连政治指导员，红1军团第1师1团政治委员等职。参加了长征。抗日战争时期，任八路军第115师344旅689团政治委员，344旅政治委员，新四军第4师9旅政治委员兼淮北第3军分区攻治委员和中共地委书记。解放战争时期，任华东野战军第2纵队副政治委员、政治委员，第3野战军第21军政治委员，华东军区海军政治部主任。中华人民共和国成立后，任华东军区海军副政治委员兼政治部主任，海军东海舰队政治委员，海军学院政治委员，北海舰队第一副政治委员、政治委员，海军副政治委员。是中国共产党第十二次全国代表大会代表。1955年被授予中将军衔。

入伍第二天，康志强就有幸见到了毛泽东

1930年3月，中共中央政治局在江西东固镇开会决定，朱德、毛泽东

领导的红军"向江西发展",巩固、扩大革命根据地,建立与巩固苏维埃政权。随后,江西"各地工农运动高涨,时局大为发展"。1930 年 7 月 11 日,毛泽东、朱德领导的红 1 军团决定由兴国出发,"进略樟树,窥袭南昌"。行动前,红军在兴国城北召开主力红军誓师大会,墙上树上张贴了许多红红绿绿的标语口号,向群众宣传红军是穷人自己的队伍,是为穷苦大众打天下的;同时组织地方武装,扩大红军力量。顿时,沉寂的县城犹如春风吹来,充满生机。

早在两年前就已参加了少年先锋队革命活动的康志强,听了这些宣传,很受鼓舞。当天他就急匆匆约了同村的几个青年人,瞒着各自家庭,一起跑到区政府开了介绍信,带着政府给的 80 块铜板,晚上就出发找红军去了。第二天到达高兴圩,他们向红军说明来意,当即就被接收参加了红军,编入红 1 军团第 12 军 34 师 101 团 3 连,并组成一个班,由司务长任班长,发给每人一支枪、一排子弹和四颗手榴弹。

部队继续向前开进,7 月 14 日到达吉安陂头。正在他们准备宿营时,毛泽东身着学生装,在警卫员陪同下,大步朝 3 连走来。班长忙对康志强说,毛泽东委员来了。一听说毛泽东,康志强十分兴奋,朱、毛红军的故事在康志强家乡流传很广,毛泽东早已是他心目中崇拜的传奇人物,今天得以相见,心中十分激动和振奋。

毛泽东边走边打招呼。当他看到几个身着便装、佩戴武器的小战士时,便饶有兴致地向他们走来。将近跟前时,班长急忙迎上去向毛泽东敬礼,毛泽东招了招手,以示还礼,操着典型的湖南乡音指着几个新战士问:"他们几个是刚参加红军的吧?!"

班长忙答道:"他们是昨天刚从兴国县高兴圩参加队伍的。"

毛泽东问:"你们都叫什么名字呀?"

康志强心直口快,兴冲冲地答:"我叫康志强,我叔叔叫康显棋……"

毛泽东问:"你们都是自愿入伍的吗?"

康志强答:"我们都是瞒着家人,偷跑出来找红军的。"

毛泽东莞尔一笑,风趣地鼓励他们说:"丈夫志四海嘛!"

毛泽东沉思了一下,接着又语重心长地说:"参加红军,要行军打仗,很苦哩,甚至还有生命危险。跟党闹革命嘛,就不能惧怕困难和牺牲。"毛泽东说完,用信任的目光环视每个人,向他们招招手,便转身离去。

毛泽东的亲切面容和高大形象,给康志强留下了深刻印象。特别是那一席温暖的话语,他一直牢牢记在心里。

1934 年 10 月,中央红军撤离根据地开始长征,康志强当时任红军干部团 2 营 5 连政治指导员兼教员。在赤水河战役言,红军继续北上,这时他突发疟疾,病情很重,营长和教导员用担架抬着他走了两天,到达乌江边。因为红军要摆脱敌人的围追堵截,每天都是急行军,再抬着他走已经很困难。这时教导员丁秋生对康志强说:"组织上决定让你寄住在群众家里养病,给你 80 块大洋作生活费。"康志强没等丁秋生把话说完就急了,他一迭声地说:"不管路上多么苦,我都不怕。我能坚持,说啥我也不离开红军。"在康志强的一再请求下,丁秋生向干部团宋任穷政委报告了情况,宋政委听了汇报说:"把康志强同志带着一起走吧。"宋政委还将自己的骡子给康志强骑了两天。在长征途中,康志强带领部属英勇善战,战绩显著,多次受到上级赞扬。

面对张国焘的分裂行为,
毛泽东叮嘱康志强:"要起火车头的作用"

1935 年 1 月,红军长征到遵义,康志强所在的干部团 2 营 5 连就宿营在离毛泽东住地几百米的地方。当时红军正处在最危急的关头,康志强对红军的命运日夜忧思,放心不下。遵义会议上,结束了王明"左"倾冒险主义在中央的统治,确立了以毛泽东为代表的新的中央领导,挽救了党,挽救了红军。康志强听说后,觉得革命又有了希望。

1935 年 6 月 12 日,中央红军先头部队在四川懋功的达维镇同四方面军会合。6 月 16 日,朱德、毛泽东、周恩来、张闻天致电张国焘等人,向他们指出今后红一、四方面军总的方针是占领川、陕、甘三省,建立三省苏维埃政权。可张国焘借口"统一指挥"和"组织问题"没有解决,延宕四方面军主力北上,并提出与中央方针相反的南下川、康边的主张。6月26日,中共中央政治局在两河口召开会议,决定一、四方面军会师后的战略方针是集中主力向北进攻,在运动中大量消灭敌人,首先取得甘南,以建立川陕甘苏区根据地。为实现这个战略方针,在战役上集中主力消灭与打击胡宗南军,夺取控制松潘以北地区,使红军主力能够胜利地从川北向甘南挺进。同时,中央为团结张国焘北上,周恩来辞去了红军总政委职务,让张国焘接任。张国焘仍借口"组织问题"没有圆满解决,一再贻误战机,招致胡宗南在松潘集结兵力,使红军处于腹背受敌的局面,中央被迫放弃松潘战役计划,冒险横跨草地北上。

1935年8月下旬,康志强跟随毛泽东同右路军离开毛儿盖,连日在茫茫草地中艰难行军,历尽千辛万苦,一星期时间,才走出草地,到达班佑。两天后,康志强带领工兵连参加了徐向前指挥的右路军同前来堵截的胡宗南部第四十九师的战斗,全歼该师5000余人,打开了红军向甘南进军的门户。这时部队得以稍做休整。

康志强虽然一直跟毛泽东在一起,但对中央上层在战略上的分歧和争论并不太清楚。随着张国焘分裂和危害党中央企图的暴露,毛泽东和彭总逐渐给部队干部打招呼。

1935年9月的一天,乌云翻腾,天空灰沉,压得人似乎透不过气来。毛泽东拖着疲惫的身体来到干部团工兵连,还没有坐定,就若有所思地问:"两河口会议后,张国焘反对中央北上方针,要和我们分家了,这个你们知道不知道啊?"

时任干部团工兵连指导员的康志强带着汇报的口气说:"这段时间,我们感到党内不团结了,有人要削弱红军的力量,大家对红军的命运很担心,觉得革命前途变得遥远了,有些人产生了悲观情绪。"

毛泽东接过话头,非常气愤地说:"最近,张国焘公开违抗中央北上方针,连发电报命令已经北上的红四方面军掉头南下。"

康志强情绪激动接过说:"我们坚决听从党中央的指挥,北上抗日。"

毛泽东从座位上站起,不时地走动,边做手势边强调说:"坚持北上的战略方针是正确的,从目前的形势看,对我们很有利。红军走到这里,已经付出了很大代价,再南下退回到原路,是雪山、草地、老林,粮食缺乏,而且敌人在那里的堡垒线已经完成。所以,南下只能是条绝路。而北上是甘南富庶之地,补充有望,在地形、经济、居民、战略退路上,都有胜利前途。"

最后,毛泽东加重语气,坚定而有信心地说:"我们还是按原来的战略方针北上,我们要起火车头的作用,张国焘的部队会跟上来的。"

康志强表示:"我们要把中央决定北上抗日的道理给大家讲清楚,增强对革命胜利的信心。"

尔后不久,彭总也来到工兵连给康志强他们说:"张国焘要带四方面军南下,要到川、康地区去,企图分裂红军。"他还坚定果断地说,"我们要北上。"

康志强和工兵连的同志们听了毛泽东和彭总的讲话,原来的担心消除了,情绪稳定了。1935 年 9 月中旬,张国焘公开违抗党中央北上抗日的战略方针,并企图分裂和危害党中央,大家知道后都很气愤,更加坚定了北上的信心。

1935 年 9 月 12 日俄界会议后,红一方面军和军委纵队整编为陕甘宁支队第 1、第 2、第 3 纵队,红 1 方面军的 1、3 军团的教导营编成一个干部营,康志强调到干部营 2 连任副政治委员。他们和北上的中央红军翻越岷山和六盘山,突破国民党军重重封锁包围,到达了陕北根据地门户吴起镇。同时,国民党驻宁夏的骑兵师也尾追而来。

1935 年 10 月 20 日,毛泽东同彭德怀和陕甘支队第 1 纵队负责人一起研究了敌情,毛泽东说:"打退追敌。不要把敌人带进根据地。"当晚,毛泽东和军委领导决定,组织陕甘支队第 1、第 2 纵队和直属队打击这股敌人。干部营和各连及时传达了毛泽东的指示和敌情。

第二天早上,晨雾渐散,朝霞似锦。康志强和连长带领 2 连赶到干部营集结待命。这时,毛泽东来到干部营队伍面前做战斗动员。他讲了当前的形势后说:"我们已经到了陕北苏区,就要同徐海东、刘志丹领导的红15军团会师了,我们决不能把敌人带进苏区去,一定要打好这一仗。"毛泽东作完动员,率中央机关就继续前进了。

干部营按部署进入伏击阵地,康志强向2连的同志们说:"毛主席要我们起火车头的作用,我们一定要以实际行动打好这一仗。"敌人进入伏击圈后,二连就和敌人展开了拉锯式战斗,反复争夺山头,从早上一直打到黄昏,钳制住了敌人兵力,等后续部队赶到,发起全面进攻,击溃国民党军骑兵两千余人,缴获大量马匹和武器。

由于中央红军坚持党中央关于北上抗日的战略方针,陕甘宁根据地不断发展,红军力量逐步壮大。正如毛泽东预言的那样,一年后,红四方面军也长征到了陕北。

"现在我们有了人民自己的海军,
你们要好好地干,把它建设成强大的海军"

1953年2月19日,毛泽东在公安部部长罗瑞卿陪同下,从武汉乘坐海军"长江"号军舰,顺流东下,开始了具有重要历史意义的长江航行视察。

在毛泽东到达南京前,康志强接到通知,说毛主席乘"长江"舰沿江视察,舰艇编队22日凌晨到达南京,请他和华东军区陈毅司令员、张爱萍参谋长以及其他领导一起到码头迎接。得到这一消息,康志强喜不自禁。21日晚上11时,他衣着整洁,兴致勃勃地离开了家门做迎接毛泽东的准备工作。

康志强自从1935年10月在吴起镇听毛泽东做战斗动员后,又有近二十年没有见了,一直期盼有机会再见到他,再亲耳聆听主席的教诲。康志强热切地等待着这一时刻的到来。

江南二月,阳光温煦,春风轻拂。24日下午14时,华东军区、各兵团、各军和华东军区海军及各舰队、基地领导着装整齐,英姿勃发,端庄列队站在码头上。14时35分,"南昌"舰主桅升起红旗,各舰司号员吹响军号。毛泽东在陈毅司令员的陪同下,首先检阅了码头上列队的三军指挥员。毛泽东神采奕奕,向大家招手致意,慈祥面孔带着微笑,迈着健步走上"南昌"舰甲板。受阅的三军指挥员也跟着登上"南昌"舰,在鸣哨声中,都行了举手礼,心中充满了幸福和愉快,陈毅司令员首先指着陶勇同志向毛泽东做了介绍,接着把任华东军区海军政治部主任的康志强介绍给毛泽东,康志强恭敬地行了举手礼,毛泽东微笑着点了点头,紧握着康志强的手,亲切地说:"噢,康志强同志,我们早就认识啦!长征最困难的时候,你在干部团,是你们保卫了党中央机关的安全。"

康志强说:"感谢主席勉励。"

毛泽东又用力握了握他的手说:"你还年轻,好好干海军吧!"

康志强激动地说:"我一定牢记主席的教诲,努力工作。"

毛泽东的亲切话语,反复在康志强的脑际萦绕。特别是毛泽东提到长征时干部团保卫了党中央机关安全的事,又在他脑海里一幕幕闪现,直罗镇一战,令他终生难忘。

那是1935年11月,红军长征到陕北苏区,国民党正对红军进行"围剿"。11月下旬,敌先头部队第109师开进直罗镇附近,党中央决定集中红军主力消灭这个师。康志强他们连的任务是负责警卫中央首长。当时,毛泽东就在他们连背后一座山上的庙里指挥整个战斗。当敌人被诱至直罗镇后,红军主力向敌人发起猛攻,打到下午,大部分敌人被消灭了,只剩下敌师部和少数残敌疯狂地向警卫阵地反扑,企图突围。他们与敌人展开了殊死拼杀,打退敌人数次冲锋。战斗越来越激烈,敌人抵挡不住,向后溃逃。当追杀到一个小山包下时,被山上敌人的火力压住了,几次冲锋都没成功,很多战士牺牲了。康志强急中生智,他带领一部分人迂回到敌侧后,突然出现在敌人面前,一阵猛打,压住了敌人火力,我山下的部队冲上山来,将残敌全部俘获。同时,还缴获敌师长两件虎皮大衣,准备第二天送给党中央首长。晚上,一个战士说他要享受一下"师座"的待遇,不小心撒上一泡尿,康志强气得把他熊了一顿,而后立即送呈首长了。这次战斗,由于康志强他们连作战英勇顽强,受到上级表扬。

当康志强从回忆中走出来时,他那和善而又坚毅的脸上露出了几分欣慰。他转脸看着毛泽东,暗暗下定决心,一定要按照毛主席的教导去做,努力把工作做好。

在毛泽东和受阅同志一一握手见面后,又检阅了"南昌"舰、"广州"舰、"黄河"舰和101、104两艘快艇。最后毛泽东走进"南昌"舰会议室,坐在长桌一端的木质转椅上,康志强随陈毅、罗瑞卿、王宏坤、张爱萍、陶勇、袁也烈、马龙等30多名领导干部走进去,把会议室挤得满满的。毛泽东一面喝水,一面吸烟,与在座的同志交谈有关人民海军的建设方针、路线、政治工作、作战原则等问题。毛泽东说:"海军建设一定要放在自力更生的基础上。要注意学习外国的先进经验,但是不要认为什么都是外国的好。我们自己也要造军舰,要自力更生,光靠人家是不行的。海军有自己的特点,但不能强调海军特殊。部队好的传统要发扬,不能丢了。"毛泽东再三嘱咐,"一定要搞好军民关系,依靠渔民群众,这是一条重要的原则"。

毛泽东还询问依次在座的海军指挥员是哪个野战军来的,大家都站起来一一回答,这时康志强也主动站起来回答了毛泽东的问话,他说:"我是1949年8月从21军调来海军的。"毛泽东又问:"你做政治部主任工作,也出过海吗?"康志强答:"出过多次了。"毛泽东听了大家的回答,非常满意,他说:"我军的作战原则也适用于海军。但战争是发展的,任何时候都不要机械搬用原则,要因地制宜,灵活机动。"毛泽东还说:"我们国家,海防线很长。过去帝国主义欺负我们大都是从海上打进来,现在我们有了人民自己的海军,你们要好好地干,把它建设成强大的海军,以抵御帝国主义的侵略。"毛泽东慈祥地注视着大家,语重心长地说,"你们是海军了,干海军就不要怕风浪,要到大海里去锻炼"。

这次接见,摄影记者还抓拍了一张毛泽东和康志强握手的珍贵照片。这张照片康志强一直珍藏在身边。毛泽东的光辉形象和谆谆教导,激励着他为建设强大的海军而努力奋斗。

(王发秀)

毛泽东与
王政柱少将

王政柱(1915—2001)，湖北麻城人。1930 年参加中国工农红军，同年加入中国共产主义青年团，1933 年转入中国共产党。土地革命战争时期，任红四方面军第 4 军第 10 师 28 团政治处宣传员、师部书记、军部书记，红四方面军总指挥部参谋，红军总司令部 1 局作战科科长，参加了长征。抗日战争时期，任八路军总指挥部作战参谋、作战科科长，军委 1 局 2 科科长、1 处处长。解放战争时期，任军委 1 局副局长兼中央书记处枣园作战室主任，西北野战军副参谋长，第一野战军副参谋长。中华人民共和国成立后，任西北军区副参谋长，中国人民志愿军副参谋长兼西海岸指挥部参谋长，总后勤部副部长、顾问。曾任海军基地副司令员、司令员，海军副参谋长，南海舰队第一副司令员，海军后勤部部长。1955 年被授予少将军衔。

王政柱将军出生于湖北麻城西张店银杏树湾。从小聪明好学，给当木匠的父亲做帮手时认了一些字，9 岁时上了不到一年的私塾。参加红军后坚持读书识字，他把用过的口令、宣传标语、上级下发的文字通知和收集的国语课本、四言杂字等当学习课本，拜识字多的战友为师，文化水平逐渐提高,字也写得越来越好。于是,从一名班长先后被调到团、师、军机关当了书记、参谋。抗美援朝战争时,志愿军司令员杨得志将军曾称赞说:"王政柱是自学成才的秀才。"王政柱在中央军委和总部机关工作时,与毛泽东相识、相交,建立了深厚的感情。

党中央进驻延安前,王政柱受命为
毛泽东清理文件,保存下了珍贵的历史照片

中央红军长征到达陕北后,中共中央和中央军委机关及直属单位的驻地一直没有固定下来。1936年6月21日,国民党军高双城炮兵营从横山县石湾偷袭瓦窑堡,中共中央党政军机关向西撤至磁窑。7月6日,中央机关撤到保安。12日,毛泽东移住保安。

1936年10月,红军大会师后,红军总部1局作战科合并到中央军委1局作战科,王政柱任科长。

1936年12月12日凌晨,震惊中外的西安事变爆发,东北军将领张学良和西北军将领杨虎城在西安扣留了蒋介石和陈诚、卫立煌、蒋鼎文等十多名国民党军政要员,实施"兵谏",要求抗日。并通电全国,提出改组南京政府,停止内战,立即释放在上海被捕的爱国领袖沈钧儒、邹韬奋,释放全国一切政治犯,并召开救国会议等八项主张。

在中国共产党的帮助和全国爱国民主力量的声援下,西安事变得到和平解决,结束了十年内战。

西安事变后,根据中国共产党与东北军达成的协议,原来驻在延安的东北军撤向西安一带集中,延安由红军接管。

延安小城,已有3000余年的历史,古称延州,史载从隋大业三年开始置郡建府。这里三面环山,地势险要,宋、金时期为防御西夏的重地。明朝末年张献忠、李自成发动的农民大起义最先就从陕北开始,起义军曾在延安一带频繁战斗过。

1937年1月初,中共中央决定中央和军委机关从保安迁往延安。

长征后,毛泽东和中央机关在陕北虽然只有一年多时间,但这段时间毛泽东处理了许多重大事件,电文特别多。同时,这段时间也是毛泽东从事研究和写作非常集中的阶段,书稿、文稿也很多。为了搬迁,决定从合并后的中央军委1局作战科抽调几名参谋给毛泽东清理文件,科长王政柱领受了这一任务。在这之前,王政柱还没有见过毛泽东。接受任务后,他为能亲手帮助毛主席清理文件而感到责任重大、有些紧张;同时也为能亲眼见到毛泽东而激动、兴奋。

当王政柱带领几名参谋来到毛泽东住的窑洞时,看见主席正在办公,需要清理的文件、各类草稿、书籍都堆在一间窑洞里。见他们来到,秘书叶子龙(当时任军委1局2科科长)向毛泽东报告说:"清理文件的同志们来了。"毛泽东站起身来,问带队的王政柱:"你们是哪里的呀?"

王政柱连忙向主席敬礼,并报告说:"我们是作战科的,是跟朱总司令一起来的。"

毛泽东又问:"你是哪一个呀?"

王政柱回答道:"我是1局作战科科长,我叫王政柱。"

毛泽东点点头,又问了其他几个同志的姓名,然后对大家说:"我们就要搬到延安去了,西安事变帮了我们的忙.张学良把延安让给了我们。"

接着,毛泽东像是自言自语,又像是对大家说:"延安在陕北来说是大地方,现在群众还不了解我们,我们一定要很好地联系群众,要注意群众纪律,要对群众多做宣传工作。"说完,毛泽东指着满屋子的文件说,"就请你们帮这个忙喽!"

在叶子龙的指挥下,大家简单地做了分工.开始清理满屋子的文件。除了书籍以外,最多的是主席起草的各类文件、文章的草稿,都是用毛笔写的。大家按照要求,把需要留存的整理好,不需要保存的就销毁烧掉。在清理主席长征中写的文件草稿,准备烧掉时,王政柱见里面夹带了一些照片,他就留心翻了翻,发现其中有两张毛泽东和周恩来的照片,觉得烧了可惜,于是就留了下来,一直珍藏着。新中国成立后,军事博物馆收集历史资料,王政柱将照片捐献给了军博,军博的同志一见照片非常高兴,连说:"太珍贵了。"至今照片仍在展出。

英模会上,毛泽东给王政柱颁发奖品时说: ## "要再接再厉,不要骄傲啊"

1944年12月22日,陕甘宁边区劳动英雄及模范工作者代表大会在延安隆重召开。这是陕甘宁边区政府在抗日战争期间召开的规模最大、参加人数最多的一次英模大会。王政柱作为中央军委机关评选出的边区特等模范工作者,光荣地出席了这次大会。

当时,王政柱从敌后回到延安不到两年时间,根本就没想到自己会被评为边区的特等模范工作者,也没想到会参加边区英模大会。

1937年7月7日,卢沟桥事变爆发,日本帝国主义发动了对中国的全面进攻。当时,正在抗大学习的王政柱提前毕业,被分配到关中、云阳八路军前敌总指挥部作战科任参谋。后东渡黄河,奔赴抗日前线,到了太行山八路军总部任作战科长,先后参加了反日寇扫荡、百团大战和反国民党顽军摩擦的战斗。1943年3月,王政柱作为出席中国共产党第七次代表大会的代表,并受八路军副总司令彭德怀的委托,肩负给党中央带黄金的重任,又回到了延安。

由于"七大"召开时间一再推迟,于是王政柱到中央党校学习,毕业后分配到中央军委1局,先后在2科任科长、1处任处长。

1945年1月10日,王政柱在英模大会上聆听了毛泽东题为《两三年内完全学会经济工作》的讲话。毛泽东说:我们必须在两三年内,使陕甘宁边区和敌后解放区,做到粮食和工业品的全部或大部分自给,并有盈余。讲话中毛泽东分析说:有一个问题必须再次引起大家注意,就是我们的思想要适合于目前我们所处的环境。目前我们所处的环境就是一个建立在个体经济基础上的、被敌人分割的、因而又是游击战争的农村根据地,不应带着城市观点去处理农村,只有注意使我们的思想完全适合于我们所处的环境,然后才能使我们的工作样样见效,并迅速见效。新中国成立后,这个讲话编入《毛泽东选集》时题为《必须学会做经济工作》。

毛泽东在讲话中还指出:劳动英雄和模范工作者,在边区人民建设事业中起了三种作用:带头作用、骨干作用、桥梁作用。并告诫大家说:"你们有许多长处,很大的功劳,但是你们切记不可以骄傲。"

接着,中央首长和边区政府领导给 436 名英雄模范和 5 个单位颁发奖章、奖状和奖品。

当王政柱登台领奖时,朱德总司令对他说:"你是我们军委总部机关的先进代表,要继续努力。"毛泽东把奖品——边区自己生产的一床毛毯,颁发给王政柱,并鼓励他说:"要再接再厉,不要骄傲啊!"

王政柱激动地点了点头说:"我一定继续努力。"

王政柱在半个多世纪前得到的这份珍贵奖品——毛毯,现在仍收藏在湖北麻城起义纪念馆,不断教育和启迪着后人。

王政柱陪同毛泽东视察战场,毛泽东说:
"沙家店一战,把敌人的嚣张气焰完全打掉了"

1947 年 7 月 21 日至 23 日,撤离延安后转战陕北的毛泽东在靖边县小河村主持召开了中共中央扩大会议。已由延安枣园中央书记处作战室主任升任西北野战军副参谋长的王政柱,作为工作人员参加了这次会议。

会议总结了全面内战爆发后第一年的战绩,着重讨论了军事计划和地方工作问题,毛泽东在会上做了重要讲话。毛泽东说:现在蒋介石在政治上更加孤立,还未到绝对孤立,他是在走向众叛亲离。因此,用 5 年时间从根本上打倒蒋介石。但不对外宣布,还是准备长期作战,5 年到 10 年甚至 15 年,不像蒋介石那样,先说几个月消灭我们,不能实现又说再过几个月,到了现在又说战争才开始。这是毛泽东首次提出对蒋介石的斗争用 5 年时间来解决(从 1946 年 7 月算起)。

小河会议决定,陈赓太岳兵团南下出陇海路向豫西出击,为配合陈赓部南下,西北野战军拟调动胡宗南部主力(整编第 1 军、第 29 军)北上,决定发起榆林、沙家店战役,计划歼灭国民党军在米脂以北的整编第 36 师。8 月 19 日中午,毛泽东率中央机关艰苦行军,向西北野战军主力靠拢,到达佳县梁家岔,此地距西北野战军指挥部 20 里。晚 9 时 30 分,毛泽东电告彭德怀:我们本月 20 日在梁家岔休息不动。随即毛泽东与彭德怀之间架通电话联系。

8 月 20 日晨,毛泽东致彭德怀电,批准歼灭国民党军整编第 36 师的作战计划。西北野战军随即发起沙家店战役。战斗中毛泽东始终守着电话机,随时听取敌情变化的报告。在西北野战军前线指挥部,彭德怀不断地将战斗进展情况和敌情变化通过电话向毛泽东报告。当彭德怀将敌 36 师被围的情况向毛泽东报告后,在彭德怀身边的王政柱听到毛泽东在电话中大声地对彭德怀说:"好!向全体指战员讲清楚,这是对整个战局有决定意义的一战,要坚决、彻底、干净、全部地消灭敌人,不让一个跑掉。"彭德怀高兴地对王政柱说:"向各部队传达毛主席的指示,为了保卫党中央,坚决打好这一仗!"

下午 1 点,彭德怀下达了总攻命令。战至黄昏,西北野战军全歼国民党军整编第 36 师主力 6000 余人。根据战史专家考证,沙家店战役是毛泽东在解放战争中唯一一次用电话直接指挥的战斗。

8 月 23 日,毛泽东、周恩来、任弼时等中央领导,骑马来到西北野战军指挥部驻地佳县前东原村,向参加沙家店战役总结会的旅以上干部祝贺胜利,研究部署新的战役。

王政柱带领警卫员骑马由前东原向梁家岔路上迎接中央首长。当见到毛泽东等骑马到来时,王政柱赶紧下马,向首长们敬礼,并说:"首长们好!彭总让我来接首长们。"毛泽东、周恩来都说:"枣园的老朋友又见面了。"

彭德怀在村口迎候毛泽东等中央首长,毛泽东下马后,握着彭德怀的手说:"打得好啊!祝贺你们的胜利,消灭了 36 师,意义很大,陕北的形势改变了。"

接着，毛泽东向西北野战军旅以上干部讲话说："内战开始后，国民党的全面进攻遭到了失败，就改为对陕北和山东的重点进攻，妄图砍掉我们的左右手，但这只能是白日做梦。36师是胡宗南的主力师，这次被你们消灭了，你们打得好！打胜沙家店这一仗非常重要，这一战役的胜利是西北战场的一个重要转折，标志着西北野战军由内线防御转到内线进攻，这将使陕甘宁边区的整个战争形势迅速发生根本变化。"

会后，毛泽东在彭德怀、王政柱等的陪同下视察了沙家店歼灭整编第36师的战场。毛泽东用望远镜观察了沙家店战役的战场后，连连称赞地形选得好，战役打得好。并说："最困难的时期已经过去了。用湖南话来说'过坳'了。"

当大家谈到总攻歼敌时，毛泽东高兴地说："胡宗南是个没有本事的人，阴险恶毒，志大才疏。他那么多军队，对付不了我们。我们打了这么多次，就没有吃过败仗。他的本事，就是按我们想的行动。"

接着，毛泽东又对王政柱等人说："沙家店一战，把敌人的嚣张气焰完全打掉了！形势对我们非常有利。下一步就不是陕北的问题，而是打出去的问题了。"

周恩来过话头说："沙家店这一仗，西北战场这一盘棋被毛主席走活了。我西北野战军开始加入战略反攻，由被敌人追着打，转入主动寻找敌人打，西北战场开始由延安向延安附近及延安以南转移，由内线转入外线作战，胡宗南再想北进只能是白日做梦了。"

在中南海怀仁堂，毛泽东对王政柱说："枣园的老朋友又见面了"

1956年6月11日，毛泽东等中央首长在北京中南海，接见了参加中国共产党海军第一次代表大会的全体同志，并单独接见了少将以上干部。

在中南海怀仁堂右侧的休息厅，毛泽东、周恩来、朱德、彭德怀等党和国家领导人，与列队的海军将领们一一握手、寒暄、交谈。当毛泽东与王政柱握手时,对身着笔挺将军服的王政柱看了又看,似乎认识,但一时叫不出名字,便说:"我们认识,好像在哪里见过?"

还没等王政柱回答,周恩来总理就插话介绍说:"主席不记得了,他就是我们枣园作战室的主任嘛!他是王政柱呀!"

毛泽东立即又握紧了王政柱的手笑着说:"啊!就是王政柱,枣园的老朋友又见面了!"

"你当了海军了?"毛泽东问。

王政柱回答说:"抗美援朝回国后,我就到海军了,现在在青岛基地工作。"

"他现在是青岛基地副司令员。"周恩来继续向主席介绍。

看着眼前的景象,王政柱似乎又回到了 10 年前的延安枣园。

1946 年初,国民党为了与共产党争地盘,一边靠着美国人调解国共两党争端,一边利用此时机,在美国的帮助下,加紧从后方运送军队,抢占大城市、军事要地和交通线。国共两党的军队谈谈打打,针锋相对,前线的情况非常多,变化又快。当时军委作战部 1 局在王家坪办公,与枣园还有段距离,不便于中央领导及时掌握情况,于是军委派 1 局副局长王政柱带 3 名参谋到中央书记处所在地枣园,组成了一个军委派出的临时作战室,直属书记处,主要负责给中央领导同志提供情况,所以也叫书记处作战室。当时还有一个机要室,由叶子龙负责。

随着全面内战的爆发,全国各个根据地战斗频繁,前线与中央的电文往来越来越多。作战室的主要任务是负责整理作战电文,包括绘制简单的作战地图。同时还要将电报中提到的国民党军队的情况,如中央军、地方军、特点、历史、罪行等附上,一并送中央领导,便于中央领导更清楚地掌握情况、作出决策。作战室的任务很重,休息的时间很少,但大家工作热情很高,责任心很强,经常受到中央首长的表扬。

1947 年 3 月,国民党军胡宗南部对陕甘宁边区发动重点进攻,党中央和中央军委机关撤离延安,转战陕北,王政柱才奉命回到 1 局。后来他要求到部队到前线工作,经周恩来报告中央同意,王政柱调到西北野战兵团任副参谋长,直接参加了解放大西北的战斗。

每当回忆起这段难忘的战斗、工作、生活经历,王政柱就感到充满了幸福,并终身引以为荣。

（赵小平）

毛泽东与
邓兆祥少将

邓兆祥(1903—1998),广东肇庆人。1914 年起先后入黄埔、吴淞、烟台海军学校和南京水鱼雷枪炮学校学习;1927 年后,任国民党海军"飞鹰"军舰枪炮、航海正、副舰长;1930 年入英国格林威治皇家海军学院学习;1934 年回国,任国民党海军水鱼雷营营长、第二舰队司令部参谋、"长治"号军舰舰长、"重庆"号军舰舰长。1949 年 2 月 25 日于上海吴淞口起义,参加中国人民解放军,任中国人民解放军海军"重庆"号巡洋舰舰长、安东海军学校校长。中华人民共和国成立后,任海军快艇学校校长,第一海军学校副校长,海军青岛基地副参谋长、副司令员,北海舰队副司令员,海军副司令员。是中国人民政治协商会议第六、七、八届全国委员会副主席。1955 年被授予少将军衔。

在中国现代和当代海军发展史上,邓兆祥无疑是一位具有重大影响的人物。1949 年 2 月 25 日,邓兆祥驾驶着国民党海军最大的军舰——"重庆"号巡洋舰,与爱国官兵一起在吴淞口举行了震惊中外的"重庆"号起义。当大海作证庄严宣告:"重庆"号巡洋舰脱离国民党军队驶向人民怀抱的时刻,邓兆祥便成为举世瞩目的"新闻人物"了。由此,邓兆祥开始了与中国人民的领袖、中国人民解放军的统帅毛泽东的交往史。

"重庆"号巡洋舰驶向人民的海洋，
毛泽东致电嘉勉邓兆祥舰长及全体官兵

第二次世界大战期间，香港英国当局曾没收中国招商局在港订制的6艘港湾巡艇，转用于欧洲战场。战后，英国政府把一艘轻型巡洋舰赠送给国民党政府作为"赔偿"，这就是著名的"重庆"舰。该舰原名为AU-RORA（黎明女神）号，它在英国时是战绩辉煌的荣誉军舰，国民党政府接收后改名为"重庆"号。1946年邓兆祥率领国民党海军第二批学兵赴英国接收该舰，"重庆"舰成为当时国民党海军中最强的主力舰。

"重庆"舰上不仅集中了一批经验丰富、技术优良的海军军官，而且士兵都具有高中或高中以上文化程度，他们分别在英国皇家海军各专科学校和荣誉号练习舰上学习和受训。1948年5月19日，国民党政府的代表、中国驻英国大使郑天锡与英国政府代表福拉塞，在英国朴次茅斯军港正式举行了"重庆""灵甫"两舰的交接仪式，5月26日两舰同时起碇回国。"重庆"舰在邓兆祥舰长的指挥下，齐心协力战胜了大风恶浪，航行近万海里，历时3个月，1948年8月13日终于回到了上海吴淞口。

当久别游子风尘仆仆从遥远的大洋彼岸回到母亲的怀抱时，看到的却是祖国的土地上到处横行着外国强盗。"重庆"舰驶回上海时，偌大的黄浦江上，没有一座码头可供停靠，只能在偏远的高昌庙附近系水鼓，而码头却可以让外国商人租赁，甚至可以供美国军舰专用，美国的星条旗飘扬在外滩的高楼上，美军的吉普车在街道马路上横冲直撞，达官贵人和洋人们到处寻欢作乐，劳苦大众却在饥寒交迫中挣扎。蒋介石反动独裁政府，不顾全国人民的反对，悍然发动内战，刚刚回国的"重庆"舰也被推上了内战前线。

1948年10月，辽沈战役开始不久，人民解放军正集中优势兵力攻打锦州,堵住敌人入关退路,以全歼东北的国民党军队。蒋介石慌了手脚,亲临东北督战,抛出了"重庆"舰这张王牌。在海军总司令桂永清亲自指挥下,用舰炮猛烈轰击解放军坚守的塔山、高桥阵地。当时,邓兆祥既痛苦又无可奈何。中国人打中国人的炮火震醒了邓兆祥和舰上的爱国官兵,大家都不愿意再充当蒋介石的帮凶和炮灰了。1948 年 11 月,当"重庆"舰从东北一返回上海,舰上立即发生大量士兵逃亡,邓兆祥也在夜间偷听解放区电台的广播,并经常阅读上海爱国民主党派办的进步报刊。他逐渐认识到,共产党根本不像国民党宣传的那样杀人放火、无恶不作,感到共产党并不可怕。他与好友郭寿生(在大革命时期就参加了中国共产党)、周应骢(当时任国民党海军上海基地办事处主任,与中共上海地下组织有联系)时常往来。一次在周应骢家他们谈到了"换旗"问题。周对邓兆祥说:"看来国民党海军要换旗了。"邓兆祥同意他的看法。两人都表示坚决不去台湾,至于如何"换旗",他们当时还摸不透,但他在思想上有了"应变"的准备。

邓兆祥知道国民党对他不信任,而他对国民党更丧失信心。他向海军总司令桂永清打报告请长假回乡,但未被批准。

1949 年 2 月,国民党当局准备将"重庆"舰开进长江,配合海军第二舰队妄图阻挡人民解放军渡江。在此期间,舰上的士兵起义组织已经秘密进行了精心策划和准备,于 2 月 25 日子夜发动了起义。当士兵解放委员会的代表、起义领导人之一的王颐桢("重庆"舰一等兵、军号:4568)请邓兆祥舰长领航开船,把军舰开往解放区时,由于邓已有一定的进步思想基础,有了应变的思想准备,毅然登上驾驶台,下令开航,指挥航行。在士兵起义组织的领导和全舰爱国官兵的共同努力下,经过 25 小时的航行,2月 26 日晨,安全抵达山东解放区烟台港外海,"重庆"舰起义顺利成功。邓兆祥舰长驾舰投身于人民的怀抱后,受到共产党和解放区人民对他的无微不至的关怀。为表达自己的心声,他亲自修改签发了给毛主席、朱总司令的致敬电:

敬爱的中国人民领袖毛主席、中国人民解放军㕛总司令：

当我们重庆号五百七十四名官兵全体平安地抵达解放区港口之际，请你们接受我们最诚挚的崇高的敬意。

在美蒋勾结的反中国人民内战中，几年的中国海军，亦不幸被迫作为帮凶工具。但战争近三年来，国民党陆军消失殆尽，空军起义风起云涌，而在战犯桂永清据为私人财产的海军㐅部，广大海军青年亦不能再受欺骗麻醉。复加蒋介石在政治、经济各方面的反动措施，已进入最后总崩溃而不可收拾，美英帝国主义的任何援助，也决不能使之起死回生。全国人民解放斗争的胜利，计日可待。鉴于大势所趋，人心所向，重庆号全体官兵，不甘再助纣为虐或愿秉诚赎罪，报效人民，乃于二月二十五日在国民党腹心地区内吴淞口外，毅然首举海军义旗，北驶开入解放区港口，参加中国人民解放军。今后誓当在中国共产党领导之下，东北解放区军政首长直接领导之下，贯彻毛主席八项和平主张，为彻底摧毁美蒋勾结的对中国人民的统治，完成全国人民解放大业而奋斗，为彻底改造自己，根除一切不利于人民事业的思想作风，建立一支强大的新中国人民海军而奋斗。相信我们重庆号已走过的航路，数百艘国民党海军舰艇，万千有志的海军青年，必将跟踪而来，团结在您们——普照着新中国领海领土领空的明灯周围。

"重庆"号舰长海军上校邓兆祥

率"重庆"号全体官兵五百七十四名同叩

三月五日

1949年2月底的一天早晨，毛泽东和刘少奇、周恩来、朱德、任弼时等人，在西柏坡人民解放军总指挥部，正通宵达㫜地研究筹备中国共产党七届二中全会的召开。当得知国民党最大的军舰"重庆"号起义，已开到解放区烟台港时，毛泽东高兴地说："很好嘛！'重庆'号是一艘不得了的大舰啊！是中国现代史上唯一的巡洋舰。于1948年8月从英国回来，蒋介石就把它当成了心肝宝贝。现在它的归来，就是发了一个信号，说明国民党南京政府已到了土崩瓦解、穷途末路的时刻啦！这些天来,辽沈、平津、淮海三大战役取得了辉煌胜利,加速了全国的解放进程。今天,'重庆'号又驶向解放区烟台,这是人心背向的又一个见证！好一个令人鼓舞的消息！我们要大力宣传,给他们发嘉勉电！"

毛泽东还挥动着手臂对旁边的参谋说:"请你们了解了'重庆'号的详细情况,舰长是谁？给我写个报告。"

3月24日,七届二中全会刚刚结束,毛主席、朱总司令联名给邓兆祥舰长和全体官兵发了嘉勉电:

邓兆祥舰长并转全体官兵:

热烈祝贺你们英勇的起义。美帝国主义者和国民党的空军虽然炸毁了重庆号,但是这只能增加你们的起义的光辉,只能增加全中国爱国人民、爱国的海军人员和国民党陆军、空军人员的爱国分子的愤恨,使他们更加明了你们所走的道路乃是爱国的国民党军事人员所应当走的唯一道路。你们的起义,表示国民党反动派及其主人美帝国主义者已经日暮途穷。他们可以炸毁一艘重庆号,但是他们不能阻止更多的军舰将要随着你们而来,更多的军舰、飞机和陆军部队将要起义,站在人民解放军方面。中国人民必须建设自己强大的国防,除了陆军,还必须建设自己的空军和海军,而你们就将是参加中国人民海军建设的先锋。

祝你们努力！

毛泽东

朱 德

一九四九年三月二十四日

毛主席和朱总司令的嘉勉,给邓兆祥及500多名起义官兵以极大的鼓舞,大家精神振奋,心头升腾起一个坚定的信念:坚决响应毛主席的伟大号召,为建设中国人民的新海军贡献一切！

毛泽东接受了邓兆祥的建议，
让旧海军人员发挥一技之长

1949 年 9 月 21 日，曾在迷茫大海里航行了 35 年的邓兆祥，在北平中南海怀仁堂参加了中国人民政治协商会议第一届全体会议。毛泽东在开幕词中庄严宣告："占人类总数四分之一的中国人从此站立起来了。""我们的民族将再也不是被人侮辱的民族了。"邓兆祥听到毛泽东的讲话，心中涌起一种难以言表的激动。他心想：自己只有尽心尽力，为中国海军的强大努力工作，才能不辜负共产党对自己的莫大信赖和重托啊！

从 23 日开始，政协全体会议听取各民主党派和团体代表的发言。23 日晚，中国共产党中央委员会主席毛泽东与朱德总司令举行宴会，专门宴请参加政协会议包括邓兆祥在内的 26 名国民党军起义将领。席间，毛泽东几次举杯，庆祝到会的原国民党军将领举行起义和响应人民和平运动的功绩。毛泽东说：由于国民党军中一部分爱国军人举行起义，不但加速了国民党残余军事力量的瓦解，而且使我们有了迅速增强的空军和海军。

几天来，邓兆祥一直在考虑，在建设国家、建设海军上，自己应该做些什么呢？毛泽东的讲话极大地启发了这位昔日国民党海军的"王牌"舰长。而此时，毛泽东也在思考，在共商国是的会议上，虽然时间有限，但还是应该让方方面面更多的有代表性的与会人员讲讲话，以集思广益。

9 月 26 日凌晨 3 时，习惯于夜间办公的毛泽东函告周恩来："尚未讲话而应讲话或想讲话的人们，如林遵、邓兆祥、刘善本、章伯钧、张元济、周善培、李书城、柳亚子、张学思、杨拯民、罗隆基、李锡九、李烛尘等人（名单应加斟酌），本日上午或下午必须逐一通知他们写好讲稿，否则明天即来不及讲了。请注意及时组织此事。"在毛泽东的关照下，当天邓兆祥在政协全体会议上做了精彩的发言：

主席、诸位代表先生：

我和"重庆"舰起义的官兵以及"灵甫"舰积极参加起义的官兵，在东北人民解放军海军学校受训、学习，并受人民和政府的优待，今天又得以参加中国人民政治协商会议，感到荣幸，更感到无限兴奋！对于大会讨论的三个建国大宪章，我敢保证，海军学校全体学员一定遵照朱德总司令前天在大会上的指示，切实去执行。

我感到几十年来，中国受尽帝国主义的侵略和压迫，主要的原因是没有海防。为什么我们不能建设海防呢？是因为从清皇朝直至战犯蒋介石专政时代，都是勾结帝国主义者压迫和剥削人民大众，所以不愿意中国有保护人民利益的武力，建设海军就因此无望。

现在人民革命胜利了，中央人民政府就要宣告成立，根据共同纲领的规定和毛主席的指示，我们要建设中国的海军。我们知道在革命胜利之后，建设海军是绝对必要的。而在建设新海军的初期，必须有一个建设新海军的运动，我们要扩大海军建设的宣传，使全国民众和海外侨胞都能认识到海军建设的重要，并一致拥护今后政府对海军建设的计划。这样，经过一个相当时期以后，一定能够建设一支强大的海军。最后，我们谨以最大的热诚，庆祝大会的成功！

在北平期间，周恩来接见了邓兆祥和他昔日的旧友同窗——率领国民党海防第二舰队起义的林遵，以及原来在国民党海军任职的周应骢、郭寿生等。

周恩来说："新中国就要成立了，需要建设一支强大的海军，以保卫国家的海疆。你们四位都是老海军了，今天请你们来，就想听听你们对海军建设的意见。"接着，周恩来转向邓兆祥，亲切地询问："邓兆祥同志，你先说一说，咱们一块研究商量。"

在周恩来信任的目光注视下，邓兆祥从上衣口袋里取出一个蓝色的笔记本，翻了几页，说："我有一个建议，我们海军刚组建，应该让过去的一些旧海军人员出来工作。他们在旧中国饱尝了有海无防的苦难，有爱国思想,又懂专业技术。让他们出来,发挥他们的一技之长,是很有好处的。"

于是,邓兆祥列举出一些爱国的原海军人员的名字,特别提到曾任国民党海军部部长、海军总司令的陈绍宽先生。他向周恩来介绍说:"陈绍宽先生我是了解的。他是爱国、懂技术的人才。建议请他出来。"周恩来听完后,朝邓兆祥笑了笑,高兴地说:"好,好,你的建议很好。我们就是要团结一切可以团结的人,齐心协力为建设祖国而奋斗。你提到的陈绍宽先生,我一定向毛主席汇报。"

邓兆祥的建议受到了毛泽东的重视。在 1950 年第一届中国人民政治协商会议全国委员会第二次会议上陈绍宽先生以特邀代表的身份出席了会议,后来担任了华东军政委员会委员、福建人民政府副主席、副省长等职务,被选为第一、第二、第三届全国人民代表大会代表。

此后,华东军区海军张爱萍司令员公开发布通告,在上海等地成立了"国民党海军人员登记办事处",先后有 4000 多人纷纷加入人民海军的行列。其中有许多旧海军的高级官员参加了人民海军建设,在一些重要岗位上任职。

"看问题不要割断历史,你们走到革命路上来了"

"重庆"号起义成功所起到的重大影响是无法遏止的,它为一切爱国的国民党军事人员开辟了一条宽阔而光辉的航道,正如毛泽东说的:"'重庆'号打开航路,他们是先行者,必然会有更多的军舰接踵而来。"毛泽东始终关心着起义的将领们,更关心着"重庆"舰舰长邓兆祥。

那是在 1949 年 8 月 28 日上午,毛泽东在北京中南海的会客厅里,约见林遵和新中国成立后应召参加海军建设的原国民党海军少将曾国晟,以及徐时辅、金声等人时,毛泽东问林遵说:"同你们先后起义的还有邓兆祥,'重庆'号舰长,他好像是广东人。"林遵回答道:"邓兆祥是马尾海校训育主任,广东高要人。"毛泽东说:"高要,又叫端州,那是出端砚的地方。"还说,"马尾船政学堂以前还出了刘步蟾、邓世昌、林泰曾,他们都是著名将领,甲午海战中的英雄。"林遵当晚就向邓兆祥电话转达了毛泽东对他的问候。邓兆祥激动万分,连连说道:"我衷心感谢毛主席,衷心感谢毛主席!"

邓兆祥永生难忘,起义后蒋介石恼羞成怒,断然下令:"要不惜一切代价找到'重庆'号,击沉它!"在不得已的情况下,"重庆"舰被迫沉海,大家在精神上受到严重挫折,心里很不是滋味。是毛泽东派贺龙同志代表党中央、代表解放军总部到葫芦岛看望大家,贺老总热情地慰勉起义官兵说:"要说宝贝,在座的诸位才是宝贝哪。贵舰人才云集,邓兆祥就是人才,士兵解放委员会、全舰官兵中还有许多人才。有诸位做骨干,就更容易办海校、建海军。……"贺龙同志的接见和讲话,驱散了起义官兵脸上的愁容,鼓起了大家的信心,大家深切感到人民解放军官兵一致,上下平等,与国民党海军、英国皇家海军有着天壤之别。

1949年9月30日,毛泽东在中南海怀仁堂亲切接见邓兆祥和傅作义、程潜、曾泽生等30多位国民党起义将领。毛泽东迈着矫健的步伐走到人群中间,和大家一一握手。当走到邓兆祥跟前时,周恩来忙介绍:"他就是参加'重庆'号起义的邓兆祥同志。"毛泽东说:"噢,你就是邓兆祥同志啊!"邓兆祥深情地望着毛泽东,兴奋地说道:"主席,您好!"毛泽东点头微笑,紧紧握住邓兆祥的双手。邓兆祥看见主席是那样虚怀若谷、平易近人,紧张的情绪一下子放松了。

在交谈中,当邓兆祥和起义将领们表露出他们为昔日走错了路而感到内疚之情时,毛泽东把手臂往空中猛地一挥说:"我们看问题不要割断历史嘛!这是当时历史条件造成的。现在你们走到革命路上来了,这很好嘛。要坚持下去!"

毛泽东的话,像一把火驱散了埋在邓兆祥心中的阴影,他心境豁然敞亮了。邓兆祥暗暗下决心:一定要为建设强大的人民海军贡献出毕生的力量。

邓兆祥应毛泽东之邀
登上天安门城楼，参加了开国大典

1949年10月1日，任安东海军学校校长的邓兆祥应邀光荣地参加了开国大典。北京的十月，秋高气爽。天安门广场红旗招展，花束缤纷，形成一片欢腾的海洋。邓兆祥站在庄严巍峨的天安门城楼上，心中深切地感受到，这是一个近代史上备受屈辱的民族扬眉吐气的时刻，是华夏大地新的历史开端……

下午2点50分，整个广场沸腾了。毛主席、朱总司令等国家领导人登上了天安门城楼，全场掌声、欢呼声此起彼伏。军乐队奏起了中华人民共和国国歌——《义勇军进行曲》。演奏刚一结束，毛泽东健步走到麦克风面前，稍停了一下，挺起胸膛，发出了时代最强音："中华人民共和国中央人民政府成立了！"邓兆祥双眸凝视着毛泽东按动升旗电钮，在天安门广场上第一次升起了中华人民共和国的五星红旗。此情此景，心潮激荡的邓兆祥眼睛湿润了。

随后，盛大的阅兵式开始了。朱德总司令乘车检阅了陆、海、空三军部队。在人民解放军进行曲雄壮节奏指引下，受阅方队由东向西经过天安门广场。当年轻的人民海军受阅方队走过来时，毛泽东率先鼓起了掌。邓兆祥激动地喊了起来，"我们的人民海军来了，我们的人民海军来了！"这时，人群中响起了一阵又一阵"中国人民海军万岁！"的欢呼声。雄壮整齐的受阅官兵声音洪亮地高呼着："毛主席万岁！毛主席万岁！"通过天安门广场，毛泽东凝视着这支起航的蔚蓝色的海军"舰队"，满意地笑了。

此时此刻，在中华大地上经历了北洋海军、中华民国海军、新中国人民海军的邓兆祥，望着人民领袖毛泽东对海军方队的微笑，激动不已。

海军方队走近了，邓兆祥一眼就看到，这支由155人组成的年轻的受阅水兵队列中，有40名是从安东海军学校选派的原"重庆"号和"灵甫"

号军舰上的士兵。他们头戴白色水兵帽,肩上飘着黑色的金锚飘带,身着蓝白相间的海魂衫,身背钢枪,挺胸注目着城楼,庄严敬礼,步伐整齐地通过天安门前。邓兆祥第一次感到,从此中国人民有了自己的海军,万里海防线上有了坚不可摧的壁垒……

几天以后,邓兆祥又被邀请到中南海,参加朱总司令为起义将领们举行的宴会。朱总司令频频举杯说:"欢迎你们来做客,我代表毛主席向你们表示感谢,感谢你们为共和国的诞生作出的努力。希望你们为未来的国防建设事业作出更大更新的贡献!"邓兆祥双手端起酒杯,高高举过头顶,向敬爱的朱总司令道了一声发自内心的最虔诚的祝福:"祝毛主席和您身体健康!"这是一位饱经忧患的老海军发自肺腑的祝福!

在人民海军首次举行海上联合演习之后, 邓兆祥参加了毛泽东与海军军官的合影

邓兆祥的写字台上摆放着一张留有"1957 年 8 月 5 日于青岛"字样的合影照片。岁月逝去,照片的颜色已经泛黄,而邓兆祥将军却依然神往着那最美好的时刻。

1957 年 8 月 4 日,海军在青岛举行了人民海军建军以来空前未有的诸兵种联合演习阅兵。毛泽东原计划检阅海上演习,由于游泳时身体受凉患了重感冒,就委派周恩来总理检阅了海军部队。8 月 5 日,毛泽东身体尚未痊愈,便同周总理一起接见驻青岛海军大尉以上的军官。

听到这个消息,邓兆祥同大家一样兴奋,他身着将军服,擦亮皮鞋,精心打扮一番,心中期盼着:接见时,如果能站在毛主席身边照张相就好了。

青岛市第一体育场的观礼台上,海军军官队列整齐。不一会儿,毛泽东、周恩来在海军司令员萧劲光大将的陪同下,来到体育场,顿时,队列里响起了热烈的掌声。毛主席、周总理微笑着向大家频频挥手,主席看到队伍排得很长,问道:"来人这么多,站在旁边的人能照上吗?"记者忙回答:"主席,都能照上。"邓兆祥离毛主席很近,站在队列第一排,实现了在毛

主席身边照相的愿望。几十年来,这张具有特殊意义的照片,一直激励着他。

邓兆祥是大海的儿子,毕生都为海军建设,为振兴中华、统一祖国而奋斗着。邓兆祥同"重庆"号爱国官兵的光荣举义,在中国人民解放斗争史上记录了特殊的一页,在人民海军史上,载入了邓兆祥建设强大的人民海军的光辉业绩。毛泽东对邓兆祥给予了无微不至的关怀和很高评价,"重庆"舰起义的辉煌以它独特的意义两次载入了《毛泽东选集》。邓兆祥对毛泽东、对共产党有着特殊的深厚感情,他在暮年发自肺腑地说:"共产党胸怀大志,真心为国,海纳百川,天地可鉴。"

（魏　节）

毛泽东与
卢仁灿少将

　　卢仁灿(1915—2007),福建永定人。1929年参加革命,1930年加入中国共产主义青年团,1931年转入中国共产党,同年参加中国工农红军。土地革命战争时期,任军委总直属队政治处技术书记,军委干部团上级干部队政治科科员,红军大学特科团参谋,陕甘支队第2纵队连政治指导员,红一军团第4师政治部科长,第31军第91师政治部副主任兼组织科科长,军政治部宣传科科长。参加了长征。抗日战争时期,任八路军第129师第386旅第772团政治委员,第385旅政治部主任,太行军区第3军分区副政治委员,第6军分区政治委员。解放战争时期,任晋冀鲁豫军区第3纵队政治部主任,皖西军区第1军分区政治委员。中华人民共和国成立后,任西南军区川南军区副政治委员,海军青岛基地政治委员,北海舰队第二政治委员,海军副政治委员。1955年被授予少将军衔。

　　1929年5月24日,中国工农红军第四军打下福建永定坎市镇。在镇里民强高小上学的卢仁灿,从街头红军的布告上第一次看到了"党代表毛泽东"的名字。这一年,他参加了工农革命,后来又参加了红军。他不断地听到有关毛泽东的传说,产生了一个强烈的愿望:一定要亲眼见一见这位传奇式的伟人——毛泽东。

"红校"运动会上,初见毛泽东

1931 年 9 月,红一方面军粉碎了国民党军的第三次"围剿"。红一方面军总政委毛泽东和总司令朱德找原红 5 军、红 8 军的邓萍、何长工两位军长谈话。毛泽东说:"根据蒋介石的本性,'围剿'不会到此罢休,仗会越打越大。我们必须创办一个好的学校,培养大批红军干部。北伐时有个'黄埔',我们要办个'红埔'。"办校任务就交给了邓、何二人。11 月,"红埔"在中央革命根据地的瑞金诞生了,定名为"中国工农红军中央军事政治学校"。1932 年春,改称"中国工农红军学校",简称"红校"。

1932 年 11 月,卢仁灿在红军学校政治营学习。为了纪念中华苏维埃共和国临时中央政府成立一周年,学校举行了阅兵式,并召开运动大会。红校校长兼政治委员叶剑英请来了毛泽东等领导人。在开幕式上,卢仁灿终于亲眼见到了毛泽东:高高的个子,清瘦的脸,下巴上有一颗明显的痣。毛泽东站在主席台上,向大家频频挥手致意。

卢仁灿望着毛泽东使劲地鼓掌,手掌都有点麻了。但他并不清楚,不久前宁都会议上毛泽东受到"左"倾路线的错误批判,会后被免去了红一方面军总政治委员的职务,只保留了中华苏维埃共和国临时中央政府主席的职务。这时,毛泽东已从前线下来,才有时间来检阅红军学校。当时,他的心情十分沉重,但红军学校的阅兵式和运动会,他是一定要来的。他非常关心红军学校,因为这是他一年前亲自倡导创办的学校,这里寄托着他的希望。

这一天,卢仁灿亲眼见到了毛泽东,非常兴奋,但兴奋之余又感觉不满足,因为毛泽东在主席台上,无法仔细端详,更无法和毛泽东讲话。卢仁灿期待着有一天能直接认识毛泽东。

"你看那边是不是安全些？
你们还是转到那边去吧"

1934年10月,中央红军(原红一方面军)第五次反"围剿"失败。中共中央机关和中央红军主力被迫进行战略转移。长征途中,毛泽东随军委纵队行动。卢仁灿先在军委直属政治处工作,后来在干部团上级干部队,有机会经常见到毛泽东。

1935年6月初的一天凌晨,部队从化林坪出发,准备越过雪山草地,继续北上。卢仁灿带着上级干部队政治科的一个班担任收容任务。由于前一天夜里下了雨,大家的衣服都潮乎乎的,在薄薄的晨雾中行军,身上不停地打着冷战。走到一个背风向阳的山嘴子,收容组停了下来,准备在这里等大部队都过去,接应掉队的同志,同时可以等太阳出来暖暖身子。

刚歇了一会儿,卢仁灿看见渐渐走近的一支队伍中有个人像是毛泽东。他一声招呼,收容组的同志都站了起来。

"你们在这里干什么呢？怎么还不走啊？"人群中马上传来毛泽东那湖南口音的大声问话。

卢仁灿赶紧跑了两步,在毛泽东前面立正敬礼:"报告主席,我们担任收容任务,等大部队过去后,立即就走!"

毛泽东向前走了几步,脸上露出了既亲切又担心的表情。他环视了一下四周,又抬头望了望天空,回过头来对卢仁灿说:

"小卢啊,雾一散去太阳就出来,敌机就会来轰炸。你看,这里地势这么暴露,你们往哪里躲？"

卢仁灿的脸一下子红到了脖子根:刚才自己疏忽了这个问题。

毛泽东用手指着前方的一个山凹说:"你看那边是不是安全些？你们还是转到那边去吧!"

"是!"卢仁灿赶紧集合队伍,大家跟在毛泽东一行人的后面,向前面山凹走去。

还没走多远,晨雾就渐渐散去了,金色的阳光耀眼夺目。卢仁灿回头一看,刚才歇脚的那个山嘴子果然格外显眼,他十分后悔自己的疏忽。正想着,突然,前面传来了急促的防空号音,行军的队伍迅速散开,大家各自利用地形隐蔽起来。不一会儿,天空中一架有青天白日标志的轰炸机拉着怪声俯冲下来。它没有像往日那样转圈盘旋,而是轰隆轰隆连续投下七枚炸弹,拉起来就向远处飞去。地上掀起了阵阵浓烟。

空袭警报解除后,卢仁灿和战友们站起来,拍拍身上的泥土,回头望着刚才歇过脚的那个山嘴子,发现它已被炸掉了一大块,旁边还冒着浓烟。

收容组的人你看看我,我看看你,纷纷议论起来:

"好险哪!"

"幸亏听了毛主席的话,要不然,我们就革命到底了!"

"我们的命是毛主席给的!"

"应该去谢谢毛主席!"

大家就七嘴八舌地议论着,又是庆幸,又是感激。

这时,卢仁灿发现毛泽东一行人已经走远了。望着毛泽东远去的背影,卢仁灿心里默念着:"毛主席啊,您是我的救命恩人哪!"

"中央反对南下,主张北上,这是为了红军的前途"

1935 年 6 月,中央红军翻越了终年积雪的夹金山后,在四川懋功与长征中的红四方面军会师。7 月,中央红军干部团与红四方面军的红军大学合编为中国工农红军大学。卢仁灿被调到红大特科团司令部当参谋。党中央决定,在国民党军尚未完成堵截红军的军事部署前,两大主力红军迅速北上,向北发展,以创造川陕甘根据地。8 月 4 日中央红军又改称红一方面军。红军总部决定红一方面军和红四方面军混合编组分左右两路北上,党中央随右路军行动,红军总部随左路军行动。右路军经过艰难跋涉,通过了渺无人烟、布满沼泽的大草地,8 月底在包座地区歼灭了国民党军第 49 师大部后,等待左路军会师北上。

9月10日凌晨,卢仁灿被一阵紧急集合号惊醒。因为事先没有安排紧急集合训练的科目,所以,他跑去请示团长韦国清和政委宋任穷。发现刘少奇正和他们谈话。参谋长毕士弟告诉卢仁灿:"不是演习,是情况有变,立即集合队伍。"卢仁灿跑回去集合好队伍,随着红军大学的队伍出发了。

天刚亮,队伍走到一个小村边。突然,从后方传来急匆匆的马蹄声。三个骑马的在红军大学参谋长(原红四方面军参谋长)李特前面停了下来,其中一个把一封信交给了李特。李特打开信,看了几眼就扬起信,气急败坏地大声叫嚷起来:

"四方面军的回来啊!张主席要我们南下,不要跟右倾机会主义走!不要跟高鼻子跑到苏联去!"

后来,卢仁灿才知道,左路军的张国焘公开反对党中央关于红军北上的方针,不顾中央多次劝告,阻止左路军北上。9月9日,张国焘电令在右路军的红四方面军政委陈昌浩率部南下,并企图危害中央。右路军前敌指挥部参谋长叶剑英看到电令,赶到中央驻地报告了毛泽东。当晚,中央决定迅速转移,脱离险区,并立即率红一军、红三军和军委纵队先行北上。刚才,大叫大嚷的李特是张国焘的亲信,他说的"张主席",就是张国焘,曾任西北革命军事委员会主席。他说的"右倾机会主义",是污蔑毛泽东、周恩来、张闻天、博古等中央领导人。

李特这一阵叫喊,红军大学队伍中一些不明真相的从红四方面军来的人陆续离开了队伍。这时,三军团军团长彭德怀带着队伍正好赶到。他怒发冲冠,用手指着李特训斥道:"李特,你这个家伙,苏联的面包给你吃,真不如喂狗!老子今天毙了你!"(李特是留学苏联回来的)

望着这剑拔弩张的场面,卢仁灿的心也吊到了嗓子眼里,不知道会发生什么事。就在这时,卢仁灿眼睛一亮,发现毛泽东迈着镇定自若的步伐来到了队伍跟前,高声对大家说:"同志们,向北前进,这是党中央决定的方针,也是唯一正确的方针。南下是什么?是草地、雪山,人烟稀少,粮食缺乏,只能挨冻挨饿,白白牺牲,这对革命有什么好处?可以说,南下是绝路!历史一定会证明的!"

毛泽东回过头对旁边的彭德怀说："你带队伍赶紧走。这里的事,我来处理。"

毛泽东接着高声说："同志们,中央反对南下,主张北上,这是为了红军的前途,为了革命的胜利,要相信中央……"

听了毛泽东的劝告,那些离开队伍的四方面军干部犹豫起来,又纷纷回到队伍中来了。

看到这情景,李特急得大叫起来："不要跟机会主义者北上! 到南方吃大米去! ……"

不少同志被李特的卑鄙行径激怒了。卢仁灿当时真想冲上去给李特两个耳光。

毛泽东摆了摆手,镇静地笑着说："中国有一句老话,叫作'捆绑不成夫妻'。现在有人要南下,不要拦着,让他们去试试。我相信,他们终究会回来的!"说完,就督促队伍继续前进。

行军队伍加速前进了。李特等少数人渐渐地被抛在了后面。

党中央和红一方面军部队脱离险区后,为缩小目标,便于行动,改编为中国工农红军陕甘支队,彭德怀为司令员,毛泽东为政治委员。缩编后,卢仁灿到连队任指导员。

陕甘支队于 10 月到达陕北吴起镇,胜利结束长征。11 月初与红 15 军团会合。

南下的红四方面军在经受了严重挫折和牺牲后,上上下下对张国焘的错误十分不满。在党中央的召唤下,红四方面军终于北上,一年后也达到了陕甘宁边区。

这场风波以后,卢仁灿越发感到,毛泽东的预见是多么英明,有毛泽东的领导,中国革命一定会胜利。

"祝毛主席身体健康"

新中国成立后,卢仁灿从陆军调到海军工作。

1953 年 2 月毛泽东先后乘坐海军"长江"舰和"洛阳"舰从武汉至南京,并为海军题词:"为了反对帝国主义的侵略,我们一定要建立强大的海军。"这对在海军青岛基地任政治委员的卢仁灿来说,是一个巨大鼓舞。然而,卢仁灿更希望毛泽东能来青岛视察海军部队,看看当年被他救过一命的"小卢",今日领导的海军部队雄姿。

这一天还真的被卢仁灿等来了。

1957 年夏天,毛泽东到青岛度假。卢仁灿作为海军在青岛驻军的代表和中共青岛市委常委,参加了接待毛泽东的工作。毛泽东的专机降落在海军流亭机场,卢仁灿和省、市领导把毛泽东接到青岛市迎宾馆。在以后的四十来天时间里,毛泽东一面休假,一面起草一篇重要文章,这就是后来发表的《一九五七年夏季形势》一文。他还在这里分片主持召开了各省、市、自治区党委书记会议。

由于基地司令员在外地治病,卢仁灿负责安排毛泽东和海军有关的一些活动。

首先是安排毛泽东检阅海军。根据海军司令员萧劲光的请求,毛泽东答应在建军 30 周年时检阅海军。从萧劲光那里接受任务后,卢仁灿深感意义重大,责任更重大,在仅有的十来天准备时间中,他日夜忙碌,组织制订方案、动员、布置、检查、预演、落实。检阅前,由于毛泽东患感冒身体不适,临时委托周恩来总理检阅。周总理 8 月 2 日从北京赶到青岛,4 日就代表党中央和毛主席在胶州湾检阅海军部队。5 日,毛泽东感冒稍好,在青岛汇泉体育场,接见海军驻青岛的大尉以上军官。毛泽东在周恩来及乌兰夫、舒同、萧劲光等领导陪同下,缓步绕场一周,向大家招手致意,然后和大家一起合影留念。合影时,卢仁灿站在与毛泽东相隔三个人的位置上。

毛泽东在青岛期间,卢仁灿每次参加接待工作总感到激动和幸福。在中共山东省委举行的建军 30 周年小型庆祝宴会上,卢仁灿怀着无比激动的心情向毛泽东敬酒。他本来想好代表基地领导和同志们向毛泽东问候,他还想对毛泽东说:"主席,长征路上您救过我一命,这杯酒是谢恩酒!"可一端起酒杯,看着毛泽东的脸,卢仁灿激动的心就要跳出来。最后只说了一句："祝毛主席身体健康!"再也说不出什么来了。毛泽东目光专注地望着卢仁灿,微微点头,带着慈祥的微笑 与卢仁灿碰杯后一饮而尽,卢仁灿脸上又一次泛起了幸福的红光。

陪毛泽东游泳也是卢仁灿的重要任务。在青岛期间,毛泽东除了工作,最多的活动就是游泳。在阳光灿烂的日子里,一般在午休以后,毛泽东和江青就会带着他们的女儿去游泳。在青岛八大关疗养区的第二海水浴场,环境幽雅,十分安静。为了既保证安全又有一个自然和谐的气氛,在毛泽东游泳时,有领导干部陪同一起下海。卢仁灿是青岛海军驻军领导,水性又较好,责无旁贷,所以他常常带着夫人陈玉英一起去海水浴场。毛泽东一般都带着江青和他们的女儿来到淹水浴场。江青不太喜欢下水,常常支个阳伞躺在沙滩上晒太阳,陈玉英就在旁边陪着,搭话聊天。卢仁灿则总是随着毛泽东下海。

毛泽东对大海情有独钟,一下海激情就来了,总是大步冲向深水区,他的女儿则紧随其后。毛泽东喜欢侧泳和仰泳,在海浪的冲击下,他稳健而缓慢地伸展着肢体,高大魁梧的身躯随波起伏,十分随意自如。有时,他闭目仰天,若有所思,伸展四肢,任凭漂浮。每当此时,卢仁灿总会小心翼翼地放轻并减慢划水的动作,生怕破坏了主席的心境。后来,卢仁灿读到毛泽东的诗词"不管风吹浪打,胜似闲庭信步",体会颇深。回想起来,卢仁灿每次陪同毛泽东游泳,既是工作,又是一种极好的锻炼,不仅是身体的锻炼,更是一种意志的锻炼,让人充满信心和力量。

毛泽东逝世二十多年了,卢仁灿也已离休多年,但每想到毛泽东的高大形象、亲切面容和对自己的恩情与教育,卢仁灿心里就激动,就感到幸福。毛泽东的旗帜,始终在卢仁灿心中飘扬。

(唐关虎)

毛泽东与
杨怀珠少将

　　杨怀珠（1910—1999），江西吉安人。1930 年参加中国工农红军，1932 年加入中国共产党。土地革命战争时期，任福建军区武平县独立团连政治指导员，红军总兵站第 20 兵站政治委员，军委 2 局管理科科长，红15 军团政治部保卫部侦察队队长，参加了长征。抗日战争时期，任八路军 129 师政治部保卫部侦察科科长，东进纵队政治部保卫科科长，冀南军区政治部保卫科科长，晋冀鲁豫边区政府公安总局 2 科科长。解放战争时期，任南进支队政治部保卫科科长，辽西纵队、冀察热辽军区政治部保卫部副部长，东北野战军第八纵队政治部保卫部部长，第四野战军 45 军政治部保卫部部长。中华人民共和国成立后，任军卫生部政治委员，1951年后任海军政治部保卫部副部长，海军军事法院院长，海军技术部政治委员，海军工程部政治委员，海军后勤部顾问。是政协五届全国委员会委员。1961 年晋升为少将军衔。

　　杨怀珠将军 1911 年出生在江西省吉安县杨家村一个穷苦农民家庭，童年时代便历尽生活的艰辛，出生 8 个月母亲便因病去世。父亲拉扯着他又当爹又做娘，相依为命，当杨怀珠 9 岁时，父亲也不幸病故。杨怀珠小小的年纪便成为孤儿,只好给富裕人家做童工,扛长活,挣口饭吃。幸亏邻居有一位远房的嫂子,见他年小体弱,十分可怜,便收留了他。嫂子家也很穷,经常揭不开锅,但对年少的杨怀珠很好,只要有口饭,就会有杨怀珠吃的。有时遇到灾荒年实在没有吃的,嫂子就要饭回来给他吃。年纪稍大一些,杨怀珠便拼命干活,弥补嫂子家生活的艰难。1930年初,红军打到吉安一带,发动群众,打土豪、分田地,青年杨怀珠第一次见到当兵的不欺负穷人,专为穷人办事,"我也要参加红军!"杨怀珠暗暗地下定了决心。

1930年5月,19岁的杨怀珠参加了万(安)泰(和)游击队。1931年杨怀珠升入正规的红军部队,被调到罗炳辉任军长、张鼎丞任政治委员的福建闽西红12军军部特务营5连当班长。同年到红军随营学校学习六个月,毕业后分配到福建军区武平县独立团二连任连政治委员。1932年,武平独立团参加攻打宁化时,杨怀珠左手臂被子弹击穿负伤,抢救下来后住了4个月的红军医院,左手致残。伤愈后调到红军总兵站第20兵站任政治委员(站长是杨立三)。红军被迫长征后,兵站随红3军团行动,长征到湘黔交界时,杨怀珠被调到中央军委2局任管理科长。在军委机关工作,杨怀珠与中央和军委首长朝夕相处,建立了深厚的情谊。在杨怀珠近70年革命生涯,毛泽东的直接关怀和亲切教诲,则是他终生难忘的。

"管理工作很重要,一定要给大家把生活搞好"

1935年1月,红军长征途中,党中央在遵义召开了政治局扩大会议。会后,为了摆脱国民党军队对红军的围追堵截,红军兵分三路向土城、赤水方向前进,准备在泸州、宜宾之间北渡长江入川,与红2、6军团会合。行军途中,部队传达了遵义会议精神,当大家听到恢复了毛泽东同志对红军的指挥权后,无不感到欢欣鼓舞。

1月28日,红3、5军团和干部团与国民党川军先头部队郭勋祺部

"模范师"和潘佐旅共6个团,在土城东北打了一场恶仗。经过一天激战,虽然给敌人以重大杀伤,但未能将敌人消灭。由于当时形势对红军不利,军委命令红军退出战斗,之后,在元厚场到土城之间西渡赤水(一渡赤水)向古蔺开进。在前有堵截后有追兵的危急形势下,毛泽东以高超的指挥艺术,指挥红军又连续三次抢渡赤水河,摆脱了国民党军队的围追堵截,直插贵阳,向云南挺进,一下子打乱了蒋介石的作战部署。

当时,杨怀珠在军委2局任管理科长,由于机关和部队连续行军,管理科最主要的任务是打前站,为军委机关和警卫部队号房子,保证大家有饭吃。杨怀珠每天都要随先头部队先于机关出发,在预定宿营地点,提前把机关和部队的驻房安排好。说是号房子,其实有许多时候,碰不到村落、人家,机关和部队只能露营。

大约是在春节过后不久的一天,杨怀珠因执行别的任务,没打前站,与机关一起行军到贵州一个叫马场的地方,正坐在路边休息,恰遇毛泽东走过来。毛泽东看着杨怀珠头上戴的到处露洞的军帽,问:"你的帽子怎么破成这个样子了?"

杨怀珠抬手正了正帽檐,想站起来回话,毛泽东伸手按住杨怀珠的肩膀,就势也坐在杨怀珠身旁的一块石头上。杨怀珠赶紧对毛泽东说:"天天打仗行军,我们还要打前站、号房子,这里山多树多,又没得路,连划带刮的,所以就破成了这个样子。不过,破一点儿也是军帽呀,我舍不得丢掉。"

毛泽东问:"你叫什么名字?"

杨怀珠回答说:"我姓杨,叫杨怀珠。"

毛泽东问:"你是哪里人啊?"

杨回答:"我是江西吉安杨家村人。"

"是江西老表嘛!"毛泽东说。接着又问:"你是哪年参加红军?做什么工作的?"

杨怀珠回答说:"我是1930年参军的,当过连政委和兵站政委,现在是搞管理工作的。"

当毛泽东听说杨怀珠在军委 2 局任管理科长时,严肃地说:"管理工作很重要,要搞好。我们没有了根据地,现在管理工作很困难,你们要多想办法,让机关和部队能吃上饭,有地方宿营休息。"说着毛泽东站起身来,嘱咐杨怀珠说,"你要努力给大家把生活搞好哟!"

杨怀珠赶紧起身对毛泽东说:"请主席放心,我一定按首长的指示办,把工作做好!"

在长征的艰苦岁月中,杨怀珠牢记毛主席的教导,在管理工作以及后来调到中央军委经理部的工作中,为机关和部队的后勤保障兢兢业业,克服困难,圆满地完成了组织交给的各项任务,胜利到达陕北根据地。

"我们建立新国家了,要好好学习,把保卫工作做好"

1953 年春节刚过,一天半夜,时任海军保卫部副部长的杨怀珠接到海军周希汉副司令员的电话,让他立即前去领受任务。

杨怀珠带着满脑子的猜测,驱车赶到周副司令家后,见只有周副司令一个人在等他。周副司令让座后,开门见山地说:"毛主席准备从武汉沿长江视察中下游省市,我们海军要派两艘军舰到武汉去接送。海军首长确定由你去负责这次任务的安全保卫工作。华东军区海军参谋长马冠三率舰去武汉,由你们陪同毛主席视察。"接着周副司令告诉杨怀珠,"这次毛主席视察的安全警卫工作由公安部罗瑞卿部长负责,你到武汉以后的工作直接向罗瑞卿部长请示报告。"

杨怀珠稍稍稳定了一下激动的心情,向周副司令表示说:"组织上把这么光荣和重要的任务交给我,我一定完成好,请海军首长放心!"

周副司令点点头,继续对杨怀珠说:"现在'三反五反'还没搞完,主席原来准备乘地方的轮船,为了确保万无一失,决定还是乘海军的军舰,这是对我们海军的信任。这次华东海军派出两艘军舰,一艘是'长江'舰,一艘是'洛阳'舰,你们到武汉后,对这两艘军舰的所有人员要再好好审查一遍,既要相信大多数,又要防止个别有问题的人出事。"最后,周副司令说,"你回去后立即做好准备,随时准备出发,要赶在两舰之前先到武汉。我们已和空军联系好了,派一架专机送你到武汉,具体什么时候出发,等我的电话。"

2月16日下午,杨怀珠带领海军保卫部副科长张国强和一名通信员乘专机飞抵武汉。

一下飞机,杨怀珠便与公安部副部长杨奇清一起到罗瑞卿部长处报到,领受任务,在研究保卫措施时,杨怀珠提了三条建议:一是凡到一地,毛主席上岸到地方视察,保卫工作由罗部长和杨奇清负责;二是在舰上活动,安全保卫工作由杨怀珠、张国强和舰上领导负责,特别要加强对值班人员和炊事人员的管理。凡为主席购买的食品,均需经过检查和化验;三是舰员必须按规定区域活动,未经批准允许,不准私自接近首长,凡舰上有什么要求,需经杨怀珠向罗部长报告,由罗部长向主席报告。大家对这几条建议表示同意。

2月17日凌晨4时,华东军区海军参谋长马冠三率"长江""洛阳"两舰抵达汉口,停靠在江汉关的4号码头。

当天上午,杨怀珠陪同公安部部长罗瑞卿登上"长江"舰,布置任务。在"长江"舰会议室,杨怀珠对马冠三和编队指挥员王德祥(华东军区海军淞沪基地第一巡逻艇大队大队长)及"长江"舰党支部主要成员说:"中央和海军领导机关交给你们极其重要又是最光荣的任务,护送我们伟大的领袖毛主席。你们要切实把各方面的工作做好,要绝对保证毛主席的安全。这个任务可以向下面做原则传达,但暂不要宣布毛主席来。"接着,罗瑞卿部长对大家提出了要求。之后,杨怀珠又把两艘舰的舰长、政委单独召集在"长江"舰,布置了具体的保卫任务,逐人进行了政治审查。

人员政审和各项安全保卫措施落实后,杨怀珠向罗瑞卿部长做了汇报。罗部长讲:"你们工作做得细,可以放心了。你这个保卫部长还可以嘛!好,就这样定了,坐你们海军的军舰。"

2月19日,江汉关的大钟敲了11下,3辆小汽车驶近江汉关码头,停在3号码头的沿江大道上。当第二辆小车的车门打开后,身穿草绿色呢大衣,头戴草绿色呢解放帽的毛泽东从汽车上走下来,面向大道略站一会儿,便在罗瑞卿、杨尚昆、杨奇清等同志陪同下,健步向码头走来,与站在趸船外迎接的马冠三、杨怀珠、王德祥和"长江"舰政委刘松等人一一握手。

当毛泽东与杨怀珠握手时,杨怀珠向主席报告了自己的姓名、职务,并告诉毛泽东,长征时在军委 2 局工作过,与主席相识,毛泽东点点头,简单询问了杨怀珠做保卫工作的时间和情况。当毛泽东知道杨怀珠长征后改做保卫工作至今时,勉励他说:"现在我们建立新国家了,一定要好好学习,努力做好保卫工作。"

11 时 30 分,"长江"舰离开码头,与已提前离开码头在江中漂泊的"洛阳"舰编队起航,开始了光荣而难忘的航行。

航行中,按照警卫措施规定,只允许马冠三、杨怀珠和舰上两名军政领导可以单独接近毛泽东,负责安全警卫的其他同志只能在规定的位置轮流值班。由于毛泽东习惯于夜间工作,每天几乎都是工作到下半夜才休息,中间 10 点多的时候吃一顿加餐。每天晚上,杨怀珠和张国强轮流值班。说是轮流,他们两人看到毛主席没有睡觉,谁也不休息,不睡觉,直到主席休息了,他们才抓紧时间睡一会儿,第二天一早又要起来检查布置当天的安全工作。亏得当时大家年轻,体力精力都好,再加上战争年代已锻炼出来了,并不感到困和累。

19 日晚饭后,天已经黑了,军舰进入夜间航行。杨怀珠到主席住的舱室(舰政委办公室)给主席送茶叶,毛泽东高兴地招呼他说:"杨怀珠,你坐下。你这个当年的管理科长做保卫工作了?"

杨怀珠回答说:"长征后我就到红 15 军团保卫部当了侦察队长,到现在已经十六七年了。除了解放后在 45 军卫生部当了不到两年的政委,一直干保卫工作。"

毛泽东又问:"你是什么时候到海军的?"

杨怀珠说:"到海军的时间不长,是 51 年 2 月来的。"接着杨怀珠告诉主席,自己调到海军纯属偶然:海军领导机关组建时,向总政要保卫干部,总政调 45 军 135 师的政委到海军保卫部任部长,当萧华同志与这位同志谈话时,这位政委对萧华说:"我们有现成的保卫干部你不要,我从来没有做过保卫工作,怎么能干得来?"萧华就问:"谁呀?"这位政委就讲:"就是我们军卫生部的政委杨怀珠呀,他原来是我们军的保卫部长。"于是撤销了这位政委的命令,杨怀珠被任命为海军政治部保卫部副部长。

毛泽东笑着说:"你这旱鸭子变成水鸭子了嘛!"接着又问杨怀珠,"你上过学吗?"

杨怀珠回答说:"我没上过学。"

毛泽东说:"文化怎么样?"

杨怀珠说:"文化不行,参军前家里很穷,上不起学,现在的一点文化也是参加红军后,背着背包学的,能看报纸吧。"

毛泽东叮嘱杨怀珠说:"没有文化不行,要好好学习,提高文化水平。现在是新世界了,不是打仗的时候,特别是海军,技术兵种,更需要文化知识。现在我们有了自己的国家,也有了条件,要好好学习,要把保卫工作做好!"

杨怀珠向毛主席表示说:"我一定加强学习,做好保卫工作。"

此后,杨怀珠牢记毛主席的教导,刻苦学习,在海军保卫和军法战线工作到 1961 年,从海军军事法院院长提升为海军技术部政治委员,1961年被晋升为海军少将。

"我们应该有一支强大的海军"

1953 年 2 月 19 日 11 时 30 分至 22 日凌晨 3 时,杨怀珠与华东海军参谋长马冠三陪同毛泽东主席一行,先后乘"长江""洛阳"两艘军舰,从武汉出发,途经湖北黄石、江西九江、安徽安庆、芜湖,至江苏南京沿江视察。每到一地,毛泽东不是上岸视察,就是请当地党政领导人上舰谈话,日程安排得很紧张,每天都是工作到后半夜才能上床休息。新中国成立初期,毛泽东对人民海军建设非常重视,在这次难忘的航行中,毛泽东在

"长江"舰和"洛阳"舰上视察时，杨怀珠多次听到也老人家对随行的陪同人员和两舰官兵说：我们应该有一支强大的海军。

军舰在航行中，毛泽东走遍了每一个舱室和战位，从驾驶台到轮机舱，从前甲板到炊事房。他每到一处都亲切地询问干部战士：你们愿不愿意干海军？在舰上习惯不习惯？教育舰员们要向过去在陆地上爱山爱土一样，爱舰、爱岛、爱海洋。

毛泽东对陪同他视察的马冠三和杨怀珠说："过去帝国主义侵略我国大多是从海上来的，现在太平洋还不太平。帝国主义如此欺负我们，我们要争气，要认真对付。我国的海岸线这么长，我们应该有一支强大的海军。"

毛泽东对"长江"舰的水兵们说："海军是要发展的。"并扳着手指坚决地说："第一个五年计划，第二个五年计划，若不行，再来一个五年计划，到那个时候，我们就有自己的军舰，你们也才只30多岁，也还年轻。"

水兵们听了非常高兴，都希望早日有一支强大的海军。

毛泽东看着大家信心十足的样子，笑着说："我们大家一起努力。"

接着，毛泽东又对水兵们说："过去我们只有陆军和炮兵，现在我们有坦克了，还有空军，有海军，我们的国防力量一天比一天强大。现在我们的海军还不够强大，我们大家一起努力干。"

大家齐声说："靠毛主席领导！"

毛泽东说："靠大家一起努力干！"

毛泽东特别关心部队的革命化建设，视察中他多次询问大家学习怎么样，团结不团结，文娱生活如何，反复教导舰上的干部要注意政治教育，做好人的思想工作，提高大家的政治热情。并鼓励大家要发扬官兵一致的优良传统，搞好团结，努力工作。

毛泽东在乘"洛阳"舰航行中，对该舰副政委胡玉成和杨怀珠等陪同人员说："建设海军以陆军为基础，以工农为骨干，团结教育原海军人员，搞好海军建设。"并加重语气说，"现在，第一个五年计划才开始。我们经过几十年战争，国家还很穷，经过几个五年计划之后，就会强盛起来，我们的海军也就会强盛起来了。现在太平洋还不太平,我们一定要把祖国的海防线筑成海上长城和海上铁路。"

当军舰航行到鄱阳湖口,毛泽东走到后甲板问围在身边的水兵们:"你们的舰有多大?"大家告诉主席有1000多吨。

当毛泽东听大家说"重庆"号巡洋舰有5000多吨,比所乘的同类型舰三艘加起来的吨位还大时,说:"现在我们的海军只有这么多。"说着,抬起右手,用大拇指和食指比画了一个表示不多的手势。接着,毛泽东又抬起左手,手心向下,示意从左手距离甲板的高度说:"敌人的海军有这么多。"说完,毛泽东挥起右手向上一扬,充满信心地说:"将来,我们的海军要这么多!"同时毛泽东把左手往下一压,说:"而敌人呢,还是这么一点儿!"水兵们兴奋地鼓起掌来……

杨怀珠在陪同毛泽东视察,共同航行生活四天三夜的过程中,目睹了他那密切联系群众和艰苦朴素的优良作风,毛泽东在舰上睡的是临时支起的木板床(老人家睡不惯沙发床),铺的盖的都是列车上的普通卧具。穿戴极其俭朴,脚上穿的棕色皮鞋,鞋头都磨得发白了,主席的管理员告诉杨怀珠,这双鞋还是开国大典时做的。毛泽东在舰上吃得非常简单,一般是三个菜,一个蛋汤。说是三个菜,其实就是一荤一素,再加一个豆豉辣椒。主席吃的米也是管理员上街买的普通米,不吃舰上的白粳米。毛泽东的秘书曾对杨怀珠说:"毛主席对自己的生活标准检查得很严,工作再忙,每月还是挤出时间询问伙食开支情况,不允许超支。"

在舰上毛泽东非常关心水兵的生活,他在两艘舰上都专门走进伙房,看了烧好的菜,又舀起汤细查看,并问炊事员:"伙食标准够不够?营养好不好?要注意卫生,搞好伙食,使大家吃好。"

从毛泽东登上"长江"舰的第一天起,全体舰员就希望他老人家能与水兵们合影,给海军题词。为此,两艘军舰的领导通过杨怀珠向罗瑞卿部长报告了大家的要求,罗瑞卿向主席做了报告,毛泽东说:"可以嘛!"

20日上午,杨怀珠把这个好消息告诉了两艘舰的领导。当天深夜,毛泽东在"长江"舰办公室挥笔为海军题词:为了反对帝国主义的侵略,我们一定要建立强大的海军。

21 日毛泽东用了近两个小时的时间,先后与"长江""洛阳"两舰的全体官兵分 8 次照了相,给全体水兵留下了珍贵的纪念。

每当有记者拜访杨怀珠,请他谈起这段与毛泽东的情缘时,他都会深情地说:当我在工作中遇到困难或者取得进步时.只要看到毛主席与我们的合影,想起毛主席为海军的题词,我就浑身增添了克服困难的勇气和干好各项工作的力量。毛泽东是一位伟大的领袖和统帅,永远活在我的心中。

（赵小平）

毛泽东与
张汉丞少将

张汉丞(1913—2008),湖北麻城人。1930年加入中国共产主义青年团,同年参加中国工农红军。1933年由团转入中国共产党。土地革命战争时期,任红四方面军总指挥部交通队警卫排长,红四方面军步兵学校排长。参加了长征。抗日战争时期,任山西新军政卫队第2支队中队长、大队长,山西新军第213旅57团团长,太岳军区第2军分区司令员。解放战争时期,任嫩江军区警备第2旅旅长,第2军分区司令员,东北军区后勤部西线战勤司令部参谋长,东北野战军后勤部第1分部部长。中华人民共和国成立后,任第四野战军后勤部第2分部部长,海军后勤部部长,海军顾问。是中国人民政治协商会议第五、六届全国委员会委员。1955年被授予少将军衔。

张汉丞是1930年参加革命的老红军。他戎马生涯60载,曾多次见到过毛泽东。毛泽东的谆谆教诲鼓舞和激励了他的一生,使他在最困难的时候不动摇,坚持革命斗争。不论在什么情况下,张汉丞都始终不渝地相信毛泽东,对毛泽东有一种特殊的感情,每次回忆起和毛泽东相见的情景,他都激动不已。

毛泽东称张汉丞是林伯渠的
"护青"战友,并勉励他说:"有前途"

　　1935 年 6 月中旬,中央红军与红四方面军在懋功的达维镇会师,奠定了长征胜利的基础,部队士气大振。但是,张国焘却提出了南下川、康边的主张,延宕部队北上。为了统一步伐,克服张国焘的阻挠,6 月 26 日,党中央在两河口召开了中共中央政治局会议,并作出了《关于一、四方面军会合后战略方针的决定》,张国焘被迫司意北上。

　　1935 年 8 月中旬,红四方面军总指挥徐句前、政委陈昌浩带领四方面军一部到达毛儿盖。时任四方面军总指挥部交通队警卫排长的张汉丞,也随着四方面军的领导来到这里。往常,警卫排有两项任务,一项是保卫首长安全;另一项是送信。到了毛儿盖,又临时加了一项"护青"的任务。

　　毛儿盖,川北小镇,北临茫茫草地,常年聚居着藏族同胞。红军长征到这里,因为藏民不了解红军,绝大部分都跑到山里去了。夏末秋初,正值青稞成熟季节,田野上一片金黄。为了保护藏族群众的利益,交通队长周伯青给张汉丞布置说:"上级决定你们警卫排派出一个班看守田间的粮食,负责这项工作的是红一方面军的林老(即林伯渠),你到他那里去请示,照指示办好。"

　　张汉丞急忙来到林老办公室,说明来意,请林老指示。

　　林老热情地招呼他坐下,然后问:"你贵姓,是哪个单位的?"

　　"我是四方面军总指挥部交通队警卫排长,叫张汉丞。"他欣然答道。

　　林老若有所思地说:"你负责看守地里的粮食很好,这里都是藏族同胞,地里的粮食是他们一年的口粮。我们到了这里,部队多,机关大,情况复杂,我们不能让群众的粮食受损失。"

　　"我们准备派一个班在青稞地里巡逻。"张汉丞汇报着自己的想法。

　　林老高兴地说:"这样来看护粮食很好,我们每天接一次头好吗?"

张汉丞说:"我每天向首长报告一次当天的情况,如发生特殊情况,随时报告!"

林老用赞同的口气说:"那好,咱就这么定了。"

张汉丞连忙说"好!好!"接着向林老敬了个礼,转身离去。

就这样,张汉丞每天都及时向林老汇报看守青稞的情况。林老对警卫排的"护青"工作非常满意,多次给予表扬。

1935年8月20日,中共中央政治局在毛儿盖召开会议,张汉丞的警卫排担任警卫。这次会上,毛泽东做了关于夏洮战役后红军行动问题的报告;并批评了张国焘的右倾机会主义错误。会议结束后,毛泽东和其他领导人从楼上走下来。此时,张汉丞正在门口值勤。他首先向走在前面的毛泽东敬礼,毛泽东走到他面前主动和他握手,笑着问:

"你在这里是做什么工作的?"

林伯渠看到毛泽东问张汉丞,主动上前接过话头说:"这是四方面军的警卫排长张汉丞。最近,他们排还负责'护青'工作,我们配合得很好,他干得很出色。"

毛泽东惊愕地说:"噢,原来你们是'护青'的战友啊。好!好!"

张汉丞接着回答毛泽东的问话,说:"到毛儿盖后,我们排在林老的领导下兼做'护青'工作。今天我们担任会议警卫。"

毛泽东关心地问:"我们开会你们能听到一些什么吗?"

张汉丞忙回答:"报告主席,我们只负责警卫,排里任何人都不允许听开会的情况。"

毛泽东用信任的目光笑着对他说:"你们自觉遵守纪律,这样很好。"接着,毛泽东又热心地问,"你今年多大了?"

"我今年21岁。"张汉丞顺口答道。

毛泽东左手叉在腰间,右手有节奏地打着手势,热情地勉励他说:"你很年轻嘛,努力干吧,有前途!有前途!"

毛泽东说完,又和张汉丞握了握手,同其他首长一起离开了会场。

毛泽东那朴素高大的形象,张汉丞至今还记忆犹新;那一席亲切鼓励的话语,一直是激励他前进的力量。

1935 年 8 月,党中央根据当时一、四方面军部队所处的位置,决定分左右两路北上。张汉丞的警卫排跟随四方面军总指挥部从毛儿盖出发,横跨茫茫草地到达包座。由于张国焘公开违抗中央北上方针,张汉丞所在部队又不得不二过草地,南下川、康。四方面军经过半年苦战,仍不能立足,部队损失严重,被迫向川西撤退。翻越夹金山后,组织上安排他去道孚红大学习。张汉丞静下心来回想起几个月来的惨痛教训,更加感到毛泽东指引的路,才是中国革命胜利之路,成功之路。他想有机会要到陕北去,跟着毛泽东干革命。毕业后,道孚红大随即撤销,他又跟着刘伯承校长经过草地北上了。在一年多的时间里,张汉丞三过草地,历尽艰辛,终于到达了陕甘苏区,他对革命前途又充满了信心和希望。

为毛泽东的安全着想,张汉丞连夜疾书提建议

1943 年 8 月,是敌后工作最困难的时候,根据地在缩小,毛泽东提出"各区抽调好的高级、上级干部 400—500 人送延安学习",以备后用。

当时张汉丞正任太岳军区第二分区司令员,因常年劳碌,身体不太好。一天,太岳军区司令员陈赓找他谈话,一碰面就开门见山地说:"组织上安排你到太行山模范医院疗养,我来征求一下你的意见。"张汉丞欣然同意,但是,他提了一个要求:"到延安党校一边学习,一边治病。"张汉丞直言不讳,陈司令员也很爽快,当即应允。

张汉丞高高兴兴打点好行装,化了装,偕爱人马力,徒步出发了。他在党校边学习边参加整风、生产,历时一年多。

1945 年 8 月,抗战胜利,蒋介石三次电邀毛泽东去重庆谈判,举世瞩目。党内外人士纷纷给毛泽东写信,建议他不要去。党校学员更是议论纷纷,放心不下。这时,刘少奇来到中央党校,给学员们做了一场关于毛泽东去重庆谈判问题的报告,然后请大家讨论。张汉丞从毛泽东的安全着想,内心里不愿意他去重庆谈判。

是夜,那惴惴不安的心情怎么也平静不下来,于是他拿出纸和笔,给毛泽东写了一个意见,建议毛泽东不要只身入虎穴,可通过其他渠道和方式实现谈判意图。第二天一早儿,他立即就通过组织把意见转呈上去。

刘少奇作完报告后,又深入学员中间,收集到很多材料和意见,他都及时转达给了毛泽东。毛泽东高瞻远瞩,为了人民的根本利益,为取得全部主动权,他不顾个人安危,毅然决定赴重庆谈判。

1945 年 8 月 28 日,延安机场,秋色宜人。

毛泽东头戴周恩来送给他的遮阳帽,身穿中山服,在周恩来陪同下,来到延安机场,准备登机赴重庆谈判。刘少奇等党中央领导到机场送行;张汉丞和延安党校学员也一起来到机场欢送。在欢送人群的脸上,流露着各种复杂的神情。

毛泽东最了解大家的心曲。在飞机启动的轰鸣声中,他来到欢送的人群中间。毛泽东泰然自若,提高嗓音向大家说:"同志们,大家都担心我的安全,这我是知道的。但是,为了人民的利益,我必须到重庆去。希望你们在前方多打胜仗,打的胜仗越多,我就越安全。"

毛泽东说完,群情鼎沸,"毛主席万岁"的口号响彻机场上空。毛泽东边登机边向大家招手。

毛泽东乘坐的飞机腾空而起,向南飞去。欢送的人群一直遥望着飞机在空中消失,才渐渐离开。毛泽东走了,张汉丞的心却悬起来了,他一直惦念着毛泽东的安全。

毛泽东赴重庆谈判期间,刘少奇代理主席职务。他根据党中央的决定,再次来到延安党校,给学员做形势和动员报告。刘少奇首先介绍了毛泽东去重庆谈判的有关情况,然后话锋一转,用号召的口气说:"党中央决定党校学员都到东北去工作。东北沦陷 14 年,所有共产党组织都被日寇破坏了。因此我们对东北的情况不了解,只有靠你们去做仔细的调查工作。"最后,他提高嗓门说,"我做这个报告是为了欢送你们到东北去工作的,请你们尽快地准备出发。中央要求你们走得要快,要用两条腿与国民党竞争,去解放国民党统治下的东北人民。"

听过报告,张汉丞回到家里,把党中央关于"进兵东北,建立根据地"的指示告诉了爱人马力。她很支持丈夫的工作,连夜为他整理行装。经过一天准备,张汉丞告别妻儿,就匆匆出发了。在途中,他还不停地打听着毛泽东在重庆谈判的安全情况。

1945 年 11 月 9 日,张汉丞赶到嫩江省会齐齐哈尔市,省委和省军区决定委任张汉丞为警备 2 旅旅长,并负责组建。面对如此复杂的形势和困难,张汉丞寝食不安,冥思良策。他深入群众中间做了许多宣传组织工作,部队力量逐渐壮大起来了。两年里,他率警 2 旅南北征战,大小战斗打了无数次。在他那充满战争硝烟的日记里,记下了毛泽东机场的留言:你们打的胜仗越多,我就越安全;也记录下了这样的事实:率部全歼国民党东北挺进军第 6 旅、第 7 旅;参与解放齐齐哈尔市;剿灭土匪四十多股,达四五千之众。广大贫苦农民获得了全面翻身,他们从内心里拥护共产党,辽阔的嫩江平原成了共产党可靠的根据地,为彻底解放东北建立了巩固的后方,实现了党中央、毛泽东对他的嘱托。

张汉丞欲呼"毛主席万岁",被毛泽东给拦住了

1950 年 1 月,湖南衡阳,残冬孕春,枯木逗青,鸟儿嬉戏。张汉丞正在夜以继日地组织四野后勤部 2 分部筹备作战物资,准备解放海南岛。这时,他突然接到萧劲光司令员打来的电话,叫他和许培仁政委速到汉口四野总部见面。张汉丞估摸着这不是小事情,所以,火速赶到汉口。

张汉丞和许培仁急匆匆走进萧劲光的办公室,一进门见到林彪也在座,萧劲光赶忙站起来向林彪做了介绍。等他们二人落座,萧司令向林彪提出:"我想把张汉丞那个分部调到海军去,组建海军后勤部。"林彪沉稳地说:"组建海军需要很多干部,可以,我同意。"说到这里,张汉丞才知道萧司令是负责组建海军的,2 分部要编入海军了。他既感到新鲜,又感到突然。萧司令又说:"调你们到海军,林总同意了。请你们回去把部队集中起来,先整训,后精简,做好思想政治工作,准备北上整编。何时北上,

等候通知。"从陆军后勤到海军后勤的组织准备工作,就从这里开始了。

1950 年 2 月,经毛泽东批准,军委电令四野后勤部 2 分部北上,列入军委海军建制。同年 10 月,张汉丞带领海军后勤部机关移驻北京。

北京建国门内,胡同连着胡同,四合院挨着四合院,清一色的瓦楞,缝中长着绺绺枯草,象征着京城的古老;从空中俯瞰,就像我国南方的格子稻田,整齐而庄严。海军首脑机关就散驻在这百余处的四合院里。

1951 年 12 月,海军提出要打好"三个桩子",其中组织建设是第一桩子。从海军初建至 1950 年底,海军后勤各级组织机构五花八门,组织形式各不相同。最早组建的华东军区海军的后勤,是按照旧中国海军的模式设置的;中南军区海军的后勤,是根据我陆军后勤的传统模式组建的;海军青岛基地的后勤,较多地吸收了苏联海军的编制模式。为统一海军后勤体制,张汉丞进行了大刀阔斧的调整。

组织模式基本定型后,开始一段经常性的供应仍靠各大军区。随着舰艇和航空兵部队跨区作战、训练任务的增加,多头供应和多层次补给的弊端逐渐显露出来。张汉丞今天跑舰艇、明天蹲码头,经过反复调查论证后,于 1952 年 12 月 26 日,他以萧劲光司令员的名义向毛泽东、周恩来、彭德怀写了一份关于海军后勤供应的报告。彭德怀于 8 月 2 日在报告上批示:"海军后勤建立垂直系统,直属军委联勤,不经大军区,减少层次。"毛泽东 8 月 3 日看到报告,欣然批示:"同意这个意见。"

接到毛泽东的批示,张汉丞立即组织后勤机关、部队忙碌起来,经过组织准备,自 1953 年开始,海军实行了统一供应,建立起了海军——军区海军(包括青岛基地)——基地——支队(师)四级垂直供应体制,使海军后勤建设带关键性的供应体系问题得到圆满解决。

海军创建初期,海军司令萧劲光一行从长沙来到北京,那时,连个落脚的地方都没有,海军首脑机关办公全靠租住民房。作为海军后勤部长的张汉丞,心急如焚,寝食不安。

于是,张汉丞以萧劲光司令的名义再次给毛泽东、周恩来和彭德怀写报告,要钱建房。报告经过彭德怀,他在报告上加了一条:"同老百姓住在一起,很不保密。"报告送到毛泽东的案头,他对海军机关建设已做过调查,胸中有数,挥笔批了1000万元(相当于现在的人民币值)。海军官兵闻讯,都高兴地说:还是伟大领袖毛主席知道我们的困难,关心我们的工作和生活。

毛泽东批了海军建营房的钱,张汉丞日夜忧虑的一大难题终获解决,他如释重负,赶忙在北京市区寻找建房地皮。几经周折,最后找到公主坟这块地方,北京市批地1000多亩,海军机关就定在这里了。

毛泽东为了解决海军住房的困难,他舍得批钱。但他一向主张俭朴,反对铺张。在海军大院未兴建前,海军在一个叫贡院的地方建了一座三层司令部办公楼,这在当时的北京是很出名的,毛泽东闻息,很想见识一下。

1952年3月的一天早晨,朝霞浮荡,春意盎然。毛泽东带了秘书,徒步来到司令部办公楼视察。因是个星期天,办公楼里只有司令部军务处长岳英在值班。他听说毛主席来了,急忙出来迎接。毛泽东问岳英:

"你们这栋楼房很不错吗,一平方米要花多少钱?"

岳英答道:"报告主席,建一平方米大约120元。"

毛泽东惊愕地说:"好贵哟。"稍做停顿,他又自言自语地说,"现在我们国家手头紧哪,得勤俭办事情。"

毛泽东边说边看楼的建筑质量,突然,他脸上又露出疑惑的神色,问"这房子中间怎么裂缝了?"

秘书忙说:"主席,这是楼房设计的伸缩缝。这房子建得还是可以的。"

毛泽东"噢"了一声。又问:"你们萧司令在哪里?"

岳英答道:"今天是礼拜天,萧司令可能不来上班。"

毛泽东临走时说:"我是散散步,随便来这里看看。"说完就走了。

毛泽东来海军视察的消息很快就传开了。张汉丞听说后,也很兴奋。特别是毛泽东的一席话语,反复在他的脑际萦绕。晚上,他独对孤灯,仔细领会着毛泽东的指示,不禁浮想联翩。

他想,毛泽东提出要勤俭办事业,是比较策略地指出了海军存在的浪费问题。眼下国家的经济正困难,需要花钱的地方很多。就连已拨给海军购买舰艇的两亿卢布外汇,毛主席也亲来海军商量,抽走买抗美援朝用的飞机了。应该多为国家分忧,用勤俭的精神办后勤。

作为当家理财的后勤部长,张汉丞一直努力照着毛泽东说的去做。按照"少花钱,多办事""重点建设,解决必需"的原则,带领后勤战线上的官兵,因陋就简,勤俭创业。在短短几年里,初步建成了具有海军特点的后勤保障体系,保证了多次海战的胜利。

面对海军后勤建设取得的成绩,张汉丞感到由衷的欣慰。他觉得,后勤建设从白手起家到初具规模,每前进一步,都凝结着毛泽东的心血。他企盼着能有机会再次见到他老人家。

1961 年 10 月 24 日,周恩来总理出席苏共二十二次代表大会后回国。

是日晚,北京机场,秋高气爽,华灯初上。为欢迎周总理凯旋,毛泽东、刘少奇、朱德、邓小平等党和国家领导人亲到机场迎接;全军驻京少将以上军官,身着礼服,端庄列队站在停机坪一侧,静候着周总理专机的到来。

突然,张汉丞感到身后有响动,不由自主地向后看了一下。在那一霎间,他被毛泽东突如其来的降临而惊愕了。他急忙转过身来,恭敬地向毛泽东敬了个礼;毛主席精神奕奕,态度慈祥而和蔼,主动和张汉丞握手;他出神地凝视着毛泽东,半晌,好像如梦初醒似的;那时,他有很多话想说,他想述说 10 年来毛泽东对海军后勤的关怀,想汇报 10 年来海军后勤建设的历程,还想请毛泽东对海军后勤建设再做指示,可又不知道从哪说起;这些想法,就像计算机一样在他头脑里进行着瞬息处理,凝成了一句在当时最能表达他心声的话:"毛主席万岁!"张汉丞松开他那紧握着毛泽东的右手,欲振臂高呼。猛然,被毛泽东那温暖有力的手给拉住了,毛泽东面带微笑,轻声地对他说:"不要喊!不要喊!不要惊动大家。"张汉丞没有喊出声来,半举起的手,又轻轻地放下了。他目不转睛地看着毛泽东,久久说不出话来。这时,天空中传来了飞机的轰鸣声,周总理的专机到了北京上空。毛泽东连忙向张汉丞招招手,便悄然离去了。

张汉丞目送着毛泽东走远,才转过身来。他感到无比的欢乐和兴奋,他显然已陶醉在这幸福的会见中了。他想,这次相见虽然没有再次聆听毛泽东的教诲,但他那关心温暖的大手,那安详温厚的面容,那寄予期望的眼神,那一切的一切,都在不言中。

（王发秀）

毛泽东与
张学思少将

张学思(1916—1970)，辽宁海城人。1933 年加入中国共产党，1939
年参加八路军。抗日战争时期，任中国人民抗日军政大学东北干部队队
长，冀中军区司令部参谋处处长，冀中军区副参谋长兼第 1 科科长，晋察
冀军区司令部参谋处处长，平西军分区参谋长，第 11 军分区副司令员兼
参谋长。解放战争时期，任辽宁省政府主席兼辽宁军区司令员，东北行政
委员会副主席，安东海军学校副校长。中华人民共和国成立后，任大连海
军学校副校长兼副政治委员，海军副参谋长。1958 年于苏联伏罗希洛夫
海军学院毕业。回国后，任海军参谋长。是政协第一届全国代表会议代
表，第一届全国人民代表大会代表。1955 年被授予少将军衔。

"你能来延安，不简单啰"

1938 年 12 月初的一个下午，是延安少有的一个好天气，天空晴朗，
无风无尘，初冬的太阳照在人身上暖烘烘的。在通往杨家岭的小路上，疾
步行走着一位青年军人。他笔挺的身板上穿着一套洗得有些灰白但熨得
十分平整的八路军军服，显得整洁干练，清秀的脸上双眸炯炯，剑眉高扬，

透着一股英气。他就是著名的爱国将领张学良的四弟张学思。

两个月前，在中央军委副主席周恩来的亲自安排下，身为秘密共产党员的张学思从香港经武汉、西安，辗转来到延安，被派往马列学院深造。他与大名鼎鼎的红二十五军军长徐海东成为同学，两人同住一孔窑洞，同睡一铺土炕。今天中午下课时，徐海东转告张学思，毛主席约他下午到杨家岭一见。

张学思怀着激动的心情，来到毛泽东的住处。这是一个土墙小院，里面有一座三孔窑洞。这是延安地区普通的一种窑洞，基本结构是土的，只是在外口砌了一层砖。右边的一间是警卫人员的住处，左边的一间是毛泽东的寝室，和寝室相通的中间屋子，便是毛泽东办公会客的地方。此刻，毛泽东正在这间窑洞里伏案办公，见警卫员领着张学思进院，便从里面迎了出来。"喀嚓"，张学思两脚一碰，很正规地向毛泽东敬礼问候。毛泽东和蔼地笑了："请屋里坐！"边说边伸出手来把张学思拉进窑洞。

毛泽东的办公室设备很简单，一张简易方桌，一个木柜，几把旧木椅和两把简易更生布躺椅。毛泽东身穿灰色的旧棉衣，胳膊肘和膝盖处都打了补丁。张学思感到很惊讶，若不是亲眼看到，他怎么也不会想到毛主席的生活如此简朴。这时，毛泽东亲切地拉他坐下，操着浓重的湖南口音问道："你就是张学良的弟弟吧？"张学思回答："是的，我是张学良的四弟张学思，现在改名叫张昉。"毛泽东赞许地点点头说："你能来延安，不简单啰。"他亲切地端详着张学思那清秀的面孔问道："你二十几岁啦？""报告主席，我已经22岁了。""你还是个娃子嘛！"毛泽东慈祥地笑了，他点燃一支烟，吸了一口问道："你感觉怎么样啊？能过得了这里的生活关吗？要不要钱花？"张学思的脸唰地一下红了，他有些不好意思又有些焦急地说："主席，您可别把我当成小孩子呀！"

"哈，哈，哈——"毛泽东爽朗地大笑起来，他亲切地对张学思说，"你是少爷公子出身，过去的生活条件那么好，初到延安来，我担心你生活受不了哟！"毛主席亲切的关怀，使张学思感到格外的温暖。他已毫不拘束了，爽快地回答："主席，我能受得了。好多同志都是这么过的，过得很愉快，他们都行，我也能行！"张学思觉得有许多心里话要向毛主席讲，他说："延安虽说艰苦些，我觉得这里的生活比什么地方都好。在家里，衣食住行是都很优越，但那个家庭，只有享乐的自由，没有革命的自由。我像被关在笼子里一样，再好的东西吃着也不香。我要革命，要抗日，延安能革命能抗日，再苦我也不怕。"

"讲得好，讲得好啰！"毛泽东非常高兴，满心喜欢面前这位热情进步的青年。他惬意地吸了一口烟，像唠家常一样，亲切地给张学思讲起了革命道理和共产主义的世界观。他说，人的世界观不同，对事物的态度也截然不同，有些人把像你家里的那种富贵的生活享受，当作人生的最高目的，千方百计地去追求。而你却把它看成是罪恶，千方百计地摆脱它，跑到延安来受苦。因为你把救国救民，在中国实现社会主义、共产主义，当作自己的最高目的。但是，要达到这个目的，遇到的困难会很多的，付出的代价将是很大的，肯定比你我所能想象得到的，要大得多。所以，我们共产党人，为了实现自己的崇高理想，需要不断地学习，积极地锻炼。你现在很年轻，正是锻炼自己的好时候，在艰苦的环境里更能锻炼人。延安就是一座锻炼人的革命大熔炉，也是一所增长才干的革命大学校。毛泽东鼓励张学思："好好学习，好好工作，将来为中国革命作出更多的贡献。"

主席的谆谆教诲，使张学思感到格外振奋，他深情地望着毛泽东那和蔼可亲的面容，心里想，毛主席真是了不起！他住的是简陋的窑洞，穿的是粗布衣服，而他的思想是多么的丰富伟大啊。我们党有这样的领袖人物，中国革命一定大有希望。张学思激动地对毛泽东说："毛主席，我一定不辜负您的期望，在延安这所大学校里，努力做一名合格的学员。"

在毛泽东等老一辈无产阶级革命家的关怀培养下，张学思刻苦学习，努力工作，进步很快，一年后，他被评为优秀学员和劳动模范。不久，张学思于马列学院毕业，被派往抗日军政大学三分校上干队任队长。有一次，毛泽东问起刘澜波同志："张学思表现得怎么样啊？"刘澜波同志说："他表现得很好，学习很刻苦，生活很朴素，自己要求很严格。"毛泽东点点头说:"我对他的印象很好,这个青年很进步,是个好苗子啊!"

"你要走啦……那里比延安更艰苦啊"

张学思没有辜负毛主席的殷切希望。1940 年 9 月中旬,他所率领的上干队经过为期一年的整训之后,被批准开赴华北敌后,开辟新的抗日战场。临行前,张学思到杨家岭向毛泽东辞行。毛泽东拉着他的手,久久没有放下。他对张学思的走,有些舍不得。毛泽东轻轻地说了两遍:"你要走啦,你要走啦。"他关切地问道,"敌后你能去吗?那里比延安更艰苦啊!"张学思爽快地回答:"主席,请您放心吧!好多同志不都在那里吗?他们能去,我也能去!我一定要像在延安一样,到那里不怕困难,战胜困难。"毛泽东满意地笑了,他对张学思说:"你见到贺师长和聂司令员,代我向他们问好。噢,等一下,我给你写封信带着。"毛泽东亲笔给聂荣臻司令员写了一封信,介绍了张学思的情况,叮嘱聂荣臻注意对张学思的培养。

根据毛泽东的嘱托,聂荣臻司令员任命张学忌为冀中军区司令部参谋处处长。抗日战争结束那年,他已升任晋察冀军区第 11 军分区副司令员兼参谋长。1945 年 10 月 12 日,29 岁的张学思,出任辽宁省主席、省军区司令员。

"你干海军好哇! 中国的领海需要海军来保卫"

1949 年 9 月 21 日,具有伟大历史意义的盛会——第一届中国人民政治协商会议在北平隆重举行。

大会进行第二天,各位代表发言开始了。中国人民解放军海军代表张学思走上了讲台。他举目环视全场:在琉璃灯和水银灯的环绕下,整个会场格外庄严瑰丽。毛泽东、刘少奇、周恩来、林伯渠、董必武、陈云等杰出革命家,以中共代表团成员的身份在党派代表席的第一排就座。紧挨着党派代表团右边的是以朱总司令为首的解放军代表团。在他们身后有工人代表,农民代表,各民主党派人士,各少数民族儿女以及劳动妇女、青年学生、海外华侨和科学文艺界的杰出人物。他看到,党中央领导同志和全场代表的目光都凝聚在他的身上。站在这庄严的讲坛上,他感到了无上光荣和崇高的责任。他的心跳加快,但发出的声音坚定而自信:

诸位代表:

百余年来中国人民及一切爱国人士为着中国的新生,前赴后继,英勇奋斗,有的已经牺牲,有的仍被残余的反动势力所羁押,如张学良、杨虎城两位将军。今天他们未能亲身参加这个盛典,但是他们已经得到了最大的安慰。

中国人民海军以一个幼年的资格,列入伟大的中国人民解放军的行列。我们今后一定坚决彻底地执行共同纲领中关于军事制度的一切要求,使海军成为统一的人民军队的一部分,并根据官兵一致,军民一致的原则,建立政治工作制度,学习与发扬人民解放军的优良传统,以革命精神和爱国精神教育我海军指战员,提高全体人员的政治质量与军事技术,并有步骤地培养人民海军的干部。我们一定在实际行动中贯彻毛主席、朱总司令的号召,为建设一支强大的海军而奋斗……

会场响起了热烈的掌声,张学思走下讲台,回到了军队代表团席位上。朱总司令微笑着轻声对他说:"讲得好!"

在会议休息的时候,张学思见到了毛泽东。毛泽东十分高兴地同他交谈起来。他对张学思说:"你干海军好哇!中国的领海需要海军来保卫,沿海的岛屿也需要海军去解放。好好学,好好干吧!"张学思兴奋地向毛泽东表示:"现在我们有了自己的政权,有共产党和毛主席您的领导,有工人阶级和全国人民的支持,我们一定能建设一支强大的人民海军。我今年33岁,我决心再钻研30年海军,为保卫祖国海疆,贡献自己的全部力量。"毛泽东听了这话高兴地笑起来,同张学思亲切握手。

"想不到,这么一位海军的干才,
被他们活活整死了,可惜呀"

新中国成立后,张学思先后出任大连海军学校党委书记、副校长兼副政治委员、海军司令部第一副参谋长、参谋长等职,多次受到毛泽东的接见。1957年,毛泽东接见出席海军党委会代表时,亲切地握着张学思的手说:"你是一个到苏联留过学,懂得海军专业的军事干部,我们海军建设任务很重,希望你多发挥作用。"

然而,正当张学思全身心地投入海军建设事业的时候,"文化大革命"爆发,张学思蒙冤身陷囹圄。林彪反革命集团把张学思视为在海军的异己,罗织了"假党员""特嫌分子"等种种莫须有罪名,对他进行残酷迫害、无情打击。1970年5月29日张学思在病榻上含恨离世!

1971年9月13日,林彪叛国出逃,葬身戈壁,林彪反革命集团垮台了!

张学思夫人谢雪萍心潮难平,她决心向毛主席上书,为丈夫鸣冤!一连几个晚上,她坐在灯下,一篇字字血、声声泪,愤怒声讨林彪反革命集团罪行,详细报告张学思受迫害经过的材料,终于脱稿。

1972年4月27日,谢雪萍怀揣着呈毛主席的信,径直步行至中南海门口,含着泪恳请接待她的那位军人:"请你一定把这封信呈送毛主席亲阅。"

当时,毛泽东正亲自抓干部问题,这封信很快就转到了毛泽东手中。4月30日夜毛泽东读罢这封信,流下了眼泪。他对张玉凤同志说:"在延安的时候,我就认识了张学思,他是一位很进步的青年,长期接受革命培养。想不到,这么一位海军的干才,被他们活活整死了,可惜呀!"毛泽东当即批示:"送叶剑英同志阅处。"叶剑英同志立即指示总政:"认真复查,以便正确处理。"1975年初,党中央、中央军委批准了海军党委复查的结论。1975 年 4 月 8 日,海军召开了为张学思同志平反、恢复名誉大会。4 月 19 日,举行了骨灰安放仪式。张学思同志骨灰盒被安放在八宝山革命烈士公墓一室的正面。

尽管这次平反还不彻底(十一届三中全会后进一步平反),但是,张学思毕竟成为毛泽东生前亲自为其平反的几位将军之一。

(刘永路)

毛泽东与
林遵少将

　　林遵(1905—1979),福建福州人。1924年入烟台海军学校学习。1929年考入英国皇家海军学院,1934年毕业回国。任国民党海军枪炮员、航海官、副舰长。1937年赴德国学习海军舰艇技术。1939年回国,任国民党海军永绥号军舰代副舰长,第5游击布雷大队大队长,国防部研究院研究员,参谋总长办公室海军参谋。1945年后任国民党政府驻美国大使馆海军武官,国民党海军海防第2舰队司令。1949年4月23日率海防第2舰队起义。后任中国人民解放军华东军区海军第一副司令员。中华人民共和国成立后,是第一、二、三届国防委员会委员,中国人民政治协商会议第一届全体会议代表,第一、二、三、四、五届全国人民代表大会代表。1977年加入中国共产党。曾任中国人民解放军军事学院海军教授会主任,海军学院副院长,东海舰队副司令员。1955年被授予少将军衔。

毛泽东与蒋介石斗法,林遵举足轻重受重视

　　1948年岁尾,1949年年初,中共中央驻地西柏坡最为繁忙。以毛泽东为首的中央领导在辽沈战役取得胜利之后,又连续指挥发起了淮海、平

津战役。按照毛泽东的分析,淮海、平津战役胜利后,国民党在长江以北的军事主力将基本被歼灭,人民解放军即可渡过长江,挥师南下,彻底推翻国民党的反动统治。然而,蒋介石不甘心失败。他自恃有美国的支持和国际势力的调停,认为组织尚存的军事力量,依据长江天险,千里设防,即可阻止共军渡江南下;同时制造"和谈"舆论,企图假以时日,再卷土北上,重新夺回失地。毛泽东无情地揭穿了蒋介石的图谋,决心将中国革命进行到底。他在1948年12月30日为新华社所写的新年献词中,向全党、全军发出将革命进行到底的伟大号召,并引用古希腊的著名寓言《农夫与蛇》的故事,告诫国人千万不要怜悯像蛇一样的恶人。为此,他谢绝了国际友人的"好心劝告",拒绝了"划江而治""平分秋色"的主张。

不接受"划江而治",要解放全中国,必须首先突破国民党的长江防线。当时,从湖北宜昌到上海的1800余公里的长江沿线,国民党部署了70万兵力,另以海军舰艇120余艘、空军飞机280架支援作战。面对国民党吹嘘为"固若金汤"的长江防线,毛泽东成竹在胸。他清楚国民党绝非铁板一块,突破长江防线关键是做好分化工作。而实际上,分化工作早就在他的部署下开展起来了。争取国民党海防第二舰队司令林遵起义,就是分化长江防线的一个重要步骤。

林遵,又名林尊之。1905年生于福建福州,是民族英雄林则徐的侄孙。父亲林朝曦曾供职于北洋海军,并参加了中日甲午海战。由于祖辈的影响和近代中国海军发祥地的熏陶,青年时代的林遵对海军便情有独钟。1924年,19岁的林遵满怀振兴中国海军,洗雪甲午之耻的雄心壮志,以优异成绩考入烟台海军学校。在校期间与中共党员郭寿生相识。郭创办中共外围组织"新海军社",主编《新海军》月刊,林遵是"新海军社"的成员,《新海军》月刊的热心读者。1929年,林遵被派往英国格林尼治皇家海军学院留学,1934年毕业回国,在国民党海军中任航海官、副舰长。1937年赴德国学习潜艇技术,1939年回国后,历任国民党海军"永绥"舰代副舰长,第五游击布雷大队大队长,国防部研究院海军研究员,参谋总长办公室海军参谋,驻美国大使馆海军副武官,驻西沙群岛舰队指挥官,海防第二舰队司令员。抗战期间,他曾率领第五游击布雷大队与日军作战,与新四军有过往来。日本投降后,他率"太平""中业"两舰接收南沙群岛,将南沙主岛以所乘军舰舰名改为"太平岛",并在岛上树立刻有"太平岛"字样的纪念碑。这是林遵人生中辉煌的一页,倾注了他的一腔热血。

恪守"知己知彼"的毛泽东,自淮海、平津战役发起后,即对国民党的长江防线给予密切关注。虽然此时他尚不完全了解林遵其人,但通过中共驻沪特别情报机构写给中央的工作报告,对林遵的一些情况却有所掌握。

在林遵奉命率海防第二舰队进入长江后,中共地下组织便通过各种途径,设法与林遵取得联系。1948 年 9 月,中共地下组织特派员找到了时任国民党海军月刊社社长郭寿生,向他转达了周恩来要他归队、争取林遵起义的任务。此后,郭寿生根据党组织的指示,数次与林遵晤谈,话语逐渐投机,两位老友终于敞开心扉,尽吐心声。谈及国民党的腐败和专制统治,林遵愤慨地说:"国民党不垮台,是无天理。"对国民党下达的"于必要时炮击江岸"的命令,他表示断难执行。他说:"作为一个指挥官,他的良心尚存的时候,下令炮击生他养他的同胞和国土,于心何忍!"郭寿生和盘托出受中共组织委托,前来动员他起义。林遵心头为之一震,略加思索后表示:愿意起义,但具体搞法,还要相机行事。后来,林遵在回忆起这段往事时,深有感慨地说:"与中共党的组织建立了直接联系,我如同在长夜中看到了曙光,黑暗里见到了光明。"

毛泽东密嘱"隐忍待机",林遵巧施"瞒天过海"

中共驻沪特别情报机构得知林遵愿意起义的消息后,立即给中共中央写了报告。正在西柏坡指挥淮海、平津战役的毛泽东,看了报告极为重视,即于 1948 年 12 月 13 日电示驻沪情报机构

　　你们可以选择得力干部去与林遵接洽。我们的态度是欢迎他们起义，为人民立功。起义一个舰队即编为一个舰队，起义一个分队即编为一个分队。起义的时机，待接洽好后再定。

　　在毛泽东眼中，像林遵这样的国民党军事将领，具有民族大义的有识之士，只是由于跟随了国民党的反动统治，才使他们的爱国之心、报国之志难以实现。一旦脱离了国民党，转向人民一边，他们的才智就可以充分得到发挥，为祖国和人民作出更多的贡献。争取林遵率海防二舰队起义，一则可以瓦解国民党长江防线中的水上"钢铁堡垒"，加速渡江战役的胜利进程；二则可以为组建新中国的海军创建条件。从一定意义上说，毛泽东对后者的重视程度并不亚于前者。这是因为，自鸦片战争后的百余年间，帝国主义从海上侵略中国给中华民族造成的灾难，实在太深重了。毛泽东对此刻骨铭心。当解放战争即将取得全国胜利之时，惨痛的历史教训使毛泽东不得不开始筹谋海军建设这一重大问题。在 1949 年 1 月 8 日召开的中共中央政治局会议上，毛泽东已将建立一支海军作为新一年的重要任务，向全党提出。对此，毛泽东是经过深思熟虑的，其中自然包括对争取林遵及二舰队起义的考虑。

　　争取林遵及二舰队起义，关系重大，稍有不慎，极易暴露，后果不堪设想。在第一封电报发出后，毛泽东又做了缜密部署。1948 年 12 月 30 日，毛泽东完成了为新华社撰写的元旦献辞《将革命进行到底》，就在文章播发的当天，他又亲笔签发了第二封电报，电文如下：

　　关于长江第二舰队准备起义事，请仍按中央前电所告原则办理。林遵所提接头办法，既系林自己主张，不必改变，最重要的是要林隐忍待机，切勿暴露，免在事前遭受不必要的损失。

　　电文不长，但字里行间流露着毛泽东对林遵的关心、重视与期望，这使林遵获得了巨大的精神力量。为了更好地保守秘密，林遵采取了两条措施:一是除通过郭寿生等人与中共组织取得联系外,对所有前来试探的人都予以拒绝,不接受任何方面来的联系;二是要人宣扬林遵很反动,思想顽固守旧,死跟国民党等。以此来迷惑国民党海军总司令桂永清在舰队的亲信和特务。这一招果然奏效,直到起义前一天,桂永清还被蒙在鼓里。在南京,他亲自找林遵谈话,要林遵率舰队去上海,并以升官、授勋相诺,还令国民党海军杂志社将林遵的照片制成锌版,准备作为封面,以"林遵率领舰队冲破共军封锁驶出长江"为题,大肆进行宣扬。然而,桂永清做梦也没有想到,在他离开南京之后,林遵便率舰起义了。林遵本想带出更多的舰艇起义,但由于发生了士兵寻衅和逃舰事件,使林遵想起了英国的一句谚语:"A bird in the hand is worth two in the wood"(一鸟在手,胜于二鸟在林)。多得不如现得,于是他改变想法,即于 4 月 23 日举行起义。

毛泽东喜闻江面壮举,复电盛赞林遵率部起义

1949 年 4 月 23 日,是个值得纪念的日子。这一天,人民解放军百万雄师强渡长江,一举占领国民党的统治中心南京;也在这一天,林遵率国民党海防第二舰队官兵在南京笆斗山江面宣布起义。喜讯传来,住在北京香山双清别墅的毛泽东,兴奋不已。他激情喷发,笔走龙蛇,写就七律一首,题为《中国人民解放军占领南京》,诗曰:

> 钟山风雨起苍黄,
> 百万雄师过大江。
> 虎踞龙盘今胜昔,
> 天翻地覆慨而慷。
> 宜将剩勇追穷寇,
> 不可沽名学霸王。
> 天若有情天亦老,

人间正道是沧桑。

虽然这首诗并非专为林遵起义而作,但诗中无疑也饱含着对林遵起义的褒扬。

林遵率领二舰队起义,是解放战争期间国民党海军最大规模的战舰集群起义,受到毛泽东的重视自在情理之中。

在南京解放的当天,中国人民解放军第三野战军前委依据中央指示,在江苏泰州白马庙决定成立华东军区海军。林遵所率二舰队起义的30艘舰艇,1271名官兵成为建设人民海军的重要力量。毛泽东重视起义的舰艇,因为这是建设人民海军的物质基础,但更重视对起义的官兵的爱护。当起义的舰艇遭到国民党飞机轰炸时,毛泽东指示第三野战军要组织好舰艇防空,并指示:我们要的是建设海军的人才,当然,军舰也很重要,要尽可能保存,但保存不住也不要紧,我们将来一定会有的。毛泽东的指示,使林遵深切地感受到党中央和毛泽东的关心和爱护。他深为感动,遂打消了"功成隐退,解甲还乡"的想法,决心为人民海军建设贡献力量。

1949年4月30日,林遵率第二舰队起义的各舰长、舰队长及全体官兵,向毛泽东主席和朱德总司令发出致敬电,电文如下:

中国人民革命军事委员会主席、中国人民领袖毛泽东,中国人民解放军朱总司令:

当我们开始走进中国人民解放军的行列之际,请接受我们最诚挚崇高的敬意。

我们是一群被国民党反动政府统治着的海军。反动政府曾指挥我们以人民血汗换来的武器,来屠杀争取民族独立、民主自由的人民,保护卖国独裁内战反人民的蒋家小朝廷。可是,我们时常想到,用人民血汗建立起来的海军,应该是用来捍卫国家独立与人民民主的,为什么要拿美帝国主义供给的武器,屠杀自己同胞,从事反人民的战争？我们怀疑、思虑、愤怒不平，想到有一天总会找到可能的机会回到人民的阵线，和人民站在一起。

这个期待的日子终于来到了。当人民解放军百万雄师胜利突破了长江，南京国民党反动政府逃窜的时候，我们舰队的舰艇集中在南京东北笆斗山下，23日在燕子矶高举义旗，参加了中国人民解放军。

怙恶不悛与人民为敌的国民党反动派，竟于我们起义后，不断驱使空军轮番轰炸，妄想阻止中国人民建立自己的海军。这更加暴露了国民党反对中国独立民主的狰狞面目，更激起了我们的愤怒，更坚定了我们为人民解放事业而奋斗的意志。今后誓愿在中国共产党与人民革命军事委员会和人民解放军华东军区领导下，贯彻毛主席、朱总司令的进军命令，为彻底推翻在美帝国主义支持下的国民党反动统治，完成新民主主义革命而奋斗；为彻底改造自己，学习毛主席建设人民军队的原则思想作风，学习人民解放军一切优良的政治工作与指挥工作的制度，建立一支人民的海军而奋斗！

毛泽东接到林遵等人的电报，看得格外认真，他的目光注视着电文下的落款：第二舰队司令林遵、永绥军舰长邵仑、楚同军舰舰长李宝英、惠安军舰舰长吴建安、江犀军舰舰长张家宝、吉安军舰舰长宋继宏、美盛军舰舰长易元方、联光军舰舰长郭秉衡、安东军舰舰长韩廷枫、太原军舰舰长陈务笃、第五巡防舰队队长杜澄琛、第一机动舰队队长张汝楣……

一下子过来了一个舰队，既有司令，又有这么多舰长、官兵，加上此前邓兆祥所率"重庆"舰起义的官兵，可谓人才荟萃。这充分反映了爱国人民建设自己的海军的伟大意志。欣慰之际，毛泽东提笔拟就了一封电文：

林遵将军、邵仑舰长、李宝英舰长、吴建安舰长、张家宝舰长、宋继宏舰长、易元方舰长、郭秉衡舰长、韩廷枫舰长、陈务笃舰长、杜澄琛队长、张汝楣队长和第二舰队的全体员兵们：

庆祝你们在南京江面上的壮举。你们率领25艘舰艇（实为30

艘），毅然脱离反动阵营，参加到人民解放军的大家庭来，这是值得全国人民热烈欢迎的行动。在巡洋舰重庆号于二月间起义并被国民党反动派于三月间炸毁以后，四月间又有你们的大规模起义，可见中国爱国人民建设自己的海军和海防的伟大意志，不是任何反动残余所能阻止的。希望你们团结一致，学习人民解放军的建军思想和工作制度，并继续学习海军技术，为中国人民海军的光明前途而奋斗！

电文落款：毛泽东、朱德。

1949年5月18日，新华社全文播发了林遵等人给毛泽东主席、朱德总司令的致敬电和毛泽东、朱德的复电。集中在南京挹江门内原国民党海军司令部旧址学习的林遵及二舰队全体起义官兵，阅读电文，深受鼓舞。

毛泽东亲切接见林遵，畅谈人民海军建设大计

1949年8月，筹建新中国的各项工作正在紧张进行。从北京香山双清别墅移住中南海丰泽园的毛泽东更加忙碌。他继续与各民主党派领导人和其他爱国人士进行广泛交谈，共商建国大计。同时，为了加速胜利的到来，毛泽东与中央其他领导共同制定了解放全国的战略规划。考虑到渡海作战、夺取台湾的需要，毛泽东电召华东军区海军司令员张爱萍来京汇报海军情况。此时，参加政治协商会议的代表名单已经拟定，在662人的代表名单中，林遵的名字就在其中。毛泽东很想见见林遵。这是因为，一方面，凡是在京的国民党军队起义的代表大部分人毛泽东都接见过，谈过话，而林遵起义后一直在南京，忙于舰艇防空疏散，未能见面。另一方面，在政治协商会议召开前，有关国家建设特别是人民海军建设的一些问题，也要与林遵谈一谈。于是，林遵与张爱萍等便应召从南京来到了北京。

1949年8月28日，中南海内碧波荡漾，荷叶飘香。林遵与张爱萍等

乘车来到毛泽东住所门前。毛泽东在门口迎接他们。当张爱萍向毛泽东介绍林遵时,毛泽东紧紧地握着林遵的手,高兴地说:"你是林则徐的侄孙,久闻大名啊! 你的先人林则徐是抗英英雄,民族英雄,全国敬仰啊! 你毅然脱离国民党军队,率部起义,同样是英雄壮举,可钦可佩可喜可贺呀!"

毛泽东把林遵和张爱萍等人让进会客厅,指着第一个单人沙发请林遵落座。张爱萍等人依次坐在长沙发上。毛泽东坐在林遵对面,左边是一张红木写字台。毛泽东微笑着问:"你们是国民党党员吧?"

林遵一时摸不着头脑,还未及回答,毛泽东便接着说:"要说国民党党员,你们谁也没有我的资格老。1924 年国民党的一大,我就是候补中央委员,在孙中山先生的三大政策下国共两党实行了第一次合作。可是1927 年蒋介石背叛革命,对共产党人赶尽杀绝。20 多年来我是有家归不得,成了个流浪汉,走南闯北,全靠一双好脚板,几乎踏遍了大半个中国。"

毛泽东点着了一支烟,接着说:"我们这个民族真是多灾多难啊! 经过抗战,打败了日本侵略者,过不成太平日子,我们被迫打了四年内战,打出了一个新中国。这是人心所向啊! 我们成功的经验主要是依靠了人民的力量。人民是什么,在中国,在现阶段,是工人阶级、农民阶级,城市小资产阶级和民族资产阶级。推翻帝国主义和国民党反动派主要是他们的力量。"

毛泽东呷了一口茶,继续说:"我们人民军队从白手起家,今天已经发展了强大的陆军部队。其所以不仅没有被削弱而能战胜国内外敌人,发展到如此强大地步,主要是军队是人民的。我们依靠人民,为人民服务,人民拥护我们,所以二十多年来我们不仅没有被消灭,相反地击垮了所有强大敌人,最后取得了全国的胜利。"

"但是,我们空军还很年轻,海军还基本没有,因此对于原国民党海军的起义和归顺,我们很欢迎。一些舰艇被炸了,同志们很难过,这种感情是好的。但是不要紧,只要有了人,问题就能解决,中国地大物博,我们一定能够把海军建设起来。"

"中国是一个农业国,农民只有小米,建设海军不仅需要小米,同时还需要机器;制造军舰需要的机器,必须有发达的工业。要使中国由农业国转变为工业国,为建设海军创造必要的条件。我们建设的海军是人民的海军,人民海军是中国共产党领导的人民解放军的组成部分,必须继承和发扬解放军优良传统,团结奋斗,保卫我们的海防。"

"你们原海军人员懂得科学知识,有技术。新海军要向你们学习。人民解放军的同志有优良政治工作制度和战斗作风,你们也要向新海军学习。新老同志要团结,相互学习,共同为建设人民海军而奋斗。"

"海军要做好准备,准备配合陆、空军,在解放台湾作战中立功。"

林遵全神贯注地聆听着毛泽东的谈话。毛泽东的谈话使他深受启迪,并强烈地感受到坐在自己面前的这位共产党的领袖所具有的睿智和力量。两个小时的谈话,在林遵的心中打下了深深的烙印,使他受益终身。

1949 年 9 月 15 日,经毛泽东批准,林遵出任华东军区海军第一副司令员。此后,作为第一届政治协商会议的代表,他参加了共和国开国大典。当毛泽东宣布:中华人民共和国成立了! 中国人民站起来了! 林遵激动不已,几十年来,为了中华民族的独立,他苦苦奋斗。今天,梦想终成现实,他怎能不为此而兴奋,而激动? 他暗暗下定决心,在自己的工作岗位上,为站起来的中国人民、为独立了的中华民族,努力奋斗。

1979 年,林遵在上海病逝。

（宋万贤）

毛泽东与
曾克林少将

 曾克林（1913—2007），江西兴国人。1929年参加中国工农红军，1931年加入中国共产党。土地革命战争时期，任红3军第7师21团连副政治指导员，红3军团第4师12团连指导员，红28军第3团参谋长，参加了长征。抗日战争时期，任平西挺进军司令部作教科科长，冀东军分区参谋长，冀热辽军区第16军分区司令员。解放战争时期，任辽东军区副司令员，东北民主联军第3纵队司令员，辽南军区司令员，东北野战军第7纵队副司令员，第四野战军44军副军长。中华人民共和国成立后，任海军航空兵部副司令员，海军后勤部副部长，海军顾问，海军航空兵部司令员。是政协第五、六届全国委员会委员。1955年被授予少将军衔。

 曾克林出生在江西省兴国县东村区澄江乡甘源村。6岁时父亲病逝，9岁时又失去了母亲，好心的三叔收养了他。1929年秋天，在他的家乡附近，活跃着一支红军部队。红军的宣传热火朝天，红军的歌声深深地吸引着他。在三叔的支持下，曾克林参加了兴国县游击大队。1930年8月，游击大队并入由朱德总司令任总指挥，毛泽东兼任政委的红一军团。从此他跟随毛泽东，先后参加了中央苏区一至五次反"围剿"，走过了漫漫二万五千里长征路,经历了抗日战争和解放战争的烽火考验,从一个农村穷苦少年,成长为我军的高级将领。

曾克林将军,戎马一生,历经"三军"。在陆军,已是副军长的他曾高配担任我军第一个战车(坦克)师师长;在空军,他参加了组建第一个航空混成旅,并作为军职学员学习飞行,成为我军屈指可数的红军、高级干部飞行员;在海军,他是海军航空兵的创建者之一,亲手组建了海军航空第一师,并兼任师长。他在海军航空兵一干就是30多年,为海军航空兵部队的建设和发展倾注了心血,使之成为海军一支坚强的海空打击力量。

曾克林参加了毛泽东亲自主持的黄公略追悼会

1931年9月17日下午,在江西中央苏区兴国莲塘附近的水头庄,刚刚取得了第三次反"围剿"胜利的苏区军民,没有了往日胜利后的欢庆锣鼓和欢歌笑语,中国工农红军第3军全体指战员和根据地的群众,汇集在村头的广场上,为红3军军长黄公略举行追悼大会。

青山垂首,绿水呜咽,会场庄严肃穆,在临时搭建的主席台两边悬挂着毛泽东亲手撰写的挽联:

> 广州暴动不死,平江暴动不死,如今竟牺牲,堪恨大祸从天降;
> 革命战争有功,游击战争有功,毕生何奋勇,好教后世继君来。

毛泽东亲自主持,朱德总司令等首长参加了追悼大会。

时任红3军第7师21团副指导员的曾克林带领全连列队追悼会场,为敬爱的军长送别。望着黄公略的遗像,泪水止不住地从曾克林的眼中涌出。他永远忘不了军长是如何牺牲的。

1931年7月,蒋介石为了消灭红军,集中了23个师又3个旅,共30万人,并亲抵南昌,任"围剿"军总司令,采取"长驱直入"的战略,对中央苏区进行第三次更大规模的"围剿"。

当时,中央苏区红军主力只有红一方面军3万多人,并且刚刚粉碎蒋介石的第二次"围剿"不到一个月,正分散在闽西北建宁一带开展群众工作,尚未得到充分的休息和补充。面对大敌压境的形势,毛泽东、朱德等临时总前委研究决定,仍实行诱敌深入的方针,让红军主力绕入敌背,捣其后路,向赣南集中,待敌疲劳,择敌歼灭之,以打破蒋介石的"围剿"。

7月10日前后,红一方面军各部队相继从各自的驻地出发,冒着盛夏酷暑,以急行军向中央苏区赣南于都千里回师。22日,曾克林所在的红3军在于都以北与红一方面军总部、红3军团、红4军、红12军、红35军和红7军等会合。28日,红军主力转移到兴国的高兴圩地区集中。

国民党军队进入中央苏区根据地20余天,一直没找到红军主力。7月底,蒋介石才得悉红军主力集中在兴国地区,于是集中9个师向兴国疾进,企图压迫红军主力于赣江东岸而消灭之。毛泽东指挥红军采取"避敌主力,打其虚弱"的策略,连续进行了莲塘、良村、黄陂战斗,三战三捷。接着,红军乘胜追击,扩大战果。曾克林所在的红3军在黄公略军长率领下,在老营盘截歼了敌第9师一个旅。其他红军部队也向高兴圩的敌人发起了进攻。9月15日,红3军又奉命追击敌第9师余部和第52师,打了第三次反"围剿"的最后一仗——方石岭战斗,并获全胜。至此,由蒋介石亲自指挥的第三次"围剿"又以失败而告终。

方石岭战斗结束后,黄公略军长率领红3军向东转移,开赴瑞金。当部队途经江西吉安县东固六渡坳山谷时,遇到敌机袭击,值班参谋立即发出警报,红军部队迅速钻进树林隐蔽起来,黄公略隐蔽在山坳口旁边的一间土房子里。

"报告军长,7师的队伍正从罗坑那边开过来了。"值班参谋报告。

看着空中的敌机,黄公略急了。不顾个人安危,立即冲到山坳口,命令第7师就地隐蔽,嘴里不停地呼喊:"卧倒!隐蔽!"

曾克林带领全连正准备隐蔽,突然看到军长站在山坳口在大喊,而敌机就在军长的头顶向下俯冲扫射。大家顾不上隐蔽,着急地向黄公略呼喊:"军长!快隐蔽!"

喊声未落,只见黄公略一个趔趄,三颗罪恶的子弹穿过了黄军长的左腋下。

曾克林和连长、指导员及几个战士急忙奔过去,扑向军长。只见警卫员抱着军长的头,殷红的鲜血从伤口涌了出来,浸透了军装,黄公略已经说不出话来了。

大家呼喊着:"军长,军长!"

黄公略军长慢慢地闭上了眼睛……

六月天兵征腐恶,万丈长缨要把鲲鹏缚。赣水那边红一角,偏师借重黄公略。百万工农齐踊跃,席卷江西直捣湘和鄂。国际悲歌歌一曲,狂飙为我从天落。

毛泽东1930年7月写的这首《蝶恋花·从汀州向长沙》一词,高度赞扬了黄公略坚持湘鄂赣边斗争的卓越功绩。

黄公略是资历很深的红军高级干部,曾在黄埔军校学习,先后参加过广州起义和平江起义,他身为军长,经常深入干部、战士中间,了解情况,做思想工作。战斗中冲锋陷阵,屡建战功,深受大家的爱戴。

追悼大会结束后,毛泽东来到红3军7师。仍然沉浸在悲痛中的指战员纷纷围在毛泽东身边,表达对黄公略的爱戴和失去军长的悲痛,以及对白匪的愤恨。

曾克林悲痛地对毛泽东说:"黄军长是为我们7师牺牲的,是为我们大家的安全牺牲的……"毛泽东说:"黄公略军长是为了指挥部队转移而牺牲的,他牺牲前还在说,一、二、三次反'围剿'我们胜利了,但绝不可骄傲轻敌,要巩固和扩大红军,争取革命事业的最后胜利。他值得我们全体红军学习。"

曾克林和红军战士们听了毛泽东的话,都握紧了拳头,一起高呼着:"坚决消灭白匪! 为黄军长报仇!"

毛泽东拿着望远镜对曾克林说："打得好，万事大吉"

1935年9月11日，毛泽东率中央和军委机关及红1、3军团到达甘肃迭部县俄界。第二天，中共中央政治局召开扩大会议，批评了张国焘分裂红军的错误行为和军阀主义倾向，制定了坚持北上的方针。为此，将红一方面军主力以及中央直属部队改编为中国工农红军陕甘支队，下辖由红1军团、红3军团和中央军委机关分别改编的第1、第2、第3纵队。彭德怀任支队司令员，毛泽东任政治委员，叶剑英任参谋长。整编后，部队进入甘南地区。曾克林由总政宣传部干事调任第3纵队警卫通信营教导员。

18日，陕甘支队到达岷县南边的哈达铺，中央在这里召开了团以上干部大会，曾克林也参加了会议，在会上亲耳聆听了毛泽东的讲话。

毛泽东严肃地批评张国焘的错误说："鱼要进大海才能游，牛钻牛角尖越钻越死。我们当前的困难处境是张国焘的错误造成的，但我们红军是革命种子，留得青山在，不怕没柴烧。"毛泽东的话使曾克林深受鼓舞。

会后，红军队伍继续北上，经过3天行军，于第4天从鸳鸯镇和山丹镇之间北渡渭河。

渭河，传说是姜太公钓鱼的地方，河面虽宽，但水很浅，部队很快到达对岸。

突然，左右两侧响起了机关枪声，部队立即做好了战斗准备。

曾克林的警卫通信营配备较强，全营3个步兵连，每连200人，配有9挺机关枪和清一色的步枪，还有150人的手枪㧺和各为60人的电话、工兵、通信三个排。曾克林请示要不要打时，毛泽东说："派一个连放几响冷枪，吓吓敌人。"并说，"敌人不敢来。"

果然不出毛泽东所料，两侧的敌人被红军吓住了，红军又从容不迫地继续前进。

红军终于翻过了长征路上最后一座大山——六盘山，到达了陕北苏区吴起镇。透过暮色看到墙上"中国共产党万岁!"和"工农苏维埃万岁!"的大字标语时,曾克林不禁流下了热泪。

开始,群众以为匪军来骚扰,四处躲避。以后,看到红军战士们打扫街道,张贴标语,知道是红军队伍来到后,老乡们纷纷返回。当他们听说红军凭两条腿走了二万五千里,看到个个衣衫褴褛、面黄肌瘦时,马上为红军筹集粮食、布匹,做饭、缝衣。

离开江西根据地一年,终于又回到家了。干部、战士与老乡热烈握手,用南腔北调交谈着,热泪久久地挂在脸上。

就在到达吴起镇的第二天早晨,军阀马鸿逵的一千多名骑兵突然来袭击红军驻地。在镇上担任警备任务的部队只有警卫通信营,情况十分紧急。叶剑英参谋长向曾克林交代任务说:"现在其他纵队主力不在镇子上,你带警卫营的三个连去消灭这股敌人,要狠狠地打。我们的主力就在附近,敌人不敢久留的。"

曾克林接受任务后,带领全营 3 个连向敌人冲去,给敌人以迎头痛击,这一仗消灭敌人 300 多骑兵。

战斗结束后,曾克林向毛泽东和叶剑英汇报,毛泽东拿着望远镜说:"克林同志,打得好,打得好。万事大吉,万事大吉。"这次战斗后毛泽东和叶剑英分析,红军翻越六盘山后,前来追击堵截的马鸿逵两个骑兵师不会甘心失败。于是,毛泽东召集各纵队领导开会,研究打马匪骑兵。毛泽东说:打退追敌,不要把敌人带进根据地。决定将部队埋伏在吴起镇以西敌人必经的一条大川中。1 纵队在正面,2 纵队在左翼。果然马匪的骑兵又来进攻,被红军打得人仰马翻,消灭了敌人约 2000 多人,保证了中央红军与陕北红军在吴起镇胜利会师。

曾克林对毛泽东说:"我参加了打张辉瓒的战斗"

1937 年 8 月 1 日,曾克林成为中国人民抗日军政大学第三期的学员。抗大是一座在艰难困苦的条件下创办的培养军政干部和抗日人才的大熔炉。毛泽东亲自为抗大制定了"坚定正确的政治方向、艰苦朴素的工作作风、灵活机动的战略战术"的教育方针和"团结、紧张、严肃、活泼"的校训。曾克林为自己成为抗大的正式学员而高兴。

在这所"窑洞大学"里,曾克林经常聆听毛泽东等中央首长的讲课。给他印象最深的是听毛泽东讲《中国革命战争的战略问题》。毛泽东在讲课中以红军干部亲身经历过的战役战斗为例,讲述军事理论和作战原则。大家听起来感到既亲切又实际,一听就懂。

有一次,毛泽东讲"集中兵力打歼灭战"。毛泽东说:"对于人,伤其十指,不如断其一指;对于敌击溃十个师,不如歼灭其一个师。"接着,列举了在江西中央苏区第一次反"围剿"战斗中,敌人以 10 万兵力分 8 个纵队向我军进攻,红军集中 4 万人打其一路,将张辉瓒 1 个师 9000 人全歼,并很快粉碎了敌人第一次"围剿"的战例来说明,帮助学员加深理解。

听着毛泽东的讲课,曾克林的思路一下子回到了 1930 年深秋第一次反"围剿"战斗中。12 月 29 日,红军总部发现张辉瓒率领的号称"铁军师"的蒋介石主力 18 师孤军深入,即命令红 3 军、红 4 军、红 3 军团为右路,独立师由南向北迂回至敌后,红 1 军团由宁都秘密西进,达成对敌 18 师的包围。12 月 30 日清晨,敌 18 师 52 旅在龙岗以东、小布以西与曾克林所在的担任主攻的红 3 军 7 师相遇。红军迅速抢占有利地形居高临下,给敌人以迎头痛击,战斗打得非常激烈。曾克林带领班里的战士向敌人猛烈射击,让没有枪的战士用石头向山坡下的敌人砸去。在 7 师的打击下,敌人有的在枪声中倒下,有的被石头砸破了脑袋,纷纷溃退,不少敌人钻进了山上的油茶树林中。因为在雾中辨不清方向,抱头乱窜。这时,红 4 军和红 3 军团分别从龙岗东北和西北方向迅速斜插过来,把敌人紧紧地锁在"口袋"里,包围圈越来越小,敌军越来越乱。下午 4 点左右,红军发起总攻,霎时,响起了嘹亮的军号声,4 万红军战士奋勇冲向敌军,"活捉张辉瓒"的口号响彻天空。这次战斗红军歼灭敌 18 师 52、53 旅共9000 余人,缴获大批枪支弹药,并且在油茶树林里活捉了冻得瑟瑟发抖的自称是"书记官"的"铁将军"张辉瓒。曾克林在战斗中冲锋在前,不怕牺牲,赢得了同志们的好评和组织的信任,战后光荣地加入了中国共产党。

回忆这段历史,想想毛泽东讲的课,曾克林感到十分亲切。

下课后,毛泽东碰到曾克林,问道:"我在课堂上讲的你能听明白吗?"

曾克林回答说:"能听明白。我参加了打张辉瓒的战斗,所以听起来特别带劲儿。"

自从到抗大上学后,曾克林的文化水平和理论水平有了很大提高,情绪十分高涨,便乘机大胆地请求毛主席在笔记本上为自己签名留念。毛泽东欣然同意,拿起笔,在曾克林的学习笔记本上题签了"毛泽东"三个苍劲有力的大字。

经过一年的学习,曾克林毕业了。他怀揣着有毛泽东题词"努力奋斗,再接再厉,光明就在前面"的毕业证书,带领几十名红军干部和100多名知识青年,告别了党中央、毛主席,告别了革命圣地延安,踏上了去华北的征程,奔赴抗日前线。

毛泽东亲自处理"黄克功事件",
曾克林接任"陕公"一队队长

1937年10月中旬,正在延安抗大第3期2大队6队学习的曾克林,被任命为"陕北公学"1队队长。曾克林深知,这是一道令人瞩目、非同寻常的命令,因为他所接任的这一职务的前任,便是震惊陕甘宁边区的"黄克功事件"的当事人黄克功。

黄克功,江西人,少年时就参加了红军,经历过井冈山斗争和五次反"围剿",带领部队打过许多胜仗。在二万五千里长征的四渡赤水、夺取娄山关战斗中,曾立过大功。当过师宣传科长和团政委,长征到达陕北后,他才20多岁,是一位很有才干的红军干部。在抗大二期学习毕业后,留校任队长。1937年9月,"陕北公学"成立后,中央指示抽调抗大部分红军干部到"陕公"担任领导,于是黄克功调任"陕公"1队队长。

"陕公"的学员都是来自全国各地的革命知识分子,其中有一位叫刘茜的女同学,是来自山西大同市的学生。她天真、活泼、漂亮,出于对真理的追求和对革命的向往,放弃了优越的家庭生活条件,投奔延安。黄克功利用工作之便想与刘茜建立恋爱关系,但刘茜来延安之前已经有了恋爱对象,便拒绝了黄克功的要求。

9月底的一天傍晚,黄克功约刘茜到延河边散步,逼迫刘茜与他建立恋爱关系,刘茜坚决不同意,黄克功威胁说:"不谈,我就枪毙你!"刘茜坚决表示:"枪毙也不能同意!"黄克功恼羞成怒,从腰间拔出手枪,当场将刘茜打死在延河边。

事件发生后,抗大校园议论纷纷。一部分同志为黄克功惋惜,认为他出身贫苦,有战功,打死人是一时冲动,应给他一个将功补过的机会;绝大多数同志为刘茜无故被害鸣不平,认为黄克功自恃年轻有为,从骄傲、自私走上了犯罪的道路,应予严惩。抗大领导专门开会研究这个案子,教育长罗瑞卿将抗大组织的意见和群众的反映,向中央做了报告。毛泽东看了报告后,来到抗大,又反复征求罗瑞卿的意见。然后一边抽烟,一边考虑,在校长办公室内来回踱步达3个小时,最后才下了决心,批准对黄克功依法执行枪决。同时,被关押的黄克功也给毛主席写了信,要求到前线去,拼死在疆场上,将功赎罪。

黄克功逼婚杀死女学生的恶劣影响实在太大了,尤其正值全国大批知识青年投奔延安的时刻发生此事,不杀不足以平民愤。于是,毛泽东怀着非常气愤而又十分惋惜的心情,给黄克功案件的审判长、陕甘宁边区高等法院院长雷经天同志写了一封信,毛泽东在信中严肃指出:黄克功犯了不容赦免的大罪。以一个共产党员红军干部而有如此卑鄙的,残酷的,失掉党的立场,失掉人的立场的行为,如果赦免,便无以教育党,无以教育红军,无以教育革命者,并无以教育做一个普通的人。因此中央与军委须不得不根据他的罪恶行为,根据党与红军的纪律,处他以极刑。共产党与红军对于自己的党员与红军成员不能不执行比较一般平民更加严格的纪律。毛泽东信中还说：黄克功过去的历史是光荣的，今天处以极刑，我们党中央的同志都是为之惋惜的。毛泽东在信的最后要求："一切共产党员，一切红军指挥员，一切革命分子，都要以黄克功为前车之鉴。"

1937年10月的一天，陕甘宁边区高等法院在延安大操场召开了万人公判大会。会上，雷经天同志宣读了判处黄克功死刑的判决，并宣读了毛泽东给雷院长的信。

党中央对"黄克功事件"处理的消息，迅速传遍革命根据地延安以及西安、太原等广大国民党统治区和沦陷区，产生了强烈的反响，群众异口同声地称赞共产党、八路军法纪严明，不徇私枉法，是国家和民族的希望。

针对"黄克功事件"，毛泽东专门到抗大做了一次《革命与恋爱问题》的讲话，提出了恋爱必须遵守三条原则，即"革命的原则；不妨碍工作、学习的原则；自愿的原则"。教育抗大学员要严肃对待恋爱、婚姻和家庭问题，培养无产阶级的道德和情操。

曾克林到"陕公"1队任队长后，以毛泽东和党中央正确处理"黄克功事件"的经过对全体学员进行教育，并先后找知识青年一一谈心，做好思想工作，很快使一队的秩序恢复正常，"黄克功事件"留下的后遗症迅速得以消除。同时，曾克林还组织带队的领导干部认真学习毛主席提出的三条原则，要求红军干部要牢记组织的嘱托，认真贯彻党对知识分子的政策，从政治上、学习上、生活上关心和爱护知识青年，接受"黄克功事件"的教训，严格遵守党纪、军纪和边区政府颁布的各项法规法令，在日常工作、生活中做到为人师表。在红军干部以身作则的影响下，经过紧张艰苦的军事生活锻炼，这批知识青年学员的政治觉悟和思想水平有了很大的提高，于11月底毕业，顺利走上了各自的工作岗位。

曾克林突飞延安向党中央汇报，
毛泽东从重庆发电确定战略方针

1945年9月14日上午，宁静的延安上空突然响起了飞机的轰鸣声，一架小型军用飞机降落在延安机场的跑道上。

由于事先没有接到任何通报,哨兵们握紧了枪,瞪起了眼睛。飞机停稳后,舱门打开,从飞机上走下一位身穿八路军军装的年轻军人。他边下飞机边大声喊道:"我是曾克林,是自己人……"

听说曾克林由东北沈阳来,随同曾来的还有一位进驻东北的苏联红军代表,中央领导人喜出望外。立即由会讲俄语的杨尚昆、伍修权前来迎接。

曾克林来到延安,心中无比激动,离开党中央所在地已经整整 8 年了,现在又投入她的怀抱;如游子回到母亲的身边,感到无比的兴奋和幸福。而苏军代表贝鲁罗索夫是第一次和中国共产党领导人打交道。由于临时受命,他们事先并未与中共中央进行必要的联系,甚至连电报也没有发,就凭着曾克林的口头介绍,坐上飞机来了。所以,这位苏联军官表情严肃,不苟言笑,与心情激动的曾克林形成鲜明的对比。

曾克林此次延安之行,责任重大,意义非同寻常。

早在 1944 年 11 月,毛泽东在中共中央六届七中全会主席团会议上就说过:"中国的国土蒋介石丢到哪里,我们就到哪里。还要准备几千干部到满洲去。"1945 年 5 月,在中国共产党第七次全国代表大会上,毛泽东又几次强调:"要准备 20 到 30 个旅,15 万到 20 万人,脱离军区,将来开到东北去。""东北四省极重要,有可能在我们的领导下。有了东北四省,我们即有了胜利的基础。"到 6 月 9 日,选举中央委员时,毛泽东还专门谈到东北,说:"东北是很重要的,从我们党的发展,从中国革命的最近将来的前途看,东北是特别重要的。只要我们有了东北,中国革命就有了巩固的基础。现在我们的基础是不巩固的,因为我们根据地在经济上还是手工业的,没有大工业,没有重工业,在地域上还没有连成一片。"毛泽东之所以盯住东北,因为这个地区有丰富的资源和完整的工业体系。更重要的是蒋介石在东北也没有统治的基础。谁捷足先登,谁就取得了打天下的主动权。

1945 年 8 月 8 日,苏联政府对日宣战。9 日清晨,苏联百万红军分别从东、北、西三个方向突破日本法西斯在伪满的三千公里防线进入东北，给日本关东军以致命的打击。8月10日，朱德总司令代表八路军延安总部向各解放区所有武装部队发布了第1号大反攻命令，命令所有抗日武装部队："依波茨坦宣言规定，向其附近各城镇交通要道之敌人军队及其指挥机关送出通牒，限期投降。如遇敌伪拒绝投降缴械，即应予以坚决消灭。"

8月11日，又发出第2号通令，指出：为配合苏联红军进入中国境内作战，接受日伪军投降，命令："一、原东北军吕正操所部由山西、绥远现地，向察哈尔、热河进发；二、原东北军张学思所部由河北、察哈尔现地，向辽宁进发；三、原东北军万毅所部由山东、河北现地，向辽宁进发；四、现驻河北、辽宁边境的李运昌部队即日向辽宁、吉林进发。"

8月13日，冀热辽区党委、军区党委召开了紧急会议，决定成立冀热辽军区"东北前进工作委员会"（简称"前委"）和"前方指挥所"。由李运昌同志率领冀热辽子弟兵八个半团和两个地区支队、朝鲜支队共13000多人，及2500名地方干部，分东、西、中三路越过长城，向热河、辽宁、吉林进军。

8月15日，日本天皇颁发诏书，宣布无条件投降。

当天，冀热辽军区第16军分区司令员曾克林和副政委唐凯奉命率领12团、18团、朝鲜支队、分区直属队约2500余人，由东路向锦州、沈阳方向前进。

1945年8月30日，我军攻占了"天下第一关"——山海关。9月3日，16军分区部队登上东去的列车，向锦州、沈阳疾进。前进途中，每到一站，都要留下一些部队和随军队行动的地方干部进行接管工作。9月5日早晨，满载着部队的列车轰轰隆隆地进入沈阳市。当沈阳铁西区高耸入云的烟囱映入干部、战士的眼帘时，车厢内爆发出一阵雷鸣般的欢呼声，大家都为能马上接管东北第一大城市而欢欣鼓舞。

沈阳是8月21日被苏联红军解放的。当冀热辽东路部队作为中国共产党的第一支部队进入这座城市时，苏军事先没有接到任何消息，感到非常突然。他们看到一支没有军衔的部队来得如此迅速,非常怀疑。于是,调部队将火车包围起来,不准下车。

当时,由于国际历史背景非常复杂,党中央于 8 月 29 日给晋察冀、山东分局发出电报指示:由于苏联受中苏条约之限制,必欲将东北三省交给国民党政府,国民党军队亦将进入东北三省。我党我军进入东北三省后,苏联红军必不肯和我们正式接洽,给我们以帮助。据此,中央要求晋察冀解放区、山东解放区进军东北的部队和干部应迅速出发,但要用东北地方军或义勇军的名义进入东北,不要声张,不要在报上发表消息。进入东北后,开始不要坐火车进入大城市,可走小路,控制广大乡村和苏联红军未能驻扎的中小城市。同时还要求我军:不要勉强与苏联红军作正式接洽与联络,亦不请求红军给我们以帮助。如果红军坚决反对之事,我们必须照顾,不要使苏联红军在外交上为难。

由于当时通讯条件十分落后,曾克林没有收到 8 月 29 日的电报指示,军分区只有一部 15 瓦电台,部队过锦州后,就与冀热辽李运昌司令员失去了联络。因此,到达沈阳后,曾克林只知道要坚决贯彻执行党中央的 2 号命令。

曾克林与大家商量后,决定由他带领一起挺进东北的 5 名地方干部,到苏军驻沈阳卫戍司令部(又称"城防司令部")交涉。

当时,苏军沈阳卫戍司令卡通夫少将态度非常傲慢,他说:"根据《雅尔塔协定》和《中苏友好条约》,最高统帅是不会同意你们进沈阳的。"曾克林心平气和地对苏军讲:"我们是中国共产党毛泽东、朱德领导的八路军,是坚持冀热辽地区抗日的部队。我们根据延安总部的 2 号命令,挺进东北,配合苏军共同作战,解放东北,收复失地,接管东北,维持东北秩序。"经过两次交涉,苏军仍坚持不让我军下车。

在第 3 次交涉时,曾克林的态度有所强硬,这次苏军让步了,同意部队下车,驻到离沈阳 30 公里外的苏家屯去。

近两千人的队伍集合得整整齐齐,威武雄壮地走在沈阳的大街上。老百姓看到八路军到达沈阳了,便成群结队地冲破汉奸、特务、国民党地下军的阻挠,潮水般地涌向车站、街头,高喊着"不要当亡国奴!""中华民族解放万岁!""中国共产党万岁!""抗日斗争胜利万岁!""八路军万岁!"等口号,场面十分感人。

当苏军看到老百姓发自内心地欢迎八路军时,非常震惊,卡通夫马上改变了原先怀疑的态度,说:"你们这个队伍不是一般的队伍,不要走了。"

我军在苏军两位上校的引导下,迈着整齐的步伐,高唱《八路军进行曲》,雄赳赳、气昂昂地向大东区小河沿驻地行进。苏军安排 16 军分区司令部搬进原伪满市政府大楼,政治部搬进原日本宪兵司令部。部队也驻小河沿一带。至此,曾克林率队完成了挺进东北的第一步。

部队安顿好后,苏军提出,由于受中苏条约限制,国民党接管东北似乎是合法的。因此,建议对外最好不叫八路军,改为东北人民自治军,这样就不会受条约的限制。苏军可以在东北睁一只眼,闭一只眼,在外交上也争取主动。曾克林与唐凯商量后,采纳了苏军意见。

为了迅速控制沈阳市的混乱局面,有效地进行接管工作,首先解决了伪满警察司令部,成立东北人民自治军沈阳卫戍司令部。随后立即解除敌伪武装,一面接管城市,一面接收了大量工厂和军用仓库及医院等。苏军将日本关东军最大的苏家屯仓库交给曾克林部队看守(后又收回)。针对当时东北人民热烈参军的情况,曾克林组织直属队的干部、战士拉炮、拉武器,先后拉了三天三夜,拉出步枪 2 万支,轻重机枪 1000 挺,156门各种口径的迫击炮、野炮和山炮……为了早一天得到党中央对东北工作的指示,加上苏军也急于想找我党中央进行联系,马林诺夫斯基元帅决定派一架飞机去延安,并派贝鲁罗索夫中校和翻译谢德明与曾克林一同前往。

正当中央谨慎地安排秘密进军东北的行动时,曾克林一行乘坐的飞机从天而降,给中央带来了好消息。

9 月 15 日下午,中央政治局在杨家岭召开会议。彭真同志带曾克林来到一间宽敞明亮的窑洞里,刘少奇、朱德、任弼时、彭德怀、叶剑英、陈云、张闻天、李富春等领导同志都高兴地与他握手。刘少奇同志微笑着对曾克林说:"你从前线回来,辛苦了,我们很想了解东北的情况,你来得正好。"接着又说,"为了力争控制东北,中央准备派大批干部和主力部队向东北开进。但是,我们对东北问题研究了好几天,就是不知道具体情况,下不了决心。现在政治局的同志都在这里,请你谈谈东北情况,越详细越好。"

曾克林向在座的领导同志汇报了他和唐凯同志一起带领部队进军东北,接管各城市和进驻沈阳的经过,以及部队发展壮大的情况。他介绍说:"部队到沈阳后,经敌伪压迫的劳动人民到处组织武装,打击敌人,武装自己,现我部已发展到 2 万余人,还在不断扩大部队。由于日本统治 14 年,东北人民的苦难十分深重,纷纷参军参战,对敌斗争情绪高涨,我军扩军很容易。我们已接管了许多重要工厂及仓库,内有大批枪炮、弹药、军用物资和粮食。"曾克林还汇报说,"苏军只驻大城市及交通要道,各中小城市及乡村无人管理,秩序混乱,我军应该配合苏军,消灭敌伪势力,接管东北。"

在一个多小时的汇报中,刘少奇同志几次插话,他指着地图说:"东北是战略要地,北靠苏联,东接朝鲜,西邻蒙古,有山区,有大平原,进便于攻,退便于守,可以成为我国革命的重要战略地区。"刘少奇还说,"东北交通便利,物产丰富,工业发达,国民党 14 年前出卖了东北,现在人民斗争胜利了,他们一定不会死心,会抢占东北,夺取胜利果实。我们要和他们针锋相对,力争这个战略地区。"少奇同志站起来,挥着有力的手势说,"我们的部队先进去了,就站住了脚,就可以控制东北,我们掌握了东北,就能为毛主席、周副主席在重庆谈判创造有利地位。我们有了东北,就可以加速中国革命的进程。"朱总司令说:"东北人民受了日本侵略者十几年压迫,要使他们感到我们党的温暖,感到党和人民的军队是他们的靠山,使党的影响深入人心,你们是第一批进入东北的部队,责任更是重大。"

朱德总司令和贝鲁罗索夫中校进行了交谈。贝鲁罗索夫转达了马林诺夫斯基元帅以下几点意见："蒋介石军与八路军之进入满洲,应按照特别规定的时间;红军退出满洲之前,蒋介石军及八路军均不得进入满洲,因八路军之单个部队已到沈阳、平泉、长春、大连等地,红军统帅部请朱总司令命令各部队退出红军占领之地区;未得红军允许进入满洲之国民党军队,已被红军缴械,红军统帅部转告朱总司令,红军不久即将撤退,届时中国军队如何进入满洲,应由中国自行解决,我们不干涉中国内政。"朱总司令当即复信马林诺夫斯基元帅,表示尊重苏联红军意见,将命令进入沈阳、长春、大连、平泉等地之八路军各部队,迅速撤出红军占领地区,同时指出:"八路军于抗日战争中在热河、辽宁部分地区创建的根据地,请允许八路军仍留原地。"苏军对此表示赞同。

为了使远在重庆的毛泽东、周恩来及时了解情况,在中央政治局开会的同时,刘少奇给他们发了一封电报:今天下午,有马林诺夫斯基元帅的代表贝鲁罗索夫中校乘飞机由沈阳到此,并由我冀热辽军分区司令曾克林(任沈阳卫戍区司令)同来。贝中校明日飞回沈阳,今天拟与贝中校正式谈话,详情另告。传电台等候。

曾克林汇报结束后,刘少奇即给毛泽东发电做了报告。并以党中央的名义立即给各中央局发出通报:

各中央局:

我冀东军区十六军分区司令员曾克林奉命率一千五百人于日寇投降后向东北前进,曾配合红军打下山海关、兴城、绥中、锦州、北镇等城市。八月十二日(实为 9 月 5 日)进入沈阳城,并被红军委为沈阳卫戍司令。昨随红军代表飞抵延安,据曾报称东北情况如下:

(一)曾克林部队已发展到两万余人,全为新式武器,从山海关到沈阳各城均驻有曾部,曾率四个连到沈阳,一星期即发展成四千人,并改编保安队万余人。

(二)原在东北做苦工我八路军之俘虏的一二万人,已组织八路军游击队若干股,并进入长春。

（三）国民党从监狱释放甚多，甚为活跃，到处成立国民党党部。

（四）在沈阳及各地，堆积之各种轻重武器及资材甚多，无人看管，随便可以拿到，曾克林已看守沈阳各重要工厂及仓库，据说有枪支十万支，大炮数千门及弹药、布匹粮食无数，武器资材落在民间者甚多。

（五）扩兵极容易，每一号召即有数千人，并有大批伪组织武装均待改编。

（六）红军只驻在大城市及要道，各中小城市及城乡无人管理，秩序混乱，伪组织等待交代或畏罪潜逃，土匪兴起，并占领若干小城市。

中 央

一九四五年九月十五日

中央政治局在刘少奇同志的主持下研究提出了新的战略决策——"向北发展，向南防御。"刘少奇同志强调："目前我党对东北的任务，就是要迅速地、坚决地争取东北；在东北发展我党的强大力量。"并指出，"这是千载一时之机"。为了加强东北的力量，完成控制东北的任务，中央调整战略部署，将原来计划从延安等地派到中南华东的部队和干部一律改派东北。中央同时决定，成立中共中央临时东北局，由彭真同志任书记，并派彭真、陈云、伍修权等同志由曾克林陪同，立即乘飞机到东北工作，并令在途中的林彪不再去山东，转赴东北，统一领导军事工作。

9 月 17 日，送走彭真一行，刘少奇、朱德、任弼时立即发出一封长长的电报，向重庆的毛泽东汇报东北新情况和政治局研究提出的战略方针。并提出为了避免主力分散，处处陷入被动局面，建议新四军在江南的主力立即转移东北，从各解放区抽调 10 万部队和两万干部北上。

延安方面的电报，东北的好消息，使身在重庆的毛泽东精神振奋。9 月 17 日，毛泽东、周恩来复电延安，完全同意组建东北局和力争东北的决策。并且指出：东北及热河、察哈尔控制在手，全党团结一致，什么也不怕。9月19日,毛泽东再次电复延安:完全同意"向北发展,向南防御"的战略方针。

毛泽东决策组建海军航空兵,
曾克林南下筹建海军航空师

1952年3月,曾克林经过一年半的飞行学习,从哈尔滨空军第一航空学校毕业,他是该校二期甲班毕业的飞行员中职务最高的(军职),从而成为我军屈指可数的红军高级干部飞行员。

毕业后,曾克林到北京总干部部报到,赖传珠部长与他谈话说:"你在航校学习得很好,原来准备分配你去沈空,但现在海军要成立航空兵,经中央军委研究,决定派你去海军工作,组建海军航空兵,命令随后就下。"

后来曾克林才知道,在海军要不要建立航空兵的问题上,曾经有过较长时间的争论,而海军航空兵也正是伴随着这一争论。在毛泽东的决策下,在上至海军领导、下至海航广大指战员的艰苦努力下逐步建立成军的。

1950年8月,海军临时党委召开会议,研究海军建设三年规划(亦称"海军建军会议"),在上报毛泽东和总参的《海军会议总结》报告中明确提出:"三年计划总的重点是建设舰船、空军、炮兵三种主要力量。"在9月3日制定的《海军三年建设计划(1950年11月至1953年12月)》中,更明确提出:"海军航空兵部队建立三个空军师,包括水鱼雷飞机一个师,驱逐机一个师和俯冲机、侦察运输机一个师。"

1951年12月11日,萧劲光司令员就海军五年计划组成部署给周恩来总理的报告中,提出组建4个水鱼雷机师及掩护机、战斗机4个师,12月13日毛泽东批示"同意"。

1952年1月3日,萧劲光、王宏坤、刘道生、罗舜初给聂荣臻总参谋长并转呈毛泽东、周恩来、朱德、林彪《关于海军整编方案的报告》中提出："为了建立和发展海军航空，军委海司成立航空部。"1952 年 4 月，海军航空部在海军领导机关正式成立。

1952 年 8 月 24 日，周恩来对 1952 年海军空军建设问题批示："拟同意海军的空军顾问所提的海军的空军的建设方针。"毛泽东阅后批示："照周批办。"

曾克林到海军报到时，萧劲光司令员与他谈话，介绍了海军航空兵的现状和发展远景，并对他说："你到海军航空兵工作后担任副司令，你是老同志，懂得飞行，要把各方面力量团结起来，把海军航空兵建设好。"接着又向曾克林交代说，"你马上离京南下，到上海，组建海军航空第一师。"

1952 年 4 月，奉总参电示，曾克林带领海军航空部接收委员会，接收了空军上海虹桥机场及全部人员、设备。

6 月，中央军委命令，调陆军第 10 军第 30 师司政后机关及所属第 90 团团部，同刚毕业的海军航空学校第一期地勤学员、空军第 9 师 25 歼击机团组建海军航空兵 1 师。27 日，海军航空兵第一个水雷轰炸机师在上海虹桥机场召开了成立大会，曾克林在会上讲了话。

9 月，经毛泽东批准，中央军委任命曾克林为海航副司令兼航空第 1 师师长。航 1 师下辖由 10 军 30 师 90 团团部和海军航校第一期毕业的空、地勤人员为基础，组成的水鱼雷轰炸机第 1 团和以空 9 师 25 歼击机团改编的驱逐机第 4 团。

经过一年多的紧张训练，到 1953 年底，航 1 师两个团的大部分飞行员已能在昼间比较复杂的气象条件下，执行空战和海上护航任务，训练水平有了很大提高。至此，海军航空第 1 师已基本上完成组建任务。在这期间，曾克林还参与了海军航空兵第 2 师和第 3 师的组建工作，年轻的海军航空兵已成为海军的一支重要战斗力量，开始担负起消灭敌人、巩固国防、保卫祖国海空的任务。

朝鲜停战后，毛泽东就东南沿海与国民党军仍然占据的岛屿作战问题指示说："形势变了，准备打大陈，解决浙江沿海敌占岛屿，估计美帝不会有大的干涉,你们就准备吧!"

当时国民党军队在美军的支持下,以大陈岛为基地,在渔山列岛、东矶列岛、一江山、披山、南麂山等岛屿增强守备力量,并在距大陆仅30公里的大陈岛上设立飞行管制中心,引导从台湾空军基地起飞的战斗轰炸机,频频骚扰我浙东沿海地区,制空权基本上掌握在国民党空军手中。

没有制空权就没有制海权,为了打破敌人的优势,夺取浙江沿海的制空权,1954年4月,航1师4团1大队进驻宁波机场,配合海航2师对空作战和掩护我海上舰艇,具体任务是夺取海门、一江山、南北渔山一线150公里半径内的制空权,并尽可能远距离出击。

5月,航2师6团和航1师4团1大队参加了解放东矶列岛的战斗,在10天的战斗中,共起飞38批98架次,击落敌机6架、击伤2架。6月3日,航1师4团工大队4架拉—11飞机首次与国民党F—47型战斗轰炸机空战,击落击伤敌机各一架。

东矶列岛解放后,中央军委决定由华东军区组织部队攻占大陈和一江山等岛屿。8月2日,国防部长彭德怀主持研究解放东南沿海岛屿作战会议,华东军区参谋长张爱萍专题汇报了解放大陈等岛屿的战役设想——三军协同作战,首先攻占一江山岛,同时佯攻披山岛,得手后,全力进攻大陈本岛。会后彭德怀向毛泽东就三军联合登陆作战解放大陈岛做了汇报,得到毛泽东的同意。

为统一指挥三军协同作战,中央军委指示,在华东军区浙东前线指挥部下设立了空军前线指挥所,曾克林被任命为空军前线指挥所副指挥(指挥由华东军区空军副司令员聂凤智担任)。

华东前指成立后,曾克林与聂凤智即组织空、海军航空兵部队实施对一江山、大陈等岛屿的侦察和大规模轰炸,初步夺取了制空权。与此同时,华东军区海军舰艇部队也初步取得了制海权。

1954年11月30日,毛泽东、中央军委正式下达命令,攻占一江山岛。

1955年1月18日晨,以预先航空兵火力准备,揭开了我陆、海、空三军第一次协同作战攻占一江山岛的序幕。海军航空兵轰炸机、歼击机与空军航空兵的强大机群出动,对一江山岛的国民党军实施空中突击,进行大规模轰炸,掩护陆军登陆部队和海军舰艇部队的进攻。至 19 日 2 时,解放了一江山岛。大陈岛的大门被打开了。

就在人民解放军三军进攻一江山岛的同时,接到此消息的美国国务卿杜勒斯召开记者招待会放风说:"联合国出面调停,促使国共停战,美国是不反对的。"

1 月 20 日深夜,毛泽东召见陈毅,就一江山岛解放后的形势和准备进攻大陈岛问题进行了长谈,并研究了作战部署。

台湾蒋介石当局面对解放军三军优势兵力的强大压力,以及美国当局的态度,只好改变其顽固如昔的态度,制定实施了撤出大陈的"金刚计划"。

1955 年 2 月 13 日,人民解放军进驻大陈岛。2 月 26 日进驻浙江南部的南鹿山列岛,至此,浙江沿海岛屿全部解放。

与此同时,作为海航副司令员的曾克林在 1954 年下半年和 1955 年又参与组建了海军航空兵第 4 师和第 5 师。

1956 年,中央军委决定海军航空部改为海军航空兵部。至此,海军航空兵初步成军。作为海军的一个兵种,在战斗中发展壮大,确立了自己的重要位置,成为海军的一支初具规模的海空打击力量。

曾克林完成了毛泽东、中央军委和海军首长交给的南下建立航空部队、夺取浙东沿海制空权、解放浙江沿海岛屿的任务,1955 年起不再兼任航 1 师师长。曾克林回到了北京,为海军航空兵部队的更大发展继续着新的战斗。

（魏　节）

后　记

　　1997 年初,解放军总政治部关于组织撰写军队高级将领传记的通知下发后,我们即开始了对海军高级将领史料的收集工作。在这过程中,我们发现,海军很多高级将领是在毛泽东同志的直接关怀教育下成长起来的,彼此间长期的工作、生活交往中,有许多很有教益又鲜为人知的轶事。于是我们组织编写了《毛泽东与海军将领》这本书。在人民海军成立 50 周年的时候,以此奉献给读者,算作我们几个从事军史编研工作的老兵一份微薄的礼物吧!

　　为了确保史料的真实、准确,我们做了认真的调查、采访、查档工作。在这期间,许多老首长和他们的亲属,及长期在首长身边工作的同志,给我们提供了大量有价值的素材;中央、军委、海军档案馆的同志,给了我们很大帮助;军事科学院副研究员谢国钧同志审读了书稿,提出了不少重要修改意见;解放军文艺出版社编辑部主任董保存同志,对本书的编辑出版给予了具体指导帮助。在此向首长和同志们表示衷心感谢。此外,编写过程中,还参阅了大量党史、军史和关于毛泽东同志生平事迹的书籍。因书目较多,不便一一列出,谨向有关单位、作者一并表示感谢。

　　由于时间仓促,经验不足,书中不妥之处肯定不少,恳请读者提出批评意见。

编　者

1998 年 12 月于北京西郊

再版后记

  2013 年 12 月 26 日,是开国领袖毛泽东诞辰 120 周年纪念日。这是一个值得中华民族隆重纪念的日子。正值各大媒体通过不同形式发出函告,筹谋组织纪念活动时,人民出版社编辑武丛伟同志提议将我们主编的旧作《毛泽东与海军将领》一书修订再版,使我们甚感欣慰。

  《毛泽东与海军将领》一书是 1999 年初出版的。当时,我们几个作者都在海军政治部编研室任职。手中的主要工作,是按照军委统一部署,为曾在海军任职的开国将领立传(当时的条件为 1955 年授衔中将以上的将官)。在采访、调查、查阅档案等收集资料的过程中,我们发现,海军许多高级将领都是在毛泽东同志直接关怀培养下成长起来的。从烽火连天的战场到创建海军的年月,他们都与领袖毛泽东有直面交往。而在这期间,有大量深富教益、堪垂后世却鲜为人知的趣闻逸事。于是,我们决定将这些史料收集起来,赶在人民海军成立 50 周年之前编撰成书,奉献给读者。决心既下,全室同志一起动手,又约了相熟的其他单位的朋友加盟,经数月突击,终于意愿得偿——在海政领导和海军档案馆、军委档案馆、解放军文艺出版社等多方同志们的大力支持下,书如期出版。然而,捧书在手,我们高兴之余又不免带着深深的遗憾:由于时间仓促(从组稿到出书仅一年时间),文字粗疏不说,内容上也有不少遗漏。此后多年里,我们一直期盼能够有机会修订再版,弥补缺憾。而今,武丛伟编辑给我们提供了机会,且是在这样一个有意义的时节。在此,我们表示衷心感谢。

真是时涛如流、日月若矢。转眼间,《毛泽东与海军将领》出版到现在近15年了!这15年,世界格局、国家面貌发生了多大的变化啊!"日新月异""天翻地覆",用在这里不是形容词,而是恰切的真实写照。适应形势发展,我们的海军,从舰艇装备到官兵素质,都有了长足的发展和进步。因接收、缴获的国民党海军舰艇不足以御敌,而不得不靠加强海岸炮兵拒敌入侵的时代过去了!以寥寥百吨的猎潜艇与敌数千吨的驱逐舰交锋大海,以致用手榴弹向敌舰攻击的时代过去了!至于官兵,再没有通过短期突训的"大老粗"操舰出海,也再不需要专门拿出时间为官兵补习文化,大批硕士、博士驾驭着现代化的国产战舰破浪远航,在亚丁湾迎送着八方来客,向五大洲送去13亿中华儿女的友谊和问候……修订本书时,这些信息不时闪入我的脑海,令我兴奋不已、激动不已,也使我对书中的记述越发感到亲切:中华民族海上长城建设是从"打桩子"开始的。这里记述的正是一代"打桩人"的故事!为中华民族独立、解放、振兴奉献了毕生的毛泽东,倾心竭力地关注着人民海军建设,不拘一格筹兵点将,谋求装备精心决策……短短四天时间里,他五次书写了同一内容的题词:"为了反对帝国主义侵略,我们一定要建立强大海军!"这是动员、号召,是对全民族的叮咛和嘱托!

本书是由十几个人分别执笔写成的。十几年过去,这些同志均已年过花甲,退出现役了。但获知书要再版,大家都十分高兴。多数作者不辞辛苦地翻书查档、采访调查,对文稿内容做了补充、调整,文字上做了润色。其严谨的治学态度、负责精神,令人钦佩。同时需要说明的是,由于时间已久,受各方面条件的限制,部分稿件未做大的补充修改。仔细想来,不管是未做修改的还是已经补充修改过的,都还有加工修改的空间。只是屈指算来,从决定出书到毛泽东同志诞辰纪念日,满打满算也就一年左右时间,时间实在太紧了。实属我们考虑不周,动手晚了。敬请学长、方家和读者朋友们谅解。

起草这篇后记时,已是盛暑 8 月,转瞬毛泽东同志的诞辰纪念日就到了。但愿能够如期出书,作为我们几个海军老战士菲薄的礼物,献给这个光辉的节日。

编　者

2013 年 8 月 1 日于北京莲宝路 7 号院

责任编辑:武丛伟

装帧设计:汪　莹

责任校对:吕　飞

图书在版编目(CIP)数据

毛泽东与海军将领/吴殿卿　袁永安　赵小平　主编. —北京:
　　人民出版社,2013.9(2023.10 重印)
ISBN 978 - 7 - 01 - 012430 - 8

Ⅰ.①毛…　　Ⅱ.①吴…②袁…③赵…　　Ⅲ.①毛泽东(1893～1976)-生平
　事迹②海军-军事人物-生平事迹-中国-现代　　Ⅳ.①A752②K825.2

中国版本图书馆 CIP 数据核字(2013)第 186041 号

毛泽东与海军将领

MAOZEDONG YU HAIJUN JIANGLING

吴殿卿　袁永安　赵小平　主编

人民出版社 出版发行
(100706　北京市东城区隆福寺街 99 号)

北京中科印刷有限公司印刷　新华书店经销

2013 年 9 月第 1 版　2023 年 10 月北京第 2 次印刷
开本:710 毫米×1000 毫米 1/16　印张:21
字数:290 千字　插页:4

ISBN 978 - 7 - 01 - 012430 - 8　定价:58.00 元

邮购地址 100706　北京市东城区隆福寺街 99 号
人民东方图书销售中心　电话 (010)65250042　65289539